A EVOLUÇÃO DO FUTEBOL E DAS NORMAS QUE O REGULAMENTAM

Aspectos Trabalhista-Desportivos

1ª edição — 2013
2ª edição — 2014

MAURICIO DE FIGUEIREDO CORRÊA DA VEIGA

Advogado formado pela Universidade Católica de Petrópolis; Pós-Graduado em Direito e Processo do Trabalho (UCAM-RJ) e Especialista em Direito Empresarial do Trabalho (FGV-RJ); Professor da ESA-OAB (DF) e Ex-professor da FGV/GVlaw (SP); Membro do IAB; Procurador--Geral do STJD da CBTARCO; Membro da Escola Superior da Advocacia Trabalhista da AAT-DF; Presidente da Comissão de Direito Desportivo da OAB-DF.

FABRICIO TRINDADE DE SOUSA

Advogado formado pela Associação de Ensino Unificado do Distrito Federal — AEUDF e bacharel em Administração de Empresas pela Universidade de Brasília — UnB; Pós-graduado em Direito Processual Civil pelo ICAT-UDF e em Direito Material e Processual do Trabalho pelo IESB; Advogado do escritório Corrêa da Veiga advogados; Procurador do Tribunal de Justiça Desportiva — TJD/DF; Professor da ESA — OAB/DF; Ex-Professor Voluntário da Universidade de Brasília — UnB — Departamento de Direito; Vice-Presidente da Comissão de Direito Desportivo da OAB-DF (2012).

A EVOLUÇÃO DO FUTEBOL E DAS NORMAS QUE O REGULAMENTAM

Aspectos Trabalhista-Desportivos

2ª edição atualizada com a regulamentação da Lei Pelé (Decreto n. 7.984, de 8 de abril de 2013)

LTr®

LTr®
EDITORA LTDA.

Rua Jaguaribe, 571
CEP 01224-001
São Paulo, SP — Brasil
Fone (11) 2167-1101
www.ltr.com.br

Produção Gráfica e Editoração Eletrônica: RLUX
Projeto de capa: FÁBIO GIGLIO
Impressão: BARTIRA GRÁFICA

LTr 5049.5
Setembro, 2014

Dados Internacionais de Catalogação na Publicação (CIP)
(Câmara Brasileira do Livro, SP, Brasil)

Veiga, Mauricio de Figueiredo Corrêa da
A evolução do futebol e das normas que o regulamentam : aspectos trabalhista-desportivos / Mauricio de Figueiredo Corrêa da Veiga, Fabricio Trindade de Sousa. — 2. ed. — São Paulo : LTr, 2014.

Bibliografia
ISBN 978-85-361-3072-9

1. Direito do trabalho 2. Direito do trabalho — Brasil 3. Futebol — Leis e legislação — Brasil 4. Jogadores de futebol 5. Justiça desportiva — Brasil 6. Relação de emprego I. Sousa, Fabricio de. II. Título.

14-01897 CDU-34:331:796.332

Índice para catálogo sistemático:

1. Futebol : Direito desportivo do trabalho
34:331:796.332
2. Futebol : Direito do trabalho desportivo
34:331:796.332

AGRADECIMENTOS

O agradecimento inicial não poderia deixar de contemplar os meus pais, Aloysio e Maria Helena, responsáveis pelos alicerces de minha existência, fonte de inspiração tanto na minha vida profissional quanto pessoal.

A minha amada e fiel companheira, Viviane, responsável direta pelos meus três maiores tesouros: Alice, Gabriela e Carolina.

O carinho dos meus irmãos Mariana e Matheus e a sempre presente Cacá, madrinha querida, convocada por Deus tão precocemente.

Os meus sogros, Nilce e Renato.

O amigo Paulo Reis, pela parceria em processos de natureza trabalhista-desportiva.

Mauricio de Figueiredo Corrêa da Veiga

Dedico este livro, preliminarmente, a Deus e aos meus pais, Armindo e Joaquina, razão da minha existência, porto seguro e manancial dos valores da minha formação.

Aos meus irmãos, Alexandre e Marcelo, conselheiros pacientes, referências de caráter, profissionalismo, dedicação à família e aos amigos.

À minha amada Daniella e ao nosso Arthur, cujas aventuras na barriga da mamãe já transformaram as nossas vidas.

À minha madrinha Arlete e ao meu saudoso padrinho Joaquim, também convocado por Deus tão precocemente.

Aos meus sogros, Glorinha e Gonzaga.

Aos meus tios Zeca e Lígia.

Fabricio Trindade de Souza

Agradecemos especialmente ao Ministro Guilherme Augusto Caputo Bastos a oportunidade de debater os temas relacionados ao Direito Desportivo nos congressos tão bem organizados por Sua Excelência e competente equipe.

SUMÁRIO

NOTA À 2ª EDIÇÃO

No dia 9 de abril de 2013 foi publicado no Diário Oficial da União o Decreto n. 7.984, que regulamenta a Lei Pelé.

A primeira edição do livro foi concluída antes da vigência da referida regulamentação. Tal circunstância, acrescida da grata surpresa da tiragem inicial ter se esgotado em seis meses, anteciparam a publicação desta nova edição.

Além das modificações introduzidas pelo referido decreto, alguns temas foram complementados. No tópico em que se trata da rescisão do contrato do atleta profissional, foi incluída análise do "Caso Oscar", que em razão de seu ineditismo, mereceu o referido destaque.

Foi inserido item específico tratando da responsabilidade dos dirigentes pelo inadimplemento das obrigações trabalhistas, com análise comparativa do texto legal e as decisões proferidas pela Justiça do Trabalho.

Por fim, dentro do capítulo em que se aborda o direito de arena, houve a inclusão do tema "O direito de arena e o árbitro de futebol", na qual são apresentadas considerações acerca do instituto e as peculiaridades da atividade exercida pelo árbitro.

A pujança e ascenção do debate envolvendo temas afetos ao Direito Desportivo propociaram diversos convites para o lançamento do livro. Em Brasília, no dia 22 de maio de 2013, na Faculdade IESB, durante a V Semana Jurídica daquela instituição de ensino, acompanhado de palestra acerca de temas ligados ao Direito Desportivo, bem como no dia 30 de setembro de 2013, no Conselho Federal da Ordem dos Advogados do Brasil. Em São Paulo, no dia 5 de setembro de 2013, na Faculdade de Direito do Largo São Francisco (USP). Durante o XXXV Congresso Nacional dos Advogados Trabalhistas, realizado na cidade do Rio de Janeiro, no dia 10 de outubro de 2013.

Neste ano de 2014, tivemos gratas surpresas. No dia 26 de janeiro fomos recebidos pela diretoria do Club de Regatas Vasco da Gama, ocasião na qual foi feita a doação da obra para o Centro de Memórias do clube, nas mãos do ídolo Roberto Dinamite. Inspirados na origem do clube cruznaltino, cruzamos o Oceano Atlântico e em 11 de abril, tivemos a alegria de lançar o livro na sede do Conselho

Distrital de Coimbra da Ordem dos Advogados, com o apoio da ABRAT – Associação Brasileira dos Advogados Trabalhistas, a quem agradecemos em nome do seu presidente, do Dr. Antônio Fabrício de Matos Gonçalves. No dia 8 de maio deste ano o livro foi lançado em Goiânia, durante o I Simpósio Científico em Direito Despotivo da UFG.

Em todos os eventos de lançamento do presente livro contamos com o apoio incondicional de amigos que vibraram e tornaram possível esta realidade, razão pela qual ficam aqui os nossos agradecimentos: Roberto Pessoa, José Luciano Castilho Pereira, Daniela Colloca e Amaral, Sérgio Pinto Martins, Rui Cesar Públio Corrêa, Marcus Vinícius Furtado Coelho, João Emílio Falcão Costa Neto, Rita Cortez, João Pedro Ferraz dos Passos, Nilton Correia, Wladimyr Camargos e Antônio Fabrício de Matos Gonçalves.

Os autores

PREFÁCIO

Recentemente, recebi em meu gabinete dois jovens advogados: Dr Mauricio de Figueiredo Corrêa da Veiga e Dr. Fabricio Trindade de Sousa. Não imaginava que, sob o pretexto da marcação de uma audiência, na qual considerava se faria a entrega de memoriais, como costumeiramente ocorre, tratar-se-ia, na verdade, de um convite para prefaciar a obra sobre *A Evolução do Futebol e das Normas que o Regulamentam* — Aspectos Trabalhista-Desportivos.

A surpresa, é preciso explicar, decorre da nossa rotina de trabalho no Tribunal Superior do Trabalho, que é monstruosa. Os números são superlativos: distribuição, sessões, votos, despachos, comissões etc. A vida dos advogados que aqui militam, e também a dos nossos servidores, não é diferente. Trata-se de um volume, repito, descomunal de trabalho. Ainda assim, estes jovens e combativos advogados, diuturnamente presentes na Corte para o exercício de seus misteres, empreenderam a elaboração de obra jurídica sobre os aspectos trabalhista-desportivos do futebol. São jovens competentes, estudiosos, talentosos e inauguram uma nova geração de advogados trabalhistas nesta Corte, ao lado dos já consagrados advogados que aqui militam. É o rio seguindo o seu curso, renovando, em cada trecho, a sua passagem.

E não é pouco, pois ingressaram em seara nova e trespassada de dúvidas na doutrina e jurisprudência, as quais, de forma didática, pretenderam classificar e explicitar. Esclareço: o título escolhido revela a opção dos autores. "Aspectos trabalhista-desportivos" não ignora a dificuldade do tema, mas encontra uma solução para a questão preliminar concernente a definir se estávamos diante de um direito desportivo do trabalho ou de um direito do trabalho desportivo e, a partir dessa definição, a meu juízo sistêmica, estabelecer o exame do contrato, direito e obrigações das partes, atletas e entidades desportivas.

Pareceu-me, de fato, interessante a solução, para a construção da obra.

No Capítulo primeiro, fez-se uma breve evolução do esporte, o futebol, e sua importância social, política e histórica, ao lado das primeiras regulamentações sobre o tema no nosso País. Conclui, ao final, em face da redação do texto Constitucional — art. 217 — da inequívoca competência da Justiça do Trabalho para os aspectos trabalhistas dessa peculiar relação jurídica.

Digo peculiar, porque quando se estrutura o Capítulo segundo, no subtítulo inicial, ressalta-se a natureza jurídica desse contrato que, por suas particularidades, revela-se especial. Daí decorrem as análises objetivas e cirúrgicas sobre as questões gerais do contrato, constituição, renovação, suspensão e dissolução.

No subtítulo subsequente, o exame das normas relativas ao futebol se faz em face da Constituição e sob o aspecto do tratamento constitucional do Direito do Trabalho. Esse, sem dúvida, traz considerações e análises sobre questões sensíveis àqueles contratos, como a permanência no emprego e os prejuízos dela decorrentes para o jogador, como da cláusula indenizatória, hoje já abrandada pela nova redação da lei.

A seguir, e por isso achei interessante a classificação dos autores, os subtítulos se referem aos direitos trabalhistas específicos dos atletas e dos direitos naturalmente "civis", de imagem e arena, esses, sim, verdadeiras fontes de conflitos na seara jurisdicional, inclusive no que tange à remuneração dos atletas.

Seguem-se as análises das luvas, "bicho", passe, cláusulas indenizatória e compensatória, esta última fruto da anterior interpretação da unilateralidade da cláusula indenizatória.

Foram estes, portanto, os desafios assumidos pelos jovens, porém experientes autores no trato das lides trabalhistas. É o início de uma nova senda dentre as tantas já trilhadas pelos destemidos advogados Dr. Mauricio e Dr. Fabricio. O tempo, com certeza, exige que a disposição e o talento dos autores, após esta provocação inicial, pois é assim que vejo este livro, os faça debruçarem-se sobre as tormentosas questões dessa particular relação jurídica, inclusive quanto aos seus desdobramentos processuais. A título de provocação, poderia um clube de futebol cerrar as portas por falta de pagamento de atletas e empregados ou pela aquisição de outro competidor? Que não seja o meu, de coração, nem o seu tradicional adversário, que todos conhecem, porque aí não teria mais o gosto de comemorar as vitórias de meu clube sobre o rival!

São questões instigantes como essa que nos remetem à obra que tenho agora o prazer de prefaciar, certo da sua contribuição para uma reflexão mais consistente a respeito da matéria.

Brasília, 2 de outubro de 2012.

Luiz Philippe Vieira de Mello Filho
Ministro do Tribunal Superior do Trabalho

CAPÍTULO I

Parte Geral — Introdução

"— Como a senhora explicaria a um menino o que é felicidade?

— Não explicaria — respondeu. — Daria uma bola para que jogasse.
(Pergunta feita por um jornalista à teóloga alemã Dorothee Sölle)"

Eduardo Galeano — Futebol ao sol e à sombra

1

A EVOLUÇÃO DO FUTEBOL E DAS NORMAS QUE O REGULAMENTAM

O futebol está arraigado na cultura de diversos países, em especial na do Brasil, que tem uma população apaixonada por esta prática desportiva que não somente vibra com o espetáculo propriamente dito, mas que passa horas e horas especulando acerca do que poderá ocorrer na partida e após sua realização, comenta, critica e elogia os lances do jogo. Não se trata apenas do principal desporto neste país, nem somente uma das mais importantes fontes de lazer para o conjunto da população. Com efeito, o futebol transformou-se em algo de muito maior significado do que "cultura popular". Trata-se de verdadeira paixão nacional.

Não é preciso dizer que determinadas expressões surgidas no futebol fazem parte do cotidiano das pessoas — mesmo daquelas que não são tão ligadas ao esporte — tais como: "bateu na trave", para demonstrar que um determinado objetivo quase foi atingido, ou "está na marca do pênalti", no intuito de demonstrar que a situação não está boa, além de inúmeros outros chavões repetidos diariamente.

Além de ser um fator de integração nacional e internacional, o futebol tem a graciosa virtude de unir culturas e povos, sem distinção de raça, cor e credo, sendo que atualmente desconhece limites e fronteiras, pois o espetáculo da globalização mundial também rompeu as fronteiras geográficas do mundo futebolístico.

O objetivo do presente tema é demonstrar a constante evolução deste esporte, desde os períodos mais remotos até os dias atuais, passando pela importante missão histórica de ter contribuído para integração racial entre os povos e a experiência brasileira desde os fins do século XIX.

Também serão trazidos os aspectos controvertidos da Lei Pelé e as propostas de modernização da prática desportiva.

1.1. ORIGENS DA MODALIDADE

É difícil precisar, sem dúvida, quando o futebol passou a ser praticado, não sendo possível estabelecer com exatidão tal fato. Existem teorias; algumas sustentáveis, outras, meras suposições. Tem-se que na China era comum se chutar os crânios dos inimigos dos exércitos derrotados.

Por volta do século XV a.C., os crânios dos inimigos foram substituídos por esferas. Os chineses passaram a praticar o *tsu-chu*. "*Tsu*" significa golpear com os pés, enquanto que "*Chu*" é um balão de couro. O objetivo do jogo consistia em passar a esfera, parecida com uma bola, pelo centro de duas varas fincadas no chão e que geralmente eram de bambu.

Inicialmente, esta brincadeira era praticada pelas classes mais altas da sociedade em festejos importantes. Posteriormente, passou a ser desenvolvida em entretenimentos militares em que se estimulava sua prática entre os soldados no intuito de desenvolver habilidades físicas.

Uma atividade muito similar ocorreu no Japão, local em que adquiriu uma repercussão maior que a prática chinesa, na medida em que era estendida às classes mais populares. Na terra do "Sol Nascente" era praticado o "*kemari*". A diferença, nesta modalidade, diz respeito ao objetivo do jogo, que era manter a bola no ar sem que esta tocasse no chão. Outra razão de sua popularidade era a de que participavam grupos de 8 a 10 pessoas, coletivizando a competição. Contudo, tratava-se mais de um ritual religioso do que propriamente de um esporte, e antes do início da partida era realizada uma celebração para abençoar a bola.

Na Grécia se desenvolveu o *episkyros*, geralmente praticado tanto por homens quanto por mulheres, sem roupas. Sua prática era muito parecida com a chinesa, mas integrada com movimentos suaves e harmônicos, que lembram o balé.

Anos mais tarde, a prática grega foi incorporada pelos romanos, que introduziram algumas modificações, dentre elas, o nome. Batizaram o esporte de *harpastum*, que significa jogo da bola pequena, mas que era praticado com mais agressividade e violência, chegando a ceifar a vida de alguns de seus praticantes, entretendo os espectadores. Aumentaram para 12 a quantidade de participantes e o objetivo era manter a bola, feita de bexiga de boi, em seu próprio campo, o maior tempo possível, sendo permitida a utilização das mãos e dos pés.

Na Idade Média, o sucessor do *harpastum* foi o *calcio*, praticado em Florença. Nesta modalidade, praticada pela nobreza, também era permitido utilizar pés e mãos, sendo o jogo disputado por 27 pessoas, cujo objetivo era conduzir a bola até dois postes situados nas extremidades do campo.

Segundo o advogado argentino José R. Balmaceda[1], a prática do *harpastum* foi aprimorada na França com o *soule*. O manejo da bola era feito com as mãos e foi muito difundido na Grã-Bretanha, entre os lutadores. O objetivo era conduzir a bola desde a praça de uma cidade até a localidade adversária, ferindo os partici-

(1) BALMACEDA, José R. *El contrato de trabajo desportivo*. 1. ed. p. 27.

pantes em razão da violência que era empregada no próprio jogo. Este é um dos argumentos pelo qual o *soule* é tido como o antecessor imediato do rugby.

Em Londres, este jogo chegou a ser proibido, conforme menciona Sérgio Pinto Martins[(2)], ao afirmar que Eduardo II e Eduardo III, respectivamente em 1314 e 1349, adotaram esta medida, pois os jogos estavam sendo usados para verdadeiras batalhas campais.

As diversas teorias convergem a um ponto em comum, que seria o momento exato em que nasceu o futebol, na forma como conhecemos atualmente. O local é Londres, em 1863, quando foi criada a *Football Association*, entidade que adotou um manual com regras que, com o passar do tempo, foi sendo aperfeiçoado até chegar aos dias atuais. Já no ano de 1904, foi criada a Federação Internacional de Futebol, conhecida mundialmente por sua sigla FIFA, que organizou a primeira Copa do Mundo em 1930, no Uruguai.

Porém, antes disso, em 1920, o futebol passou a ser disputado nas Olimpíadas de Antuérpia, na Bélgica, coincidentemente na primeira vez em que o Brasil participou dos Jogos Olímpicos.

1.2. DIFUSÃO DO FUTEBOL NA AMÉRICA LATINA

Em que pese a sua origem e o inegável aprimoramento introduzido pelos ingleses, na América no Sul o futebol está presente na vida e no dia a dia de seus habitantes, principalmente no Brasil, na Argentina e no Uruguai.

O Uruguai foi consagrado campeão na primeira disputa mundial realizada pela FIFA, ocasião na qual a seleção daquele país passou a ser conhecida como a "Celeste Olímpica", em razão do triunfo obtido nas olimpíadas de 1924, na França, e 1928, na Holanda, que podem ser considerados como verdadeiros feitos para época, pois a viagem de navio para a Europa era muito cara e os jogadores tinham seus ofícios, como, por exemplo, Pedro Arispe, que trabalhava em um frigorífico, José Nasazzi, que cortava pedras de mármore, Perucho Petrone, que comercializava hortaliças, Pedro Cea, que era entregador de gelo, e Jose Leandro Andrade, compositor de marchinhas de carnaval.

Um fato pitoresco ocorreu naqueles jogos olímpicos de 1924. É que ao chegar em território francês, os jogadores passaram a ter os treinos espionados por membros da comissão da Iugoslávia, primeiros adversários na partida inicial. Os uruguaios perceberam este fato e treinaram dando chutes sem acertar a bola e empurrando os próprios colegas de equipe, o que levou os espiões a relatarem que dava pena ver aqueles pobres coitados que cruzaram o Atlântico darem vexame em solo europeu: resultado Uruguai 7, Iugoslávia 0.

(2) MARTINS. *Direitos trabalhistas do atleta profissional de futebol*, 2011. p. 2.

O time de futebol uruguaio era sinônimo de orgulho em todo o país, tendo relatado Eduardo Galeano[3] que a "camisa celeste era a prova da existência da nação, o Uruguai não era um erro: o futebol havia arrancado aquele minúsculo país das sombras do anonimato universal".

De acordo com o mesmo autor, este período de bonança é atribuído a uma política oficial de apoio à educação física, que tinha aberto campos de esporte em todo o país.

Após o bicampeonato mundial, conquistado em pleno Maracanã em 1950, a Celeste amargou maus momentos, mas parece se recuperar aos poucos, valendo destacar dois grandes feitos: a boa campanha realizada na Copa do Mundo de 2010, ocasião na qual conquistou a 4ª colocação e o título da Copa América de 2011, sempre sob a batuta de Forlán e companhia.

O futebol aportou em Buenos Aires por volta de 1840, nas embarcações inglesas, cujos tripulantes o jogavam nos momentos livres. Duas décadas depois, os irmãos Hoggs fundaram o *Buenos Aires Football Club*, ocasião na qual se organizou o primeiro encontro entre os "*gorras blancas y los gorras coloradas*" (JOSÉ BALMACEDA – 2008).

A difusão na modalidade entre os *hermanos* é creditada a dois professores, o primeiro de origem escocesa, Alexander Watson Hutton, apaixonado pelo esporte e que o introduziu nas escolas. O segundo, de origem inglesa e fundador do Colégio Anglo Argentino em Rosário, Isaac Newell, responsável pelo nascimento do clube que leva o seu nome. Entretanto, o clube mais antigo daquele país é o Gimnasia y Esgrima de La Plata, fundado em 1887, seguido do Quilmes Rovers Club[4], cinco meses mais moderno que o primeiro, Central Argentine Railway Athletic (1889) e o Club Atlético Banfield (1896).

No Chile, a popularização do futebol demorou a ocorrer na medida em que a prática deste esporte era restrita às famílias mais abastadas. A primeira equipe chilena de futebol foi formada no colégio inglês Mackay and Sutherland, em Valparaíso, instituição voltada exclusivamente para filhos de ingleses e famílias "poderosas".

1.3. O FUTEBOL E O BRASILEIRO

Também no Brasil o futebol chegou pelas mãos de um britânico, o inglês Charles Miller.

---

(3) *Futebol ao sol e à sombra*. p. 53.

(4) Estes dois últimos clubes são conhecidos atualmente como Quilmes Atlético Clube e Rosário Central. Balmaceda. p. 29.

Os tradicionais clubes do Rio de Janeiro foram fundados no final do século XIX. Contudo, Sport Club Rio Grande é tido como o clube de futebol mais antigo do Brasil e foi fundado em 19 de julho de 1900[5].

A conquista do Campeonato Mundial de 1958 ajudou a popularizar em nosso país o "violento esporte bretão", mas já no início do século XX a prática do futebol despertava paixão e ódio. O passar do tempo revela a heterogeneidade de seus praticantes e ajuda a revelar a própria história da sociedade e a transformação da cultura brasileira.

De forma magistral, relata Mário Filho[6] que no início do século XX o futebol era praticado quase que exclusivamente por clubes de engenheiros e técnicos ingleses, além de jovens da elite metropolitana que conviviam neste espaço. A base dos principais times de futebol era formada por profissionais liberais, servidores públicos, acadêmicos e bacharéis em direito que monopolizavam os campeonatos nos bairros de elite.

Os colégios eram verdadeiros celeiros de jogadores para os clubes. A prática do futebol neste período assim é destacada por Mário Filho: "No Colégio São Vicente de Paulo, em Petrópolis, para onde ia, interno, muito garoto, muito rapaz do Rio, das melhores famílias, era obrigatório. O padre Manuel Gonzáles se orgulhava de ter trazido o futebol para o Brasil". (MARIO FILHO, 2003 – p. 52).

Ao chegar ao Rio de Janeiro, o padre mencionado pelo autor em referência não teria encontrado uma bola sequer, e por esta razão teve que fabricar uma bola de couro cru, malcurtido, com os pelos de boi em sua volta. Em razão dessa peculiaridade, a referida bola, apelidada de "Peluda", teria se tornado uma verdadeira sensação no Colégio São Vicente de Paulo, pois foi a salvação da hora do recreio. Tal fato teria ocorrido por volta do ano de 1896.

Para se ter acesso ao Fluminense tinha que pertencer à "boa família", do contrário, certamente ficaria de fora. Alguns clubes da época demonstravam em seus próprios nomes sua inegável origem, como, por exemplo: *Paissandu Cricket Club, The Bangu Athletic Club* e o *Rio Cricket and Athletic Association.*, sendo que este último era fechado para ingleses e filhos de ingleses. Já o Bangu, apesar de ser de ingleses, admitia negros em seu elenco, que eram os operários da fábrica e os colocava em pé de igualdade com os mestres ingleses, o que não acontecia com Botafogo e Fluminense. (MARIO FILHO, 2003 – p. 29).

A quebra deste paradigma ocorreu somente em 1923, com a vitória do Vasco da Gama, que era um clube de origem popular e que abriu novas oportunidades para a nobre prática desportiva, valendo destacar a constatação feita pelo cronista: "Os clubes finos, de sociedade, como se dizia, estavam diante de

(5) Disponível em: <http://pt.wikipedia.org/wiki/Sport_Club_Rio_Grande>.

(6) FILHO, Mário. *O negro no futebol brasileiro*. 4. ed.

um fato consumado. Não se ganhava campeonato só com times de brancos. Um multiracial era o campeão da cidade. Contra esse time, os times de brancos não tinham podido fazer nada. Desaparecera a vantagem de ser de boa família, de ser estudante, de ser branco. O rapaz de boa família, o estudante, o branco, tinha de competir, em igualdade de condições, com o pé-rapado, quase analfabeto, o mulato e o preto, para ver quem jogava melhor"(7).

Independentemente de raça, credo ou cor, os gênios da bola foram os responsáveis pelo fascínio do público em admirar a arte dentro dos gramados. Muitos craques tiveram este importante papel, apesar de um número extremamente reduzido destes gravar seu nome no mural história.

Arthur Friedenreich foi o primeiro jogador brasileiro a ter sua popularidade reconhecida ao ser carregado, em triunfo, na vitória do campeonato Sul-Americano de 1919. Sua chuteira ficou exposta na vitrine de uma joalheria no centro do Rio de Janeiro. Este jogador traduz o significado da raça brasileira. Foi contemporâneo de Charles Miller e sua infância se deu em um período em que o futebol era praticado pela elite nacional, composta também de filho de imigrantes, que praticavam este esporte no São Paulo Athletic Club, no Germânia e no Mackenzie College. Nesse círculo, infelizmente não havia espaço para negros e pobres, daí a importância de Friedenreich que ajudou a iniciar o processo de integração racial e cultural entre os povos. Nascido no bairro da Luz, em São Paulo, era filho de um alemão e uma empregada doméstica de pele escura, era mulato de olhos claros e estudou nos melhores colégios de São Paulo.

Já Heleno de Freitas, por exemplo, foi um desses craques que quis o destino não tivesse o justo reconhecimento de seus feitos, mas, por onde passava, provocava sentimentos explosivos em seus torcedores, sendo capaz de arrastar verdadeiras multidões para testemunharem o seu singular talento.

Nascido na cidade mineira de São João Nepomuceno e filho de um próspero comerciante de café, Heleno foi para o Rio de Janeiro, ainda jovem e nas peladas no Posto 4, em Copacabana, comandadas por Neném Prancha, já se destacava dentre os demais garotos, em seguida começou a jogar no Botafogo, ao lado do já consagrado Leônidas da Silva.

O escritor Marcos Eduardo Neves(8) narra que Heleno era "perfeccionista, obcecado pelo toque exato, o centroavante era clássico na acepção da palavra. Apesar dos rompantes dentro de campo para obter a vitória, tinha classe, inteligência, visão de jogo. Dava passes de calcanhar como ninguém. Assim como ninguém se doava tanto ao clube quanto ele"(9).

---

(7) *Op. cit.*, p. 11.

(8) NEVES. Marcos Eduardo. *Nunca houve um homem como Heleno*. Ediouro, p. 50.

(9) No final do ano de 2011, a saga de Heleno de Freitas foi levada aos cinemas.

Talvez seja por estes detalhes que o futebol encanta a quem assiste, sendo capaz de despertar diferentes níveis e estágios de emoções, há mais de um século.

Não há dúvidas de que a modernização dos meios de comunicação tem um papel de destaque na propagação do esporte em nível mundial, fazendo com que haja a necessidade de uma dinâmica regulamentação não somente da prática desportiva, mas de toda a sua comercialização, envolvendo propaganda, *marketing* e a relação do próprio atleta.

Tal fato fez com que a própria prática do futebol passasse por transformações e "modernizações", com a imposição de um futebol de força e pura velocidade, em detrimento ao jogo alegre, castrando a fantasia e extinguindo a ousadia dos mágicos jogadores de outrora.

De acordo com informações da FIFA(10), estima-se que aproximadamente 4% da população mundial está ligada ao futebol direta ou indiretamente.

Com efeito, a história demonstra que o futebol é um fenômeno sociocultural de massas que permitiu, com o passar dos tempos, a união de raças em busca de um bem comum: o espetáculo dentro do campo de futebol.

1.4. FUTEBOL E GUERRA

O futebol mexe com paixões e se mostrou uma eficiente arma de mobilização e convencimento das massas.

A Copa do Mundo de 1934 em Roma representou para Mussolini uma grande operação de propaganda. *Il Dulce* assistiu todas as partidas da tribuna de honra e era saudado pelos jogadores a cada vitória.

Na Espanha, o time modelo do general Franco, o Real Madrid, dominou o cenário mundial entre os anos de 1956 e 1960, tendo se sagrado campeã de quatro campeonatos da Liga Espanhola, cinco Copas da Europa e uma intercontinental. O time rodava o mundo e encantava o público por onde passava. Com efeito, a ditadura de Franco havia encontrado uma verdadeira embaixada ambulante.

Em nosso País, o Presidente Emílio Médici soube tirar proveito do tricampeonato mundial de futebol em 1970.

Edson Arantes do Nascimento, o Pelé, conseguiu paralisar momentaneamente uma guerra que acontecia no continente africano em 1969. Os guerrilheiros ficaram tão empolgados com a presença do jogador naquele país que propuseram um cessar fogo momentâneo, que foi imediatamente cumprido por ambos os combatentes, conforme relata o documentário *Pelé Eterno*.

---

(10) Dados extraídos do site da FIFA, de acordo com o censo realizado pela entidade em 2000.

O jogador Ronaldo "Fenômeno" também colaborou com as tropas de paz da ONU no Haiti quando no ano de 2004 a seleção brasileira foi fazer um jogo amistoso naquele país, proporcionando uma trégua momentânea nos conflitos internos daquele combalido país caribenho.

Mas talvez um dos casos mais impressionantes seja o fato ocorrido em 1942 entre jogadores alemães e ucranianos e que entrou para a história como sendo o "jogo da morte".

O futebol chegou na Ucrânia no final do século XIX e a teoria mais aceita diz que um grupo de pessoas ficou curioso e tentou imitar o jogo praticado pelos marinheiros britânicos que se distraíam jogando bola enquanto seus navios estavam parados em Odessa. Relata *Andy Dougan*(11) que a primeira partida foi disputada na cidade de Lvov, na fronteira com a Polônia, em 5 de junho de 1892. O futebol passou a se tornar uma febre na Ucrânia que disputou sua primeira partida internacional contra o time turco do Fernerbache em 1914.

Os times de futebol foram criados em clubes esportivos já existentes em fábricas, escolas, escritórios e unidades militares. Em Kiev havia o Zheldor (também conhecido como Lokomotiv). Já o Dínamo era o clube esportivo da polícia e do Ministério do Interior em Kiev e contava com filiais em toda a União Soviética.

Em 1935, o Dínamo de Kiev, além de ser o melhor time da Ucrânia, já era reconhecido como um dos maiores clubes de futebol do mundo, graças ao talento de seus jogadores que eram aclamados durante competições internacionais, fazendo com que o futebol se tornasse um esporte nacional e que a União Soviética organizasse o seu primeiro campeonato de clubes no ano seguinte.

Infelizmente a alegria proporcionada pelo futebol durou poucos anos, tendo em vista a operação Barba-Roxa, deflagrada na primeira metade do ano de 1941 e que tinha como objetivo conquistar a União Soviética.

Nessa época, Josef Stálin mantinha a esperança de cumprimento do pacto de não agressão firmado entre a Alemanha e a União Soviética. Todavia, este não fora cumprido, pois Hitler acreditava que a Rússia poderia ser para a Alemanha o que a Índia fora para a Grã-Bretanha. "Sua doutrina da *Lebensraum*, ou espaço vital, clamava que a raça ariana precisava de espaço para crescer. Hitler tinha visões de uma rápida conquista da União Soviética, o que lhe permitiria explorá-la para extrair os recursos naturais necessários ao prosseguimento da guerra em outras partes do mundo". Explica Andy Dougan(12).

Quando ficou evidente que as tropas alemãs invadiriam a União Soviética, os ucranianos foram imediatamente se alistar demonstrando verdadeiro sentimento

---

(11) *Futebol e Guerra*. Jorge Zahar Editor, 2004. p. 31.
(12) *Op. cit.*, p. 49.

de orgulho pelo país. Assim também o fizeram vários jogadores do Dínamo de Kiev que apenas tiveram tempo para retirar suas esposas e filhos da cidade, que foi dominada em agosto de 1941.

A guerra foi brutal e violenta. Quando os alemães se aproximaram de Kiev, os jogadores de futebol foram uns dos que lutaram desesperadamente para salvar a cidade e proteger suas famílias. Os jogadores do Dínamo que não estavam regularmente alistados no exército foram postos sob o comando de uma comissão especial de cidadãos.

A cidade foi capitulada em setembro de 1941 e incendiada por alemães e russos, estes últimos influenciados pela política da terra arrasada praticada por Stalin, nada deixando para o inimigo.

As pessoas que lá permaneceram ou eram dizimadas pelas armas inimigas ou ficavam desnutridas. O plano de Hitler era que os ucranianos fossem escravizados ou morressem de fome. É de se destacar que alguns habitantes permaneciam no local devastado, sob a expectativa na qual as coisas melhorariam sob o domínio alemão, eis que eram contrários ao regime de Stalin.

A restauração da infraestrutura industrial local foi uma das prioridades dos invasores alemães, sendo que uma das tarefas iniciais era reativar o funcionamento das padarias, a fim de que elas pudessem fornecer alimentos básicos e indispensáveis para o exército que avançava e também para os administradores germânicos e o "resto" para a população local. Esse era o pensamento dos nazistas.

A Padaria n. 3 foi reativada, agora sob o comando de Josef Ivanovich Kordik, servidor leal ao Reich e de origem alemã, o que demonstrava uma nova reclassificação demográfica na Ucrânia cujo critério era a consaguinidade e não competência, pois o antigo diretor da padaria agora estava subordinado a quem comandava em tempos anteriores.

Este Sr. Kordik, apesar de pouco amistoso, era um apaixonado por esportes e contratou para trabalhar na padaria antigos esportistas, como ginastas, ciclistas, boxeadores e jogadores de futebol, principalmente estes. O ex-goleiro do Dínamo, Trusevich, e em seguida demais jogadores daquele e de outros clubes.

Os jogadores do Lokomotiv também passaram a desenvolver o ofício na mesma padaria, pois da mesma forma que seus colegas, enfrentavam uma árdua batalha diária para garantir a própria subsistência naqueles tempos difíceis.

A Alemanha passou a recrutar ucranianos para trabalhar nas indústrias, tendo em vista a pouca adesão e a necessidade de operários, Hitler ordenou que a Ucrânia fornecesse 450 mil operários por ano, o que fez com que o recrutamento passasse a ser obrigatório.

Para aqueles poucos habitantes que permaneceram na Ucrânia, os alemães se utilizaram de diferentes estratégias para convencer o povo de que, sob o domínio alemão, a vida seria bem melhor do que naqueles tempos em que estavam subordinados a Stalin. O abastecimento de alimentos começou a se estabilizar, cafés foram abertos e também um grande estádio que passaria a se chamar Estádio Ucraniano.

Nessa época, o ex-jogador Georgi Shvetsov foi um dos responsáveis pela volta do futebol à cidade. Criou um time nacionalista de futebol, o Rukh, mas tinha simpatia pela doutrina alemã e era considerado fascista e estava longe de ser popular por causa desta filiação escancarada aos ocupantes alemães.

Percebendo que o desempenho do time era fraco, Shvetsov tentou persuadir os antigos jogadores do Dínamo e Lokomotiv, comunistas, que agora trabalhavam em uma padaria, para defender a bandeira do Rukh, mas nenhum deles aceitou o convite exatamente por esta falta de identificação com a política do novo clube.

Trusevich havia sido responsável pela reunião de ex-jogadores que passaram a trabalhar para Kordik na padaria e que a esta altura passava a contar com alguns dos melhores jogadores da União Soviética.

Quando Georgi Shvevtsov conseguiu convencer os alemães a reabrirem o campeonato oficial de futebol, era inevitável que o time da Padaria n. 3 participasse, mas com outro nome, o F.C. Start, cuja definição é a mesma em inglês ou russo ucraniano: começo.

O novo campeonato começaria em 7 de junho de 1942 com a partida entre o F.C. Start e o Rukh. Os alemães tinham organizado uma grande festa e tinham, inclusive, suspendido o toque de recolher.

Andy Dougan traz em seu livro o noticiário da imprensa acerca do fato. *Verbis*:

> "Com a permissão da *Stadtkommissariat* e a ajuda das autoridades municipais, nossa vida esportiva está voltando à normalidade. O primeiro time de futebol, chamado *Rukh*, já está organizado, e vários clubes estão se formando em diferentes fábricas e unidades militares. Por exemplo, a padaria já formou seu clube e conta com algum dos melhores jogadores de futebol da cidade. No domingo 7 de junho, às 17h30min, no Palácio do Esporte, será realizada uma partida entre o *Rukh* e a padaria, e às 14h um outro jogo, entre o regimento local da *Luftwaffe* e um time do serviço de intendência de uma das divisões. A entrada é franca."

Alguns jogadores da padaria entendiam que se aceitassem disputar o jogo, estariam colaborando com os alemães e que deveriam enfrentar as consequências de não participar da disputa. No final, os jogadores da padaria foram convencidos de entrar em campo e com camisas vermelhas.

Apesar de tecnicamente o time do Start ser superior ao Rukh, este time contava com jogadores descansados, bem vestidos e que contavam com empregos regulares, enquanto que os jogadores do Start mal tinham uniformes e ficavam à disposição da padaria durante vinte e quatro horas por dia. No final, o Start ganhou por 7 X 2, provocando a ira de Georgi Shvetsov.

Outras goleadas se seguiram, mas como as vitórias se deram contra equipes de regiões conquistadas, tal fato não importunou os alemães. Porém, esta passividade começou a mudar quando o Star bateu o PGS, unidade militar alemã, por 6 X 0. De repente, aquele povo, antes acovardado e submisso, passou a encontrar no time F.C. Start motivo de união e alegria, fato que efetivamente representava uma preocupação para o exército alemão.

Em partida disputada contra um time de Húngaros, o MSG, o Start ganhou por 5 X 1. Porém, como o time adversário ficou sem um jogador, restou determinado que haveria um outro jogo, no estádio de Zenit, com ingressos sendo cobrados, a fim de se evitar número elevado de populares. O estádio lotou e o Start venceu por 3 X 2.

Essa situação não havia sido prevista pelo exército alemão. Fugira do controle, pois o que era para ser um passatempo e servir como material de propaganda para os nazistas, acabou surtindo o efeito inverso. Os alemães cogitaram em eliminar os jogadores do time, mas isso faria com que se tornassem mártires, o que, definitivamente, não seria uma boa ideia.

A solução foi marcar uma partida entre o F.C. Start e o time formado por militares alemães, o Flakelf, que era mencionado como a equipe oficial da Luftwaffe.

Mais uma vez, a estratégia alemã se tornaria um grande erro. O Start teve um dos jogos mais fáceis da temporada e venceu por 5 X 1. Apesar de não ter havido detalhes acerca do jogo, a notícia rapidamente se espalhou pela cidade. Este fora um duro golpe para as teses alucinadas de Hitler acerca da superioridade ariana no esporte, que já havia sido derrubada nos Jogos Olímpicos de 1936.

No dia seguinte à derrota, já havia cartazes na rua designando uma data próxima para a revanche do time alemão. Dessa forma, a temporada de futebol de 1942 foi prolongada em mais uma partida.

A população entendia a revanche como um recado: o time local não poderia vencer o exército alemão, do contrário, a repressão voltaria. Era o que o clima daquela disputa demonstrava.

De acordo com o relato de um dos jogadores do Start, um homem alto, careca e com uniforme da ss entrou no vestiário e falou ao time que naquele dia ele seria o árbitro da partida e solicitava que o time cumprimentasse o adversário à maneira deles.

Quando entraram em campo, o time alemão fez a saudação habitual ao Füher e esperaram o mesmo do time do Start. Os jogadores lentamente levantaram a mão direita, porém gritaram "*fizcultHura*", que significa cultura física e era a saudação praticada pelos soviéticos, que quer dizer: vida longa ao esporte.

O jogo foi disputado sob forte tensão e apreensão, e o Start, mais uma vez, venceu a disputa por 5 X 3, golpeando o orgulho alemão. Os jogadores do clube vitorioso foram levados para o comando da Gestapo e lá interrogados sob o pretexto de serem acusados de ladrões e sabotadores. Alguns jogadores foram torturados, outros levados para o campo de concentração de Siretz, local onde pouco importava se eram padeiros, jogadores de futebol ou metalúrgicos, uma vez que lá chegados passavam a ser nada mais do que gado em abatedouro humano.

Naquele campo de concentração foi instaurado um verdadeiro processo de extermínio, e cada novo dia representava uma vitória. A boa forma física dos jogadores contribuiu para que eles resistissem aos horrores do campo de concentração.

Um dos sobreviventes daquele time, Makar Goncharenko, prestou depoimento no ano de 1992, que demonstra o horror por eles enfrentado. *Verbis*:

> "No início de 1943, quando a situação na frente de batalha mudou e a resistência em Kiev começou a aumentar, as execuções se tornaram banais. Qualquer um que não prestasse serviço aos ocupantes podia ser fuzilado ou enviado para trabalho na Alemanha. Sempre que os guerrilheiros agiam, mais pessoas eram mortas em Siretz. E quanto mais a vanguarda soviética se aproximava do Dnieper, mais cruéis e despropositadas eram as execuções. Eles matavam os prisioneiros sem pensar. A principal diretiva de Hitler em 1943 dizia que todos os fracos e desleais deviam ser eliminados — ele se referia à população de Kiev — e que todo o resto devia ser evacuado para a Alemanha. Um em cada três habitantes foi morto durante a ocupação, as se a estes forem somados os que morreram de fome e os que não regressaram da escravidão na Alemanha, e também os que pereceram durante a luta, dois terços da população desapareceram. Diante dessas estatísticas, é surpreendente que alguns dos que estavam no campo de Siretz tenham sobrevivido. Só Komarov e outros como ele conseguiram escapar."(13)

O jogador Komarov foi acusado de trair e delatar os seus colegas para os alemães e por esta razão sobreviveu ao holocausto.

A emocionante narrativa demonstra a crueldade de um regime estúpido que não poupava mulheres, crianças, trabalhadores e desportistas, cujo crime foi vencer uma partida de futebol contra soldados alemães e encher de alegria um povo sofrido pelos horrores de uma guerra.

---

(13) DOUGHAN, Andy. *Op. cit.*, p. 174.

1.5. REGULAMENTAÇÃO E LEGISLAÇÃO

É natural que diante dessa extraordinária mobilização, torna-se necessária a regulamentação da prática do desporto e dos eventos esportivos.

Na primeira metade do século XX, o ordenamento jurídico espanhol definia o contrato de trabalho no art. 1º da Lei de 26 de janeiro de 1944. Contudo, o contrato desportivo não era classificado como um contrato de trabalho, na medida em que tanto a remuneração quanto a produção não eram requisitos essenciais do contrato desportivo, conforme assinalado por Arturo Majada: "*La nota de remuneración es indispensable para la existencia del contrato de trabajo, mientras que el contrato deportivo puede existir sin que se den prestaciones econômicas de ninguna classe; la finalidad de la asociación deportiva no es la producción, ni siquera el lucro o la ganância*".

No início da década de 1930, a profissionalização do esporte no Brasil era consequência natural de uma realidade, tendo em vista o crescente êxodo de craques brasileiros para o continente europeu, sem qualquer contraprestação financeira para os clubes nacionais.

Em 1931, o Club de Regatas Vasco da Gama fez uma excursão pela Europa, durante a disputa do Campeonato Carioca, o qual liderava com folga de 4 pontos de vantagem sobre o segundo colocado. Ninguém poderia imaginar que dois de seus jogadores não regressariam com o clube após a excursão.

Durante as apresentações na Espanha, o Barcelona se encantou com os jogadores Fausto e Jaguaré e ofereceu trinta mil pesetas a cada um dos jogadores, além de trinta contos de luvas, fora os ordenados e as gratificações(14). Após esse baque, nem mesmo a confortável vantagem foi suficiente para impedir o título do América naquele campeonato.

Por outro lado, o jogador se sentia preso e acorrentado ao clube e passou a enxergar as oportunidades de jogar em clubes europeus.

Nesse mesmo período, a América do Sul se tornou o grande celeiro dos clubes de futebol italiano. Quem demonstrasse um pouco de intimidade com a bola e fosse filho de italiano teria assegurada a dupla cidadania. Todo navio italiano que passava pelo Rio de Janeiro a caminho da Itália levava pelo menos um par de jogadores de Buenos Aires, Montevidéu e São Paulo para os clubes italianos. Comparados com as gratificações e as luvas pagas pelos italianos, os "bichos" pagos pelos clubes brasileiros estabeleciam o contraste entre a riqueza e a miséria. Em 1931, algo em torno de 39 jogadores brasileiros foram para a Itália, fato esse que foi explorado pelos defensores da profissionalização do esporte que seria adotada no país em 1933.

---

(14) FILHO, Mário. *Op. cit.*, p. 177.

Em Buenos Aires, a situação não era diferente, afinal, todos os grandes clubes italianos tinham jogadores com sobrenome argentino, e se aquilo continuasse, seria o fim do futebol naquele país, valendo destacar que dois argentinos foram responsáveis diretos pelo título Mundial da Itália em 1934: Orsi, autor de um dos gols, e Guaita, que deu o passe para Schiavio fechar o placar de 2 X 1 em cima da Tchecoslováquia. O remédio encontrado para reprimir o êxodo de jogadores foi profissionalizar o esporte.

Outro ponto merecedor de reflexão foi o início da popularização do esporte que se disseminava com grande intensidade na sociedade brasileira, graças às coberturas jornalísticas e às transmissões via rádio, fato este que despertou o interesse do governo Vargas, fazendo com que o Estado passasse a intervir diretamente na questão institucionalizando o sistema profissional.

Conforme se pode observar, o anseio pela regulamentação das atividades que envolvem o jogador de futebol não é recente. É imprescindível à compreensão deste estudo destacar importante trabalho realizado no final da primeira metade do século XX pelo eminente jurista João Antero de Carvalho[15], que já naquela época demonstrava sua preocupação com esta questão.

O referido autor voltava a escrever acerca do tema em razão de dois motivos. O primeiro porque um membro titular da pasta do Trabalho afirmou que o Governo tinha a intenção de apresentar uma regulamentação das atividades do jogador de futebol. A segunda razão residia no fato de que diversos interessados, principalmente dirigentes de clubes e de entidades desportivas, ainda não detinham a real compreensão da necessidade dessa regulamentação.

Os seus argumentos eram contundentes, pois afirmava que o Título III da Consolidação das Leis do Trabalho tratava de normas especiais da tutela de trabalho, com expressa disposição acerca da duração e condições do trabalho de diversas categorias, como, por exemplo, dos bancários, empregados nos serviços de telefonia, de telegrafia submarina e subfluvial, de radiotelegrafia, músicos, estiva, capatazia, jornalistas, professores, químicos, dentre outros. Em seguida, a CLT dispunha sobre normas de proteção ao trabalho da mulher e do menor, para, em seguida, nas disposições especiais do Título IV, cogitar, de relance, dos trabalhadores rurais, empregados em consultórios e escritórios de profissionais liberais, artistas e trabalhadores de empresas teatrais e circenses.

Também havia leis esparsas que contemplavam filigranas jurídicas, como, por exemplo, estabelecimento de medidas tendentes a favorecer a colocação de trabalhadores maiores de 45 anos no mercado (DL n. 4.362/1942); idade mínima para o exercício de atividade na mineração do carvão, durante o estado de guerra (DL n. 7.211/1944); situação jurídica dos empregados das empresas incorporadas

---

(15) CARVALHO, J. Antero de. *Direito do trabalho interpretado*, p. 257.

ao patrimônio da União (DL n. 8.249/1945); aprendizagem dos industriários (DL n. 4.481/1942); aplicação de legislação de proteção ao trabalho aos empregados das autarquias industriais (DL 7.889/1945), dentre outras previsões legislativas.

A crítica residia no fato de que inúmeras atividades despertaram a atenção do legislador ao ponto de se cunhar normas especiais de proteção ao trabalho. Contudo, não havia normas que dispusessem acerca das peculiaridades dos atletas profissionais de futebol, nada obstante o contínuo crescimento desta prática desportiva e o aumento do interesse nas competições.

O autor destacava o exemplo bem-sucedido da Colômbia, país no qual sociedades anônimas se organizavam para explorar o futebol. No Brasil, os clubes eram associações recreativas, sem fins lucrativos.

A regulamentação, segundo seu ponto de vista, passava também pelo direito coletivo como forma de prevenção, atenuação ou solução de conflitos, tendo asseverado. *Verbis:*

> "Nada me leva a crer fosse a medida usada a convenção coletiva, que anteriormente preveniu antagonismo em diversas classes, mas sim o dissídio coletivo que, embora devesse ser o apelo derradeiro, se tem colocado em plano de vanguarda como capaz de proporcionar solução imediata à ameaça de desigualdade nas condições de trabalho, graças à competência normativa da Justiça do Trabalho, tão bem esclarecida pelo Ministro Geraldo Montedônio Bezerra de Menezes no seu recente livro intitulado 'Dissídios Coletivos do Trabalho'."

Outro ponto que merecia destaque e atenção era a falta de um equilíbrio legal, com o reconhecimento de vantagens e obrigações para o atleta, o que gerava dúvidas nos juízes dos Tribunais Trabalhistas, tendo em vista a escassez de normas, nos termos das reivindicações feitas pelo jurista. *Verbis*:

> "Tirante a questão do passe e outras como luvas e seguro de acidentes, sobressai de maneira destacada, à que se prende a rescisão do contrato de trabalho por culpa do clube ou do jogador.
>
> Por outro lado, os contratos-tipos, atualmente em voga, deixam muito a desejar neste particular. Existem *gratia argumentandi*, um sem-número de casos de atletas afastados por deficiência técnica e, não raro, por desídia, acarretando ônus aos respectivos clubes que se vêem, pela carência de recursos legais mais claros e positivos, impedidos de tomar as medidas necessárias à pronta efetivação da despedida e ao ressarcimento dos prejuízos.
>
> Não faz muito tempo, O Juiz Martinho Garcez Neto, consultado a respeito da possibilidade de se solucionar impasse latente em certa associação, admitiu a existência de dificuldades em levar a efeito uma

ação decisiva para por cobro àquela situação visivelmente irregular. Tais dificuldades eram atribuídas à falta de maiores detalhes e recursos nos referidos contratos-tipo."

Todos estes argumentos demonstravam a urgente necessidade de uma regulamentação da atividade, pois não poderia o jogador de futebol ficar à margem de legislações protetivas do trabalho, enquanto que inúmeras outras categorias dispunham de regramento próprio viabilizando um maior equilíbrio entre empregado e empregador e prevenindo, "nos limites da contingência humana, os conflitos e as reivindicações violentas, tão prejudiciais ao bem-estar comum"(16).

O fato da Consolidação das Leis do Trabalho não ter regulamentado a profissão do atleta gerava dúvidas doutrinárias e variações nos julgamentos, conforme restou demonstrado. A relação empregatícia entre o atleta profissional de futebol e as associações somente passou a ser regulamentada com a edição da Lei n. 6.354/1976, cujo decreto regulamentador definia, em seu artigo primeiro, o atleta profissional, como aquele que "mediante remuneração a qualquer título, faça do desporto sua atividade principal", entendendo-se por desporto a atividade definida na lei em comento.

A ausência de uma regulamentação da atividade do jogador de futebol causava indignação, na medida em que outras profissões, tão dignas quanto ao do jogador profissional, já mencionadas, possuíam normas próprias que disciplinavam suas atividades.

É deveras interessante a passagem da obra do autor em comento quando discorre acerca do processo movido por Algisto Lorenzato, também conhecido pelo apelido de "Batatais", jogador nascido em 1910, que atuava na posição de goleiro e reconhecido por seu comportamento exemplar dentro de campo. Era de origem humilde e teve seu primeiro contato com o futebol no time da empresa onde trabalhava, o Frigorífico Anglo. Em 1935, passou a defender o Fluminense e foi cinco vezes campeão carioca pelo Clube das Laranjeiras, tendo sido goleiro da Seleção Brasileira em duas partidas da Copa do Mundo de 1938.

O goleiro provocou a Justiça do Trabalho, pois julgava ser detentor da estabilidade decenal, então vigente, pois possuía mais de dez anos de vinculação com a agremiação desportiva e, em razão da disposição contida nos arts. 3º e 577 da CLT, deveria ser considerado empregado, figurando no grupo atinente aos trabalhadores em estabelecimentos de cultura física.

Dessa forma, entendia, ainda, que foi obrigado a se transferir para outra agremiação desportiva por culpa do seu ex-clube, razão pela qual postulou o pagamento de metade da remuneração que recebia em virtude daquele contrato, até o seu término, nos termos do art. 479 da CLT.

(16) CARVALHO, J. Antero de . p. 259.

Em razão da ausência de uma regulamentação específica, o caso foi cercado de bastante polêmica e divergências, narradas com maestria por Antero de Carvalho. *Verbis*:

> "No caso de Algisto Lorenzato, por exemplo, manifestaram-se contrariamente ao Tribunal Superior a primeira e segunda instâncias, sendo de notar que nesse Tribunal o veredicto foi proclamado pela diferença de um voto. O relator, Ministro Delfim Moreira, foi vencido, tendo tido, entretanto, além de outros, o apoio dos Ministros Caldeira Neto e Júlio Barata.
>
> O Ministro Astolfo Serra, cujo voto prevaleceu no Tribunal Superior, sustentou que, sendo o jogador de futebol um assalariado, os seus direitos, em face do empregador, não diversificam, dos reconhecidos a outras categorias, aplicando-se-lhe, pois, o instituto da estabilidade (proc. TST 5.930-47)."

O voto divergente, que prevaleceu no TST por apertada maioria de 5 X 4, aplicava ao jogador de futebol, por analogia, as normas destinadas aos artistas, admitindo que ambos "dão um espetáculo público parecido" argumentando que, baseado na convenção entre os interessados, nos casos omissos, seriam respeitados os preceitos do decreto que regula a locação de serviços teatrais (cláusula 17 dos contratos-tipo).

Todavia, o entendimento manifestado pela maioria dos Ministros não prevaleceu, pois a 1ª Turma do Supremo Tribunal Federal deu provimento ao agravo e, julgando o Recurso Extraordinário, este fora provido (Rec. Extr. n. 15.932, DJ — 28 de agosto de 1952, p. 3.367) e confirmado pelo Pleno daquele Pretório Excelso que rejeitou os Embargos do atleta.

O entendimento do STF se pautou no fato de não ser aplicável ao atleta o reconhecimento da estabilidade decenal em virtude das peculiaridades que envolvem a profissão, como, por exemplo, o direito a que o atleta tem ao pagamento de gratificações (como luvas e bicho) e ao passe, fatos que o diferenciam de um trabalhador comum. Além disso, um outro fato interessante foi colocado em jogo: a impossibilidade de se impor a um clube de futebol permanência de "elementos imprestáveis para a finalidade do contrato, máxime se atentarmos para que os atletas se afastam das atividades desportivas em idade muito verde, via de regra quando, em outras profissões, principia o trabalhador a adquirir maior perfeição no seu mister"[(17)].

Seguem abaixo as ementas referentes aos processos mencionados:

> O jogador de futebol é um assalariado, cujos direitos, em face do empregador, não diversificam dos reconhecidos a outras categorias, cabendo-lhe, portanto, direito à estabilidade, que não pode ser objeto de transação entre empregadores.

---

(17) CARVALHO, J. Antero de . p. 265.

(TST — Proc. N. 5.930/47 — Rel. Min. Astolfo Serra — Publicado no DJ 20.3.1948 — p. 958 — "Rev. do TST, n. 2, p. 102")

Ao jogador profissional de futebol aplica-se, por analogia, a exceção do art. 507 da CLT. Na extensão dos benefícios da legislação trabalhista aos atletas profissionais, não se deve desprezar o sistema legal com que se organizou o desporto nacional.

(Voto vencido do Min. Delfim Moreira proferido nos autos do Proc. n. 5.930/47 — "Rev. do TST, n. 2, p. 110")

Profissional de futebol e sua atividade congênere à exercida pelos artistas. Inexistência de relação de emprego no sentido comum. Peculiaridades da matéria. Impossibilidade de adquirir estabilidade. Situação vinculativa do jogador ao clube.

(STF — RE n. 15.932 — 18.9.1950 — Rel. Min. Macedo Ludolf — "Rev. do TST, set./out. 1950, p. 38)

Este caso emblemático demonstrava que não eram somente as partes envolvidas que precisavam de uma regulamentação para nortear quais normas deveriam ser aplicadas, mas principalmente os magistrados que se viam obrigados a julgar de acordo com princípios análogos aplicados a outras categorias.

Antônio Chaves[18] relata que o Tribunal Superior do Trabalho, ao analisar recurso em Reclamação Trabalhista, movida em face do São Cristóvão Futebol e Regatas, o Ministro Rômulo Cardim já proclamava ser necessário "que uma legislação especial venha amparar esses profissionais que consomem as suas energias físicas na prática de uma profissão esgotante".

O contorno de profissionalismo que começava a ganhar a prática do futebol contribuiu para iniciar o reconhecimento de situações jurídicas especialíssimas que por volta de 1950 ainda não estavam definidas, apesar de inúmeras leis trabalhistas voltadas para outras atividades.

Em um caso peculiar, extraído dos anais da Justiça do Trabalho do Rio Grande do Sul[19], está registrado que, em um determinado caso, jogadores de futebol acionaram a Justiça do Trabalho e, na procuração, se qualificaram com as profissões principais que desempenhavam. *Verbis*:

A situação era bastante diferente em 1951, quando Nelson Feira da Cunha (Proc. TRT n. 550-590-594/1951 — Reclamante Nelson Feira da Cunha e outros — Reclamada: Clube Atlético Bancário — JCJ Pelotas), um dos jogadores de futebol do Clube Atlético Bancário de Pelotas, foi autor em reclamatória trabalhista. Em folha timbrada da Confederação Brasileira de Desportes, já era possível ler a expressão ATLETA PROFISSIONAL DE FOOTBALL, N. 27634. Ingressaram na mesma ação seus companheiros de clube João C. Teixeira da Silva, Jesus da C. Louzada, Victor Abreu Petrucci e Osvaldo Gradet, sendo o reclamado revel na ação. Em 9 de janeiro de 1952, a Junta de Conciliação e Julgamento de Pelotas, na Presidência do Juiz Mozart Victor Russomano, julgou procedente a ação, discriminando as importâncias que deveriam ser pagas no prazo de 48 horas, que variavam de Cr$ 400,00 a Cr$ 13.100,00 para cada um dos atletas. Na época o salário mínimo era de Cr$ 1.200,00. Na procuração, outorgada ao advogado Antô-

(18) CHAVES, Antônio. *Direito de arena*. 1. ed. Julex Livros, 1988. p. 24.

(19) *A história da justiça do trabalho no Brasil*: multiplicidade de olhares. TST, p. 152.

nio Ferreira Martins, ainda que contratados como atletas-jogadores, os reclamantes aparecem como profissionais de outras atividades: comerciário, torneiro mecânico, funcionário público federal, o que pode revelar as dificuldades envolvidas na profissionalização do futebol.

Tal fato demonstra que, naquela época, ser jogador de futebol era um mero passatempo, eis que não era encarado, de fato, como profissão.

Os jogadores dos anos de 1950 levavam uma vida modesta, independentemente da fama que tivessem. Nesse sentido, relata Ruy Castro, em sua célebre biografia sobre a vida de Mané Garrincha, a situação vivida pelos jogadores que viveram naquele tempo[20]. *Verbis*:

> "O jogador mais bem pago do futebol brasileiro era Zizinho, que recebia 30 mil cruzeiros mensais do Bangu. Um senador da República ganhava 36 mil; um advogado ou médico, 20 mil. E os jogadores ainda tinham os *bichos* — que, num mês de muitas vitórias, podiam dar a ilusão de uma vida confortável. Mas, como sempre, a maioria ganhava mal e mesmo os maiores nomes estavam a anos-luz dos contratos milionários, dos carros importados e do sucesso social de que gozam hoje."

Naquela época, os jogadores mais precavidos procuravam uma segunda profissão, pois o fato de serem atletas não lhe asseguravam direitos trabalhistas, que eram devidos a qualquer trabalhador.

Ruy Castro cita os exemplos do goleiro Oswaldo Baliza, que abriu um armazém de secos e molhados; Pinheiro era corretor de imóveis. Já o zagueiro Píndaro, do Fluminense, tinha uma farmácia no Jóquei, enquanto o zagueiro Bellini, do Vasco, era dono de uma sapataria em Copacabana[21].

Ainda na década de 1950, o Supremo Tribunal Federal proferiu a seguinte decisão:

ATLETA PROFISSIONAL.

A situação do atleta profissional, em sua relação de trabalho, difere da do trabalhador comum.

(STF — 1ª Turma — Rel. Cândido Motta — 14.8.1958)

No livro "Trabalho e Justiça", *Tasso de Vasconcellos Alvarenga*[22] traz ementas distribuídas por temas e no que pertine ao jogador de futebol, destaca o seguinte aresto proveniente do Tribunal Superior do Trabalho. *Verbis*:

Jogadores de foot-ball

1.603 — Os jogadores de foot-ball estão equiparados aos artistas para efeito de contagem de tempo em caso de indenização.

(TST. Proc. N. 1.860-50 — Ac. De 9.12.52 — Rel. Rômulo Cardim — DJ 22.5.53)

---

(20) CASTRO, Ruy. *Estrela solitária*. Um brasileiro chamado Garrincha. Cia. das Letras. 1. ed. p. 96.
(21) *Op. cit.*, p. 97.
(22) ALVARENGA, Tasso de Vasconcellos. *Trabalho e justiça.* 1. ed. 1956. p. 239.

E não era somente a questão da estabilidade que afligia os magistrados, mas também questões — até hoje controvertidas — como o pagamento de luvas e o "bicho".

Ao julgar o processo TST 10.015-47, o Tribunal Superior do Trabalho decidiu que as luvas correspondem a gratificação e, dessa forma, integram o salário para todos os efeitos legais.

Naquela ação, o Tribunal estava diante de uma rescisão unilateral do contrato, sendo que o atleta postulava o pagamento de 50% dos salários referentes ao tempo restante do contrato de trabalho, além do pagamento integral das luvas, com base na equiparação destas ao passe.

O presente caso também foi comentado por Antero de Carvalho[23]. *Verbis*:

> "O Tribunal Superior do Trabalho, em acórdão da lavra do Ministro Edgard de Oliveira Lima, negou a pretensão do atleta, por entender que, em se tratando de gratificação, integrava o salário na forma do art. 457, §§ 1º e 2º, da CLT.
>
> [...]
>
> A própria Consolidação estabelece, como está patente, a diferença existente entre a gratificação ajustada e a aleatória, no caso o chamado *bicho*. Esta, como é notório, depende da vontade dos dirigentes do clube, de uma série de fatores intimamente ligados à renda e ao resultado da competição. Aquela consta, via de regra, do respectivo contrato e é tida como uma garantia de sua execução. Não obstante, contratos há em que se prevê o chamado 'bicho', fixo, por jogo ganho ou empatado. Nesse caso, transforma-se o seu aspecto para tomar um caráter diferente, obrigatório, sendo de considerar ainda o ajuste tácito, decorrente da habitualidade.
>
> No caso em tela, a Junta atendera à pretensão do jogador (proc. JCJ 6ª n. 835-47), tendo o Tribunal Regional modificado a decisão na parte atinente às referidas 'luvas'.
>
> O respectivo acórdão, redigido pelo Juiz Aldílio Tostes Malta, dispôs, em sua parte final, que '*determinando porém a Junta o pagamento da indenização nos termos do art. 479, deixou de reduzir também à metade a importância das chamadas luvas. A operação se impunha* — acrescentou a decisão — *pois que seria paga na vigência do contrato, como uma gratificação (tendo mesmo essa natureza) integrante dos salários*' (proc. TRT n. 1.246-47)."

---

(23) *Op. cit.*, p. 261.

Nesse caso acima relatado, o Tribunal Superior do Trabalho discordou da decisão da primeira instância (na época Junta de Conciliação e Julgamento) e estabeleceu o princípio de que as luvas se equiparam às gratificações ajustadas de que tratava a CLT e por esta razão integrariam o salário do jogador, pois estão compreendidas na remuneração, nos termos da previsão contida no art. 479 da Consolidação, cuja redação é a mesma até os dias atuais.

Por fim, o jurista mencionado concluiu de forma lúcida e com muita propriedade que os comentários por ele feitos acerca do tema tinham como objetivo demonstrar para certos dirigentes de clubes que naquela época preferiam as soluções agitadas em detrimento das definições pacíficas de direitos e obrigações, pois supunham que o jogador de futebol não detinha elementos para pleitear o reconhecimento de direitos comuns aos trabalhadores em geral.

Com efeito, havia aspectos que poderiam ser solucionados à luz das leis então vigentes e aplicadas ao trabalhador comum, contudo já havia o justo anseio pela existência de uma legislação específica que regulamentasse a matéria.

Segundo o Ministro Alexandre Agra Belmonte[(24)], três períodos dividem a história do direito desportivo no Brasil. O primeiro vai de 1932 a 1945 e tem caráter intervencionista do Estado, mesma característica do segundo período, compreendido entre 1946 e 1988 e o terceiro a partir da promulgação da Constituição atual.

Naquele **primeiro período**, o desporto era encarado como educação física, com significado de desenvolvimento da raça, demonstrando a concepção fascista. Dentre as legislações surgidas nesta época, devem ser enumeradas as seguintes:

Decreto-lei n. 526/38 — Criou o Conselho Nacional de Cultura, com a finalidade de supervisionar as atividades relacionadas ao desenvolvimento cultural do país, nelas incluída a prática desportiva;

Decreto-lei n. 1.056/39 — Responsável pela apresentação do plano geral de regulamentação do desporto;

Decreto-lei n. 3.199/41 — Foi a primeira lei orgânica do desporto nacional, inspirada nas regras desportivas advindas das entidades internacionais e criou os Conselhos Nacionais e Regionais do Desporto, além de atribuir à União competência privativa para legislar sobre o desporto.

Decreto n. 3.617/41 — Estabelece as bases de organização do desporto universitário;

Decreto-lei n. 5.342/42 — Dispôs sobre a competência do Conselho Nacional de Desportos e sobre a disciplina das atividades desportivas;

Decreto-lei n. 7.674/45 — Responsável pela criação de um órgão fiscalizador da gestão financeira em cada entidade ou associação de prática desportiva e instituiu empréstimos para tais entidades.

---

(24) BELMONTE, Alexandre Agra. *Aspectos Jurídico-Trabalhistas da relação de trabalho do atleta profissional*. Curso de direito desportivo sistêmico. Quartier Latin. 2010. V. II. p. 445.

Ainda sobre forte intervencionismo estatal, no **segundo período** foram editadas as seguintes leis e decretos:

Decreto-lei n. 8.458/46 — Estabeleceu o registro das entidades e associações desportivas, de âmbito nacional ou regional;

Decreto n. 38.788/56 — Responsável pela criação da Comissão Desportiva das Forças Armadas com a finalidade de retirar do Conselho Nacional do Desporto a competência para organizar os desportos militares;

Decreto n. 47.978/60 — Fixou normas para o registro no Conselho Nacional de Desportos, de Técnicos Desportivos, diplomados por Escola de Educação Física;

Decreto n. 51.008/61 — Estabeleceu horário de prática das competições desportivas;

Decreto n. 53.820/64 — Estabeleceu critérios para a profissão de atleta de futebol, bem como a participação do atleta no valor de venda do seu passe;

Lei n. 5.939/73 — Dispôs sobre benefícios previdenciários aos atletas profissionais de futebol;

Lei n. 6.251/75 (reg. Pelo Decreto 80.228/77) — Outorgou à União a competência para legislar sobre normas gerais do desporto e atribuiu ao Conselho Nacional de Desportos funções legislativas, executivas e judicantes — neste período foram editados 431 normativos do Conselho, utilizados como instrumento de intervenção do Estado no desporto.

Lei n. 6.269/75 — Instituiu o sistema de assistência complementar ao atleta profissional e inseriu o atleta nos âmbitos das relações de trabalho, além de incluir normas referentes a Loteria Esportiva Federal;

Lei n. 6.354/76 — Estabelecia as relações entre jogadores e entidades desportivas e foi revogada pela Lei n. 12.395/2011.

A ligação do esporte com o direito se consolidou com a promulgação da Constituição Federal de 1988, que passou a tratar o desporto como Direito Social e fundamental, inaugurando o **terceiro período** do direito esportivo nacional, ocasião em que o controle estatal desaparece. À guisa de exemplo, a Resolução n. 03/1990 revogou 400 dos 431 atos normativos do Conselho Nacional do Desporto. São destacadas as seguintes leis:

Lei n. 8.028/90 — Atribuiu à lei federal sobre desportos dispor sobre a justiça desportiva;

Lei n. 8.672/93 — Atribuiu aos clubes a faculdade de se tornarem empresas, previu o fim do passe, a exclusão do Tribunal Superior de Justiça Desportiva da organização da justiça desportiva brasileira e regulamentou os bingos;

Lei n. 9.615/98 — Atribuiu aos clubes a obrigatoriedade de se constituírem em clubes-empresas, enquadrou o torcedor como consumidor, viabilizou a criação de ligas pelas entidades de prática do desporto, dispôs acerca do direito de arena.

Lei n. 9.981/00 — Estabeleceu os deveres do atleta profissional, criou o Superior Tribunal de Justiça Desportiva e o reinseriu na organização da justiça desportiva brasileira, atribuiu à União, Estados e ao Distrito Federal o poder de legislar sobre o desporto;

Lei n. 10.672/03 — Alterou a Lei Pelé, dispôs normas de organização do esporte e definiu a destinação de recursos financeiros ao Ministério do Esporte.

Em fevereiro de 2005, foi elaborado anteprojeto e exposição de motivos do Ministério dos Esportes, sendo que este foi aprovado integralmente pela Presidência da República e encaminhado ao Congresso Nacional, onde passou a tramitar como o Projeto de Lei n. 5.186/2005, tendo como Relator o Deputado José Rocha.

Finalmente, em fevereiro de 2011, o referido projeto foi aprovado e convertido na Lei n. 12.395/2011, responsável pela alteração de mais da metade da Lei Pelé, podendo ser considerada um divisor de águas no tocante à regulamentação da atividade do atleta profissional.

A Lei Pelé passou a sofrer constantes alterações e se transformou em verdadeira "colcha de retalhos", gerando instabilidade jurídica. Daí a importância da Lei n. 12.395, vigente no ordenamento jurídico pátrio desde março de 2011, e antes de sua promulgação houve um fato curioso no decorrer de seu trâmite, pois foi objeto de três aprovações na Câmara dos Deputados e duas aprovações no Senado Federal, conforme relata Álvaro Melo Filho(25). "Com efeito, no seu percurso legislativo, foi — como PL n. 5.186/2005 — aprovada em fevereiro de 2010, na Câmara, e em julho de 2010, no Senado. Contudo, em face de nove (9) emendas na casa revisora, retornou à apreciação da Câmara Federal. E, enquanto aguardava oportunidade de inclusão na pauta, trancada por medidas provisórias, teve todo o seu conteúdo inserido como emenda na MP n. 502/2010, obtendo mais uma vez aprovação, já em 2011, na Câmara Federal. Após, seguiu para o Senado Federal que, novamente, aprovou a matéria com uma única emenda, obrigando a nova apreciação pela Câmara Federal. Esta casa legislativa ratificou a emenda do Senado Federal e a novel *lex esportiva* sancionada, transfundindo-se na lei n. 12.395/11, com repercussões estruturais na lei n. 9.615/98."

O desporto está amparado na Constituição da República Federativa do Brasil. Mais precisamente, em seu art. 217 a Constituição Federal estabelece. *Verbis*:

> É dever do Estado fomentar práticas desportivas e não-formais, como direito de cada um, observados:
>
> II — a destinação de recursos públicos para a promoção prioritária do desporto educacional e, em casos específicos, para a do desporto de alto rendimento;
>
> § 3º — O Poder Público incentivará o lazer, como forma de promoção social.

A elaboração desse dispositivo legal tem uma profunda participação do Dr. Álvaro Melo Filho, um dos mentores da previsão constitucional.

Nota-se, portanto, que o novo diploma constitucional alçou o desporto ao patamar da educação e da cultura que se traduzem em pilares de uma sociedade desenvolvida.

O desempenho da atividade do atleta profissional de futebol tem peculiaridades enumeradas na Lei n. 9.615/1998, que foi profundamente alterada pela Lei n. 12.395/2011.

---

(25) *Nova Lei Pelé*: Avanços e Impactos, p. 15.

Na presente obra serão tratados assuntos polêmicos no que se refere às previsões legais que disciplinam a atividade desportiva, os desafios a serem enfrentados e o comportamento da Jurisprudência.

Serão abordados aspectos práticos e polêmicos como, por exemplo, a extinção do passe pela Lei Pelé, a Cláusula Indenizatória e a Cláusula Compensatória, componentes da remuneração do salário do atleta, as luvas, o "bicho", hipóteses de demissão por justa causa, obrigações do clube e do atleta, a polêmica cláusula de renovação automática, o direito de imagem e o direito de arena.

Todos estes tópicos merecem um criterioso estudo, conforme será abordado a seguir.

Com efeito, a legislação que regulamenta a prática do desporto vem sofrendo constantes transformações, devendo ser ressaltado o importante papel da jurisprudência trabalhista, cujo aperfeiçoamento é imprescindível a fim de espancar as dúvidas surgidas com os textos legais.

Em 13.2.2001, ao julgar medida liminar em desfavor de um conhecido jogador de futebol, a juíza do trabalho do TRT da 4ª Região, Antônia Mara Vieira Loguercio, já alertava que em razão da excessiva carga de emoção inerente ao futebol, qualquer questão acerca deste tema "exige de seus protagonistas e analistas bem mais do que desempenho profissional e estudo acurado. Exige empenho de uns e sensibilidade dos outros. E, acima de tudo, respeito, profundo respeito. Devido, em primeiro lugar, para com o alvo dessa paixão: os clubes, entendidos não como conjunto de pessoas, patrimônio, gestos e atitudes, mas como entidade mítica com a qual a população, denominada de torcida, desenvolve identidade absoluta que sobrepassa as gerações e a transitoriedade dos dirigentes e jogadores, desconsidera momentos de vitórias ou derrotas, ignora problemas financeiros e querelas menores. E dentro dos clubes, a paixão se transfere ainda para seus ídolos — os jogadores"[26].

1.6. ORIGEM PRIVADA DAS ENTIDADES ORGANIZADORAS DO DESPORTO PROFISSIONAL

O art. 217, I, da Constituição Federal preceitua a autonomia das entidades desportivas dirigentes e associações, quanto a sua organização e funcionamento. Esta autonomia não é fruto da benevolência do legislador constituinte, mas reflexo da compreensão das peculiaridades inerentes à prática do desporto no âmbito nacional e internacional.

(26) Decisão proferida em 13.2.2001, nos autos do Processo 126.26/01-7 – 26ª Vara do Trabalho de Porto Alegre.

Elucidar a origem privada das entidades organizadoras do desporto profissional é fundamental para a compreensão de diversos fenômenos do direito desportivo, entre eles, destacamos, os conflitos jurisdicionais entre a Justiça Desportiva e a Justiça Comum.

Com a transformação do regime feudal a partir do século XII, pode ser observado o início do desenvolvimento das cidades fora dos feudos com a presença de comerciantes e artesãos, estabelecidos em bairros construídos em volta das muralhas.

A atividade dos artesãos urbanos foi regulada por uma instituição denominada corporações de ofício, que na lição de Piraci U. Oliveira[27], eram definidas como associações fechadas e hierárquicas de cada profissão, destinadas a proteger seus associados, evitando a concorrrência desleal entre eles e regrando na forma de atuação da nova classe que se formava.

Martinho Neves Miranda[28] destaca que as Entidades Organizadoras do Desporto como conhecemos hoje tiveram sua origem na Inglaterra, no século XVIII, quando a aristocracia daquele país, que, ao contrário da classe operária, possuía tempo ocioso para praticar atividade desportiva.

Posteriormente, também a classe operária passou a gozar de tempo para a prática desportiva, fruto da redução das horas de trabalho e do avanço tecnológico, que reduziam o esforço físico despendido no labor diário.

Para Martinho, "A penetração das atividades desportivas nas mais variadas classes sociais fez com que fossem sendo formadas diversas associações, que se constituíram como as principais responsáveis pelo efeito multiplicador da prática do desporto para além das fronteiras acadêmicas".

Tais associações, naturalmente, no decorrer de sua evolução e fortalecimento da prática desportiva, perceberam a necessidade transcenderem seus muros para competirem entre si, o que viabilizou a criação de uma entidade central, responsável pela organização das competições.

No mesmo diapasão, e considerando a existência do fenômeno associativo em outros países, surgiu o substrato necessário ao fomento de federações internacionais responsáveis pela organização de competições em nível continental.

Em síntese, tanto na formação das federações nacionais quanto das internacionais, observa-se o caráter associativo, em que os entes contratantes cedem parte de sua autonomia em favor da criação de uma entidade capaz de harmonizar os interesses do grupo[29].

---

(27) OLIVEIRA, Piraci Ubiratan. *Autonomia das associações desportivas e o clube empresa*. 1. ed. São Paulo: Iglu editora, 2012.

(28) MIRANDA, Martinho Neves. *O direito no desporto*. 2. ed. Rio de Janeiro: Lumen Juris, 2011. p. 31.

(29) MIRANDA, Martinho Neves. *O direito no desporto*. 2. ed. Rio de Janeiro: Lumen Juris, 2011. p. 33."*E ocorreu em relação às federações internacionais algo semelhante à formação do Estado soberano à luz da teoria do contrato social proposta por Jean-Jacques Rosseau, já que, de acordo com o pensador francês, cada indivíduo, para evitar a situação de anarquia, cede um pouco da sua*

José Manuel Meirim, citado por Martinho Miranda, acrescenta:

> "[...] se foi sedimentado uma ordem jurídica desportiva, de formação espontânea, assente na vontade associativa privada, sem interferência dos poderes públicos."

Daí resulta a impropriedade da intervenção Estatal em assuntos de natureza desportiva. Se eventual entidade de prática desportiva, filiada à determinada Federação, não concordar com a solução adotada para um conflito por ela instaurado, ou com a forma que o desporto está sendo gerenciado, tem a prerrogativa de desvincular-se.

Para melhor compreensão de tal aspecto, destacamos o exemplo pátrio da LNB — LIGA NACIONAL DE BASQUETE. Em 2008, os clubes de São Paulo, insatisfeitos com a Confederação Brasileira de Basketball, romperam seu vínculo associativo e não disputaram o campeonato nacional. Em paralelo, organizaram a Super Copa de basquete, torneio contendo apenas equipes de São Paulo.

No final de 2008, os clubes e a CBB finalmente chegaram a um acordo e optaram pela criação de uma liga independente, organizada diretamente pelos clubes, com a chancela da Confederação. Assim, o campeonato em 2009 foi organizado pela Liga Nacional de Basquete (LNB) e foi chamado de Novo Basquete Brasil (NBB).

Portanto, o art. 217 da Constituição Federal consagra a autonomia desportiva que, segundo Álvaro Melo Filho[30] "é, portanto, ínsita ao próprio desporto e cada entidade associativa tem, dentro de certos limites de competência, plenos poderes de autorregulação e autonormatização, resguardadas tão apenas as clássicas áreas de responsabilidade estatal, ordem pública e segurança pública. E não poderia ser de outra forma. Com efeito, é plena a possibilidade de convivência entre a autonomia desportiva e os poderes de ordenação e de controle do Estado. Ou seja, não se negam, não se repelem e nem constituem 'deux choses que hurlent de se trover esemble', sendo apenas aparente o antagonismo, na medida em que se complementam em harmoniosa interação e inarredável integração, sem transformar o desporto em 'assunto de Estado'".

1.7. COMPETÊNCIA DA JUSTIÇA DO TRABALHO

Muita discussão já se travou acerca deste tema tendo em vista a redação contida no parágrafo único do art. 29 da já revogada Lei n. 6.354/1976, que incluía as questões de natureza trabalhista no âmbito de competência dos Tribunais de Justiça Desportiva.

---

autonomia em favor da criação do Estado, enquanto que, na criação das federações internacionais, cada associação nacional transferiu uma parcela de sua liberdade de atuação no mundo do esporte em prol da criação de uma entidade que fosse capaz de harmonizar todos os interesses nessa seara."

(30) MELO FILHO, Álvaro. *Nova Lei Pelé:* avanços e impactos. Rio de Janeiro: Maquinária, 2011. p. 43/44.

Assim contemplava o referido dispositivo legal. *Verbis*:

Art. 29. Somente serão admitidas reclamações à Justiça do Trabalho depois de esgotadas as instâncias da Justiça Desportiva, a que se refere o item III do art. 42 da Lei n. 6.251, de 8 de outubro de 1975, que proferirá decisão final no prazo máximo de 60 (sessenta) dias contados da instauração do processo.

Parágrafo único. O ajuizamento da reclamação trabalhista, após o prazo a que se refere este artigo, tornará preclusa a instância disciplinar desportiva no que se refere ao litígio trabalhista.

Apesar dos posicionamentos em sentido contrário, a Constituição Federal de 1988 não recepcionou o dispositivo legal acima transcrito, pois a Carta Magna assegura o Direito de Ação[31] e, além disso, trouxe expressa previsão no tocante ao esporte a competência da Justiça Desportiva em seu art. 217. *Verbis*:

Art. 217. É dever do Estado fomentar práticas desportivas formais e não formais, como direito de cada um, observados:

I — a autonomia das entidades desportivas dirigentes e associações, quanto a sua organização e funcionamento;

II — a destinação de recursos públicos para a promoção prioritária do desporto educacional e, em casos específicos, para a do desporto de alto rendimento;

III — o tratamento diferenciado para o desporto profissional e o não profissional;

IV — a proteção e o incentivo às manifestações desportivas de criação nacional.

§ 1º O Poder Judiciário só admitirá ações relativas à disciplina e às competições desportivas após esgotarem-se as instâncias da justiça desportiva, regulada em lei.

§ 2º A justiça desportiva terá o prazo máximo de sessenta dias, contados da instauração do processo, para proferir decisão final.

§ 3º O Poder Público incentivará o lazer, como forma de promoção social.

A Jurisprudência Trabalhista é pacífica neste sentido. *Verbis*:

JOGADOR DE FUTEBOL — JUSTIÇA DESPORTIVA — EXAURIMENTO DE INSTÂNCIA — DESNECESSIDADE. O art. 29 da Lei n. 6.354/76 não foi recepcionado pela Constituição da República de 1988 que não permite qualquer espécie de obstaculização de acesso ao Judiciário (art. 5º, XXXV) e estabelece o prévio acionamento da Justiça Desportiva apenas no que pertine à disciplina e às competições desportivas (art. 217, § 1º). Dispensável o exaurimento da instância administrativa para que o atleta profissional de futebol ingresse com ação trabalhista perante a Justiça do Trabalho.

(TRT 24ª Região — RO 1418/97, Rel. Desembargador Amaury Rodrigues Pinto Junior — DJMS — 22.5.1998)

---

(31) Art. 5º Todos são iguais perante a lei, sem distinção de qualquer natureza, garantindo-se aos brasileiros e aos estrangeiros residentes no País a inviolabilidade do direito à vida, à liberdade, à igualdade, à segurança e à propriedade, nos termos seguintes:
[...]
XXXV — a lei não excluirá da apreciação do Poder Judiciário lesão ou ameaça a direito;

CAUSAS ESPORTIVAS. DA COMPETÊNCIA DA JUSTIÇA DO TRABALHO

Os Tribunais Esportivos são entidades com competência para resolver questões de ordem estritamente esportiva. A matéria em questão envolve direitos de natureza trabalhista, sendo, portanto, esta Justiça Especializada competente para dirimi-los. Incabível a alegação de violação ao art. 217 da CF, por não abranger a hipótese prevista nos autos. Recurso de Revista não conhecido.

(RR – 493704-32.1998.5.05.5555 , Relator Ministro: José Alberto Rossi, Data de Julgamento: 26.5.1999, 2ª Turma, Data de Publicação no DJ: 18.6.1999)

Nota-se, portanto, que o diploma constitucional manteve a competência e a autonomia dos Tribunais de Justiça Desportiva, mas **tão somente** no que se refere as questões relativas à **disciplina** e às **competições desportivas**.

Em 1998, foi publicado o Decreto n. 2.574, de 29 de abril, que fazia referência à exclusão da Justiça Desportiva para apreciar questões relativas matéria trabalhista. Contudo, em razão do fato de regulamentar matéria constitucional, o referido decreto foi revogado em 1º de março de 2004, pelo Decreto n. 5.000.

A Emenda Constitucional n. 45/2004 veio ampliar a competência da Justiça do Trabalho que passou a ser o foro adequado para se discutir lides desportivo-trabalhistas que envolvam relação de trabalho onde não haja subordinação ou um dos requisitos do contrato de trabalho.

À guisa de exemplo, Fábio Menezes de Sá Filho[32] cita as causas oriundas do descumprimento de obrigações avençadas em contratos de formação firmados entre clubes e jovens atletas.

Outros exemplos que podem ser citados se referem a previsão contida no art. 3º da Lei Pelé. *Verbis*:

CAPÍTULO III

DA NATUREZA E DAS FINALIDADES DO DESPORTO

Art. 3º O desporto pode ser reconhecido em qualquer das seguintes manifestações:

I — desporto educacional, praticado nos sistemas de ensino e em formas assistemáticas de educação, evitando-se a seletividade, a hipercompetitividade de seus praticantes, com a finalidade de alcançar o desenvolvimento integral do indivíduo e a sua formação para o exercício da cidadania e a prática do lazer;

II — desporto de participação, de modo voluntário, compreendendo as modalidades desportivas praticadas com a finalidade de contribuir para a integração dos praticantes na plenitude da vida social, na promoção da saúde e educação e na preservação do meio ambiente;

III — desporto de rendimento, praticado segundo normas gerais desta Lei e regras de prática desportiva, nacionais e internacionais, com a finalidade de obter resultados e integrar pessoas e comunidades do País e estas com as de outras nações.

---

(32) SÁ FILHO, Fábio M. de. *Contrato de trabalho desportivo*. São Paulo: LTr, 2010. p. 168.

Parágrafo único. O desporto de rendimento pode ser organizado e praticado:

I — de modo profissional, caracterizado pela remuneração pactuada em contrato formal de trabalho entre o atleta e a entidade de prática desportiva;

II — de modo não-profissional, identificado pela liberdade de prática e **pela inexistência de contrato de trabalho**, sendo permitido o recebimento de incentivos materiais e de patrocínio. *(Redação dada pela Lei n. 9.981, de 2000).*

Portanto, o litígio decorrente da observância deste inciso II pode ser levado à Justiça do Trabalho tendo em vista a nova redação do art. 114 da CRFB.

CAPÍTULO II

Aspectos Trabalhista-Desportivos

2

DO CONTRATO DE TRABALHO

2.1. ASPECTOS GERAIS E NATUREZA JURÍDICA

O contrato de trabalho do atleta profissional de futebol guarda algumas particularidades que o difere do ordinariamente aplicado aos demais trabalhadores regidos pela Consolidação das Leis do Trabalho.

Algumas dessas particularidades são expressamente relacionadas no art. 28 da Lei n. 9.615/98. Destaca-se, preliminarmente, a singularidade do contrato do atleta profissional de futebol, que entre outros aspectos, pressupõe celebração em forma escrita e com conteúdo mínimo definido em lei, o que o qualifica como especial, conforme se afere do *caput* do mencionado artigo.

> Art. 28. A atividade do atleta profissional é caracterizada por remuneração pactuada em contrato especial de trabalho desportivo, firmado com entidade de prática desportiva, no qual deverá constar, obrigatoriamente: *(Redação dada pela Lei n. 12.395, de 2011).*

É obrigatória a inserção de cláusulas indenizatória e compensatória, que tratam respectivamente dos valores de titularidade do clube e do atleta nas hipóteses de rescisão antecipada do contrato de trabalho. Tais institutos serão objeto de capítulo próprio.

O mesmo art. 28 identifica o empregado, atleta profissional, e o empregador, entidade de prática desportiva, pessoa jurídica de direito privado, conforme expressa previsão do art. 16 da mesma lei. Não há, portanto, possibilidade da pessoa física firmar contrato de trabalho desportivo na condição de empregador.

Para Álvaro Melo Filho[33], o contrato de trabalho desportivo possui natureza especial face aos seguintes aspectos:

> — Aspectos desportivos (treinos, concentração, preparo físico, disciplina tática em campo)

---

(33) FILHO. Álvaro Melo. *Balizamentos jus-laboral-desportivos.* Artigo publicado na obra *Atualidades sobre Direito Esportivo no Brasil e no Mundo, tomo II/Guilherme Augusto Caputo Bastos, coordenador,* Brasília, p. 22/23.

— Aspectos pessoais (alimentação balanceada, peso, horas de sono, limites à ingestão de álcool)

— Aspectos íntimos (uso de medicamentos dopantes; comportamento sexual)

— Aspectos convencionais (uso de brincos, vestimenta apropriada)

— Aspectos disciplinares (ofensas físicas e verbais a árbitros, dirigentes, colegas, adversários e torcedores, ou recusa em participação em entrevistas após o jogo)

Há outros aspectos materiais caracterizadores da natureza especial inerente ao contrato de trabalho desportivo, dentre os quais destacamos:

a) Diferenças salariais entre atletas submetidos às mesmas condições de trabalho — É irrefutável concluir que os jogadores de futebol, por exemplo, exercem a mesma função, qual seja, praticar o desporto em benefício da entidade de prática desportiva. Todavia, também irrefutável concluir que cada jogador possui habilidades únicas, que os caracterizam e diferenciam dos demais, bem como desenvolve graus de empatia diversos com os torcedores. **Logo, impossível caracterizar equiparação salarial entre atletas profissionais.**

b) Prazo determinado (mínimo 90 dias e máximo 5 anos — art. 30 da Lei n. 9.615/98)

c) Concentração x Horas Extras. Característica precípua da atividade desportiva *"período em que o atleta fica recluso em um local determinado pelo clube antes da disputa de uma partida. A intenção é manter o atleta focado no jogo a ser disputado, bem como manter sob o controle do empregador sua alimentação, descanso e treinamento"* (Fernando Tasso). Prevalece a regra dos incisos I, II e III do § 4º do art. 28. Observe que a lei fala em partida oficial ou amistosa, o que permite concluir pela licitude da concentração na denominada "pré-temporada". Abaixo, transcrevemos aresto paradigma do entendimento aqui defendido:

Ementa: JOGADOR DE FUTEBOL. HORAS EXTRAS. PERÍODO DE CONCENTRAÇÃO. Nos termos do art. 7º da Lei n. 6.534/76, a concentração do jogador de futebol é uma característica especial do contrato de trabalho do atleta profissional, não se admitindo o deferimento de horas extras neste período. Recurso de Revista conhecido e não provido.

(Processo: RR — 129700-34.2002.5.03.0104 Data de Julgamento: 24.6.2009, Relator Ministro: José Simpliciano Fontes de F. Fernandes, 2ª Turma, Data de Publicação: DEJT 7.8.2009)

Para Sérgio Pinto Martins, o contrato de trabalho do atleta com o clube tem natureza desportiva e trabalhista, regido por legislação especial[34].

---

(34) MARTINS. Sérgio Pinto. *Direitos trabalhistas do atleta profissional de futebol.* São Paulo: Atlas, 2011. p. 18.

O vínculo desportivo pressupõe o registro do contrato especial de trabalho na entidade de administração do desporto, conforme disciplina o § 5º do art. 28 citado anteriormente, sendo certo que sua natureza é acessória ao respectivo vínculo empregatício.

Em capítulo específico da presente obra, estudaremos o extinto "Passe", oportunidade em que será explicitada a evolução da doutrina, legislação[35] e jurisprudência para o alcance da atual natureza acessória do vínculo desportivo em relação ao vínculo empregatício.

Em síntese, o contrato de trabalho desportivo é um contrato típico, sinalagmático, oneroso, *intuitu personae* e com prazo determinado.

2.2. RENOVAÇÃO DO CONTRATO DE TRABALHO

Já identificamos que uma das características do contrato de trabalho é o seu prazo determinado.

A legislação não fixa qualquer óbice à renovação do contrato de trabalho, disciplinando apenas algumas hipóteses específicas.

Neste particular, preliminarmente, fixa o direito de preferência do clube formador do atleta em firmar o primeiro contrato de trabalho desportivo profissional, com duração máxima de cinco (5) anos[36].

Em complementação à prerrogativa citada no parágrafo anterior, o § 7º do mesmo dispositivo confere o direito de preferência do clube formador para renovar o primeiro contrato de trabalho desportivo profissional, com duração máxima de três (3) anos[37].

Na hipótese de recusa do atleta ou assinatura de contrato com outra entidade de prática desportiva, sem anuência do clube formador, a lei fixa parâmetros para cobrança de indenização respectiva[38].

---

(35) § 5º O vínculo desportivo do atleta com a entidade de prática desportiva contratante constitui-se com o registro do contrato especial de trabalho desportivo na entidade de administração do desporto, tendo natureza acessória ao respectivo vínculo empregatício, dissolvendo-se, para todos os efeitos legais: *(Redação dada pela Lei n. 12.395, de 2011).*

(36) Lei n. 9.615/98 — Art. 29. A entidade de prática desportiva formadora do atleta terá o direito de assinar com ele, a partir de 16 (dezesseis) anos de idade, o primeiro contrato especial de trabalho desportivo, cujo prazo não poderá ser superior a 5 (cinco) anos.

(37) § 7º A entidade de prática desportiva formadora e detentora do primeiro contrato especial de trabalho desportivo com o atleta por ela profissionalizado terá o direito de preferência para a primeira renovação deste contrato, cujo prazo não poderá ser superior a 3 (três) anos, salvo se para equiparação de proposta de terceiro.

(38) § 5º A entidade de prática desportiva formadora fará jus a valor indenizatório se ficar impossibilitada de assinar o primeiro contrato especial de trabalho desportivo por oposição do

2.2.1. Renovação Automática

Há casos em que o contrato de trabalho desportivo disciplina hipótese de renovação automática.

Em princípio, a adoção de tal cláusula poderia ser repudiada por ilícita, mormente diante da aparente inobservância do princípio constitucional do livre exercício da profissão.

Todavia, exame detalhado da controvérsia revela que há circunstâncias especialíssimas que revelam que adoção de tal cláusula, antes de um benefício para a entidade de prática desportiva, é um voto de confiança no trabalho desempenhado pelo atleta profissional.

Inicialmente, salutar transcrever a distinção entre a "condição potestativa pura" e a "condição simplesmente potestativa" destacada em artigo dos ilustres colegas Paulo Sérgio Marques dos Reis e Paulo Rubens Souza Maximo Filho(39):

> "Primeiramente vejamos a distinção entre esses dois tipos de condições.
>
> Basicamente a primeira é aquela que depende de simples arbítrio de uma das partes e a segunda depende de outras circunstâncias.
>
> Nesse sentido, são as lições de Arnoldo Wald na obra 'Curso de Direito Civil Brasileiro — Direito Civil — Introdução e Parte Geral', ed. Saraiva, p. 193/194:
>
> 'São potestativas as condições que dependem da vontade do agente. Distinguem-se, na matéria, as condições puramente potestativas, que ficam ao exclusivo arbítrio de uma das contratantes e privam de todo o efeito o ato jurídico, das demais condições potestativas, em que se exige da parte um certo esforço, ou determinado trabalho.'"

---

atleta, ou quando ele se vincular, sob qualquer forma, a outra entidade de prática desportiva, sem autorização expressa da entidade de prática desportiva formadora, atendidas as seguintes condições:

I — o atleta deverá estar regularmente registrado e não pode ter sido desligado da entidade de prática desportiva formadora;

II — a indenização será limitada ao montante correspondente a 200 (duzentas) vezes os gastos comprovadamente efetuados com a formação do atleta, especificados no contrato de que trata o § 4º deste artigo;

III — o pagamento do valor indenizatório somente poderá ser efetuado por outra entidade de prática desportiva e deverá ser efetivado diretamente à entidade de prática desportiva formadora no prazo máximo de 15 (quinze) dias, contados da data da vinculação do atleta à nova entidade de prática desportiva, para efeito de permitir novo registro em entidade de administração do desporto.

(39) REIS, Paulo Sérgio Marques dos; FILHO. Paulo Rubens Souza Maximo. *Contrato de trabalho atleta profissional de futebol* — cláusula de renovação automática — possibilidade — Artigo publicado na obra *Atualidades sobre Direito Esportivo no Brasil e no Mundo,* tomo II/ Guilherme Augusto Caputo Bastos, coordenador, Brasília-DF, p. 297/298.

Em síntese, como concluem os autores já citados, para que a chamada CLÁUSULA DE RENOVAÇÃO AUTOMÁTICA tenha validade, a mesma deverá ser firmada sempre dentro do princípio da boa-fé objetiva e, definitivamente, não pode restar caracterizada a condição puramente potestativa, ou seja, as bases dessa "renovação", ou continuidade do contrato, devem ser definidas de forma clara, com estipulação prévia de bases salariais, de prazo, observando-se, logicamente o limite temporal já citado no art. 30 da Lei Específica, de modo a que não se evidencie a configuração da chamada CONDIÇÃO PURAMENTE POTESTATIVA, sob pena de evidente nulidade da cláusula.

O Tribunal Superior do Trabalho já examinou a controvérsia inerente à renovação automática do contrato de trabalho, conforme pode ser observado no precedente 0005900-32.2008.5.01.033, envolvendo o Club de Regatas Vasco da Gama e o atleta Leandro Camara do Amaral.

No citado caso, entre outros aspectos, destacamos: a) atleta desacreditado quando da contratação original; b) problema de saúde que poderia acarretar não cumprimento do contrato; e c) substancial aumento de salário quando da renovação.

Portanto, ao nosso ver, é válida a cláusula de renovação automática do contrato de trabalho, desde que observado o princípio da boa-fé objetiva, bem como as circunstâncias ajustadas reflitam condições simplesmente potestativas.

2.2.2 Renovação Unilateral "contrato de gaveta"

Prática nefasta e com toda certeza, queremos crer, próxima da extinção, reside na adoção do denominado contrato de gaveta.

O Ministro Guilherme Augusto Caputo Bastos assim define o contrato de gaveta(40):

> "Conforme visto, a formalização do contrato do atleta profissional de futebol passa por uma série de exigências, dentre elas, a forma necessariamente escrita e registrada no órgão competente, a observância da numeração oficial nos contratos, a individualização das partes contratantes, a duração do contrato e a remuneração ajustada, bem como o atestado de saúde fornecido por profissional da medicina habilitando o atleta para a prática do esporte.
>
> Ocorre que certos clubes não têm observado tais exigências, na medida em que no ato da assinatura do contrato de trabalho com o atleta, o

---

(40) BASTOS. Caputo Guilherme Augusto. As renovações e extensões unilaterais de contratos de trabalho e os chamados "Contratos de Gaveta" entre clube e atletas — Artigo publicado na obra *Atualidades sobre direito esportivo no Brasil e no mundo*/Guilherme Augusto Caputo Bastos, coordenador, Dourados — MS: Seriema, 2009. p. 180.

clube contratante, valendo-se de sua situação de superioridade frente ao jogador, *faz com que este assine outro contrato em branco, com data futura coincidente com o término da vigência do primeiro contrato.*

Geralmente este segundo contrato é firmado em apenas uma cópia, que permanece retida em poder do clube, podendo ser por este unilateralmente utilizado após findo o prazo da primeira contratação. Tal prática faz com que o clube que leva a registro o 'contrato de gaveta' se exima de fixar novas bases contratuais, inclusive, aí, a salarial, afastando a imprescindível aquiescência do desportista. Por outro lado, caso não mais haja interesse do clube no atleta, a entidade desportiva simplesmente inutiliza o contrato, o que se mostra ainda mais perverso."

A ilicitude é manifesta. Totalmente distinto da hipótese de renovação automática do contrato de trabalho tratada no item anterior, fácil notar que o denominado "contrato de gaveta" retira a livre manifestação de vontade do atleta profissional.

A entidade de prática desportiva vale-se de instrumento ardiloso para reduzir o empregado à condição análoga a de escravo, ainda que subsista remuneração pelo trabalho prestado.

Plagiando o Ministro Caputo, a prática é perversa e merece o total repúdio do direito do trabalho.

2.3. SUCESSIVOS CONTRATOS DE TRABALHO CELEBRADOS COM O MESMO CLUBE E A PRESCRIÇÃO BIENAL

A Lei Pelé teve forte inspiração do "Caso Bosman", que assegurou plena liberdade profissional ao atleta, rompendo com o sistema anterior que se desenvolvia sob o sistema do "passe".

Na obra *Direito do Desporto Profissional*[41], organizada pelo brilhante João Leal Amado, assevera o professor J.J . Gomes Canotilho que o "Caso Bosman" oportunizou uma profunda suspensão reflexiva em torno dos problemas de qualificação jurídica ao nível das normas jurídico-contratuais do trabalho, na medida em que, antes deste episódio, o contrato do atleta não era reconhecido nem como um contrato de trabalho, nem como um contrato de emprego.

Nos dias atuais, não há dúvidas de que o contrato do atleta é um contrato de trabalho, estabelecido com a agremiação esportiva na qual está vinculado, havendo estipulação legal de duração deste contrato, cuja previsão encontra-se no art. 30 da Lei Pelé, assim redigida. *Verbis*:

---

(41) AMADO, João Leal, org. *Direito do desporto profissional*. Almedina, p.15.

> Art. 30. O contrato de trabalho do atleta profissional terá prazo determinado, com vigência nunca inferior a três meses nem superior a cinco anos.
>
> Parágrafo único. Não se aplica ao contrato especial de trabalho desportivo do atleta profissional o disposto nos arts. 445 e 451 da Consolidação das Leis do Trabalho — CLT, aprovada pelo Decreto-Lei n. 5.452, de 1º de maio de 1943.

Nota-se, portanto, a estipulação de um período mínimo e de um período máximo de duração do contrato de trabalho do atleta, com previsão expressa de não aplicação dos arts. 445 e 451 da CLT, o que a princípio pode parecer redundante, pois se trata de lei especial e que prevê prazo de duração maior do que o estipulado na CLT. Todavia, é importante a afirmação legal para demonstrar a autoridade e a supremacia da lei especial em detrimento da CLT que é aplicada ao trabalhador ordinário.

As características dessa relação de emprego justificam a existência de um contrato por prazo determinado, assegurando vantagens tanto para o clube quanto para o atleta. O clube saberá que o atleta não irá se desligar no meio do campeonato (poderá fazê-lo se pagar a cláusula indenizatória), enquanto que o atleta não permanecerá vinculado eternamente com o mesmo clube, salvo se assim o desejar.

O cerne da questão levantada no presente estudo consiste em debater a situação daquele jogador que, findo o contrato de trabalho com o seu clube, assina novo contrato de trabalho com a mesma agremiação esportiva.

Neste caso, para efeito de contagem de marco inicial de prescrição, haveria um único contrato ou contratos distintos?

A questão não é simples e demanda uma profunda reflexão.

2.3.1. Precedentes do Tribunal Superior do Trabalho

O referido debate já foi enfrentado pelo TST, apesar de ainda estarmos longe de uma pacificação acerca do tema.

Em que pese a firme previsão do art. 30 da Lei n. 9.615/1998, ao apreciar o caso do jogador Maurinho X Cruzeiro, o Tribunal Superior do Trabalho entendeu que, para a fixação do marco inicial da prescrição, não haveria como se declarar a autonomia dos contratos de trabalho, devendo ser transcrita a ementa proferida naquele julgado. *Verbis:*

> I — AGRAVO DE INSTRUMENTO DO RECLAMADO — DIREITO DE ARENA — BICHOS E PRÊMIOS
>
> Não merece processamento o Recurso de Revista se o Agravo de Instrumento não logra desconstituir os termos do despacho denegatório. Agravo de Instrumento a que se nega provimento.

II — RECURSO DE REVISTA DO RECLAMANTE

UNICIDADE CONTRATUAL — ATLETA PROFISSIONAL — LEI N. 9.615/98 — CONTRATO DE TRABALHO PRORROGADO SUCESSIVAMENTE — PRESCRIÇÃO

1. A Lei Pelé (Lei n. 9.615/98), inspirada pela decisão do caso — Bosman —, foi promulgada com o objetivo de assegurar a plena liberdade profissional ao atleta, rompendo com a normatização anterior.

2. O art. 30 da Lei Pelé estabelece que — o contrato de trabalho do atleta profissional terá prazo determinado, com vigência nunca inferior a três meses nem superior a cinco anos —, e em seu parágrafo único afasta expressamente a regra do art. 445 da CLT, segundo a qual o contrato de trabalho por prazo determinado não poderá ser estipulado por mais de dois anos.

3. Ao estipular que o contrato de trabalho do atleta profissional seja por prazo determinado, o novo diploma legal rompe com a lógica anterior (regime do passe), pois a determinação do prazo constitui uma garantia para o atleta de que seu vínculo com o empregador não será eterno.

4. Todavia, como corolário da liberdade contratual assegurada pela Lei n. 9.615/98, é perfeitamente possível que o atleta firme novos ajustes por prazo determinado com seu antigo empregador, mantendo o vínculo empregatício.

5. Não há falar, contudo, que os novos ajustes firmados entre a agremiação esportiva e o atleta constituam contratos autônomos. Interpretar tais ajustes dessa maneira implicaria desvirtuar a finalidade da Lei n. 9.615/98, sendo nefastas as consequências para o empregado, uma vez que a prescrição bienal seria contada do final de cada contrato de trabalho — e, assim, uma lei que tem por fundamento normativo a garantia da liberdade contratual do atleta seria utilizada para frustrar seus direitos trabalhistas. Dessa forma, apesar da determinação do prazo, conta-se a prescrição de data de extinção do último contrato. Recurso de Revista conhecido e provido.

[...]

(8ª Turma/TST-ARR-164300-68.2008.5.03.0105, Agravante e Recorrido CRUZEIRO ESPORTE CLUBE — Agravado e Recorrente MAURO SÉRGIO VIRIATO MENDES — Rel. Desembargador Convocado Sebastião Geraldo de Oliveira — DEJT: 19.12.2011)

O entendimento sufragado pela mais alta Corte Trabalhista do país afirma que os novos ajustes firmados entre a agremiação esportiva e o atleta não podem constituir contratos autônomos, pois se esta fosse a interpretação, restaria desvirtuada a finalidade da Lei n. 9.615/1998.

A decisão partiu da premissa de que houve uma fraude aos direitos trabalhistas do atleta. Contudo, diante da análise promovida pelo acórdão regional, não é possível se chegar a esta conclusão.

O acórdão regional, transcrito no corpo do acórdão, assim dispôs. *Verbis*:

II — RECURSO DE REVISTA DO RECLAMANTE

REQUISITOS EXTRÍNSECOS DE ADMISSIBILIDADE

Satisfeitos os pressupostos extrínsecos de admissibilidade, examino os específicos do Recurso de Revista.

1. UNICIDADE CONTRATUAL — ATLETA PROFISSIONAL — LEI N. 9.615/98 — CONTRATO DE TRABALHO PRORROGADO SUCESSIVAMENTE — PRESCRIÇÃO

Conhecimento

Assim se pronunciou o Tribunal de origem:

— Discute-se, aqui, para fins de exame da incidência prescricional, se as partes firmaram um único contrato com vigência de 14 de janeiro de 2.003 a 13 de janeiro de 2.007, ou se foram dois ajustes autônomos, de 14.1.03 a 13.1.05 e de 14.1.05 a 13.1.07.

No particular, entendeu o MM. Sentenciante que:

— Tampouco pode ser aceita a tese atinente à existência de contratos distintos, com base no inciso I do § 2º do art. 28 da Lei n. 9.615/98, uma vez que, a despeito de o contrato inicial ter sido celebrado por dois anos, com término em 13.1.05, foi prorrogado até 13.1.07, como se vê dos TRCTs de f. 107 e 108, não havendo cogitar de incidência de prescrição pela ruptura contratual anotada em 13.1.05. Esse entendimento está amparado na interpretação conjunta do *caput* do art. 453/CLT, interpretado em conjunto com o art. 11 do mesmo diploma legal.

O fato de a Lei n. 9.615/98 prever que o vínculo desportivo tem natureza acessória ao vínculo trabalhista, dissolvendo-se para todos os efeitos legais (§ 2º do art. 28) não impede que o contrato seja considerado único para os fins trabalhistas, inclusive para a incidência de prescrição, nos termos do art. 453/CLT, notando-se que a aplicabilidade ao atleta profissional das normas gerais da legislação trabalhista foi expressamente ressalvada no § 1º do art. 28 já invocado, sendo certo que referido dispositivo, no meu ponto de vista, em nada colide com as peculiaridades da Lei n. 9.615/98.

O art. 30 da Lei n. 9.615/98 determina que o contrato de trabalho do atleta profissional terá prazo determinado, com vigência nunca inferior a três meses nem superior a cinco anos. O contrato inicial do obreiro teve prazo determinado de dois anos, como revela o documento de f. 101, sendo certo que "quando assinou o contrato em 2003, havia um termo aditivo vinculado ao contrato atleta profissional — CBF, no qual existe uma cláusula em que o Cruzeiro tem a opção de assinatura de um novo contrato de trabalho; (...)", como constou do depoimento pessoal do preposto Beneci à f. 449.

Nota-se que do contrato de f. 133/139, consta a cláusula quarta de f. 135, que fala em opção de prorrogação. Apesar de o documento se referir ao contrato celebrado em 2008, autoriza presumir que havia igual cláusula no contrato de 2003, tratando-se o novo contrato subscrito em 14.1.05 (vide f. 101 e 103) em mera prorrogação do contrato anterior.

Rejeito assim a arguição de prescrição total formulada com base na ruptura contratual anotada em 13.1.05, diante da imediata recontratação do atleta a partir de 14.1.05, com ruptura contratual apenas em 13.1.07, sendo esse o marco inicial da prescrição bienal, que não chegou a ocorrer, em face do ajuizamento da presente demanda em 19.12.08 (f. 1.246/1.247).

D.v., discordo.

A lei é clara em fixar que o contrato de trabalho do jogador de futebol deve ser estabelecido por prazo determinado, nunca superior a cinco anos, fazendo concluir, assim, pela autonomia de eventuais vínculos subsequentes. Nesse sentido dispõe o art. 30 da Lei n. 9.615/98, *verbis*:

— O contrato de trabalho do atleta profissional terá prazo determinado, com vigência nunca inferior a três meses nem superior a cinco anos. Parágrafo único. Não se aplica ao contrato de trabalho do atleta profissional o disposto no art. 445 da Consolidação das Leis do Trabalho — CLT.

Também o art. 28 da Lei n. 9.615/98, § 2º, I, estabelece de forma peremptória que — o vínculo desportivo do atleta com a entidade desportiva contratante tem natureza acessória ao respectivo vínculo trabalhista, dissolvendo-se, para os efeitos legais [...] com o término da vigência do contrato de trabalho desportivo (g.n.).

Não subsiste a pretensão de reconhecimento da unicidade contratual, pois os ajustes devem ser firmados, sempre, para vigência por prazo determinado e com existências autônomas. Nesse sentido, ensina Alice Monteiro de Barros, em sua obra As Relações de Trabalho no Espetáculo (LTr, 2003), que — não se aplicam as normas contidas nos arts. 451 e 452 da CLT, que dizem respeito à prorrogação e renovação do contrato, pois o contrato do atleta pode ser prorrogado por mais de uma vez e a sua renovação não está sujeita a interstício de seis meses entre dois contratos (p. 167).

Em idêntica direção os seguintes julgados deste Terceiro Regional: 01367-2005-005-03-00-9, 5.8.06, 8ª Turma, Relatora Juíza Convocada Maria Cristina Diniz Caixeta; 00163-2004-106-03-004, 18.11.04, 6ª Turma, Relator Juiz Convocado João Bosco Pinto Lara.

Conforme se verifica às f. 101 e 439, o jogador Maurinho foi contratado em 14 de janeiro de 2003 com data término expressa para o ajuste em 13 de janeiro de 2005.

Em seguida, novo contrato foi firmado com vigência pré-fixada de 14/01/05 a 13/01/07 (f. 103).

A carteira de trabalho do atleta **também traz registro dos ajustes independentes, inclusive com *aumento na remuneração, de R$30.000,00 para R$40.000,00/mês*** (f. 25/26).

Observa-se, ainda, que **o jogador viu *quitadas as verbas rescisórias referentes à primeira contratação, conforme TRCT de f. 107*. Em relação ao segundo contrato, igualmente foi realizado termo de acerto final autônomo** (f. 20 e 108).

Importante evidenciar o conteúdo da ressalva lançada no verso do TRCT de f. 107, por advogado que então atuava em nome do jogador. Tanto é verdade que o primeiro contrato chegou ao efetivo fim em janeiro de 2.005, que o citado patrono ressalvou, em março/05, que — a multa art. 477 CLT é devida em razão do pagto das verbas ter ocorrido após 48 dias após [sic] o término do contrato do trabalho (g.n.).

Não altera o posicionamento a — Opção de Renovação — constante do primitivo ajuste (d.v.), retratada à f. 440, em que — fica o Cruzeiro Esporte Clube com opção de alterar o período de vigência deste Contrato de Trabalho, através de Termo Aditivo Contratual e/ou assinatura de novo contrato de trabalho por mais 24 (vinte e quatro) meses. Nos termos do destaque ora acrescido, o clube optou pela assinatura de novo contrato de trabalho, sendo essa, sem dúvidas, a escolha feita, consoante elementos de prova já evidenciados.

O próprio Termo de Rescisão do Contrato de Trabalho traz como — Causa do Afastamento — o —Término de contrato de trabalho (f. 107). Nesse sentido, em depoimento pessoal o preposto confirmou que — quando o reclamante assinou o contrato em 2003, havia um termo aditivo vinculado ao contrato atleta profissional — CBF, no qual existe uma cláusula em que o Cruzeiro tem a opção de assinatura de um novo contrato de trabalho; havia a garantia de uma preferência do reclamado em assinar ou não esse contrato; exercendo esse direito de preferência, foi assinado novo contrato (f. 449 — g.n.).

Isto posto, tendo em vista que o primeiro ajuste firmado entre as partes litigantes chegou ao fim em 13 de janeiro de 2.005 (f. 107), encontra-se prescrito o direito de pleitear verbas a ele referentes, vez que a presente ação foi ajuizada após o prazo bienal fixado na CF (em 19 de dezembro de 2.008; cf. f. 02).

Provimento que se dá, para extinguir com julgamento de mérito os pedidos relativos ao primeiro contrato de trabalho havido entre as partes, com vigência de 14.1.03 a 13.1.05, nos termos do art. 269, IV, do CPC. (fls. 1.626/1.629)

Instado a se manifestar em Embargos de Declaração, declarou o Eg. TRT:

[...]

Em Recurso de Revista, o Reclamante requer seja reconhecida a unicidade contratual e afastada a prescrição. Aponta ofensa aos arts. 7º, XXIX, da Constituição da República, 28, §§ 1º e 2º, e 30 da Lei n. 9.615/98, 451, 452 e 453 da CLT. Traz aresto à divergência.

O aresto transcrito, proveniente do TRT da 1ª Região, autoriza o conhecimento do Recurso de Revista, por contemplar tese oposta à do acórdão recorrido.

Conheço, por divergência jurisprudencial.

Mérito

Na hipótese, a discussão consiste em decidir se, no caso de sucessivos contratos de trabalho de atleta profissional de futebol, a prescrição bienal prevista no art. 7º, XXIX, da Constituição tem por termo inicial o término de cada um dos contratos de trabalho ou apenas o último firmado.

A Lei n. 9.615/98 (Lei Pelé) teve por escopo garantir aos atletas profissionais de futebol a liberdade profissional em sua inteireza. Antes da normatização estabelecida pela Lei n. 9.615/98, o vínculo entre os atletas e as agremiações esportivas era regido pela Lei n. 6.354/76, que estabelecia o regime do passe, pelo qual o atleta continuava vinculado à agremiação mesmo após o término da vigência do contrato.

Nesse sistema, a transferência do atleta para outro clube esportivo se dava necessariamente pelo pagamento de uma indenização à agremiação original. Essa situação gerava ônus extremo aos atletas, cuja vida profissional dependia da negociação da indenização relativa a seu passe, sendo-lhes negada a liberdade de contratar livremente com as agremiações que lhes oferecessem as melhores condições contratuais.

A doutrina do direito desportivo aponta o caso — Bosman — como o marco da mudança de tal regime. No caso, o Tribunal de Justiça da União Européia considerou que o regime do passe violava o direito à livre circulação de trabalhadores nos países que integram a Comunidade Européia. O caso é narrado nos seguintes termos por Jayme Eduardo Machado:

— Não há negar que o Governo erigiu a questão pertinente à extinção do passe como princípio básico na concepção da Lei Pelé. E nisso teve clara inspiração no 'caso Bosman'.

Pelo que se sabe, o jogador belga Jean-Marc Bosman passaria totalmente despercebido no mundo do futebol, não fosse uma ação trabalhista que promoveu em junho de 1990. Atraído por uma namorada francesa, Jean-Marc decidiu trocar o Liège pelo Dunquerque, da segunda divisão gaulesa. Entretanto, a formalização da transferência esbarrou na exigência dos belgas, que condicionaram a sua cessão aos franceses ao oferecimento de garantia bancária para o pagamento futuro do valor do passe. E como o Dunquerque não conseguisse que nenhum banco se dispusesse a atendê-lo, o caso foi parar na corte européia de Justiça, sediada em Luxemburgo, onde Bosman pediu a liberação do vínculo.

A batalha judicial levou cinco longos anos, e somente em 15 de dezembro de 1995 o atleta ganhou passe livre, com base jurídica no acordo que estabelece a livre circulação de trabalhadores nos países que integram a Comunidade Européia.

O julgado da Corte considerou indevidos não apenas os valores exigidos pelos clubes europeus para cedê-los a outro ao final dos contratos, como também a limitação do número de jogadores, em cada clube, de atletas de outros países da Comunidade Européia. A sentença, na prática, viria a extinguir o passe pelo menos nos moldes tradicionalmente adotados pelos clubes da Europa. (MACHADO, Jayme Eduardo. *O novo contrato desportivo profissional.* Sapucaia do Sul: Notadez Informação, 2000. p. 23)

Portanto, o fundamento normativo da Lei n. 9.615/98, notadamente inspirada pela decisão no caso —Bosman —, é justamente a garantia da liberdade profissional, assegurando-se aos atletas o direito de negociar livremente todos os termos de seu contrato de trabalho.

A interpretação das disposições da Lei n. 9.615/98 deve levar em consideração, assim, essa justificativa normativa. Suas disposições devem ser interpretadas de modo a assegurar ao atleta a sua liberdade profissional.

O art. 30 da Lei Pelé estabelece que — o contrato de trabalho do atleta profissional terá prazo determinado, com vigência nunca inferior a três meses nem superior a cinco anos —, e em seu parágrafo único afasta expressamente a regra do art. 445 da CLT, segundo a qual o contrato de trabalho por prazo determinado não poderá ser estipulado por mais de dois anos.

É imperativo, contudo, que esse dispositivo da Lei n. 9.615/98 seja lido à luz da finalidade do diploma legal. Como visto, a Lei Pelé, inspirada pela decisão do caso — Bosman —, foi promulgada com o objetivo de assegurar a plena liberdade profissional ao atleta, rompendo com a normatização anterior.

Ao estipular que o contrato de trabalho do atleta profissional seja por prazo determinado, o novo diploma legal rompe com a lógica anterior (regime do passe), pois a determinação do prazo constitui uma garantia para o atleta de que seu vínculo com o empregador não será eterno.

Todavia, como corolário da liberdade contratual assegurada pela Lei n. 9.615/98, é perfeitamente possível que o atleta firme novos ajustes por prazo determinado com seu antigo empregador, mantendo o vínculo empregatício.

Não há falar, contudo, que os novos ajustes firmados entre a agremiação esportiva e o atleta constituam contratos autônomos. Interpretar tais ajustes dessa maneira implicaria desvirtuar a finalidade da Lei n. 9.615/98, sendo nefastas as consequências para o empregado, uma vez que a prescrição bienal seria contada a partir do final de cada contrato de trabalho — e, assim, uma lei que tem por fundamento normativo a garantia da liberdade contratual do atleta seria utilizada para frustrar seus direitos trabalhistas.

Ressalte-se que, na espécie, é evidente que o novo ajuste entre o atleta e a agremiação teve por finalidade a prorrogação do vínculo trabalhista, e não o estabelecimento de um novo contrato de trabalho. É patente a intenção das partes de prorrogar o pacto, e não a de firmar um novo ajuste.

Assim, forçosa a conclusão de que a natureza do novo ajuste é de prorrogação do contrato de trabalho anteriormente firmado. Ressalte-se, contudo, que o fato de o contrato de trabalho de atleta profissional ser prorrogado indefinidas vezes não desnatura a sua natureza de contrato por prazo determinado. Não é aplicável a essa modalidade contratual, assim, o art. 451 da CLT, segundo o qual a prorrogação de um contrato por prazo determinado por mais de uma vez o transmuta em contrato por prazo indeterminado.

Com efeito, prorrogação e indeterminação do prazo são institutos que não se confundem, sendo perfeitamente concebível a prorrogação de sucessivos contratos por prazo determinado, sem que ocorra a conversão em contrato por prazo indeterminado. Não se trata de inovação na legislação trabalhista.

Nesses termos, não há incompatibilidade entre a prorrogação contratual e o fato de o contrato ter prazo determinado. A renovação do vínculo de trabalho de atleta profissional por sucessivas vezes não implica o reconhecimento de vários contratos de trabalho, mas, sim, um único contrato que foi prorrogado diversas vezes.

Feitas essas considerações, torna-se forçosa a conclusão de que o termo inicial da prescrição para a propositura da ação é a extinção da relação de emprego, que se materializa com a extinção definitiva do contrato de trabalho, que foi sucessivamente prorrogado.

No mesmo sentido, o seguinte julgado:

— RECURSO DE REVISTA. ATLETA PROFISSIONAL — LEI N. 9.615/98 (LEI PELÉ) — CONTRATO DE TRABALHO PRORROGADO — PRESCRIÇÃO DO FGTS. O objetivo da Lei Pelé foi assegurar ao atleta liberdade profissional. Seu art. 30 estabelece que o contrato de trabalho do atleta profissional terá prazo determinado, com vigência nunca inferior a três meses nem superior a cinco anos, e em seu parágrafo único afasta expressamente a regra do art. 445 da CLT, segundo a qual o contrato de trabalho por prazo determinado não poderá ser estipulado por mais de dois anos. No entanto, esse dispositivo da Lei n. 9.615/98 merece leitura condizente com a finalidade do diploma legal. Com a assinatura de prazo contratual, o legislador rompeu com a ordem anterior (regime do passe), garantindo ao atleta que seu vínculo com o empregador não será eterno. Com a liberdade contratual, assegurada pela Lei n. 9.615/98, é perfeitamente possível que o atleta firme novos ajustes por prazo determinado com seu antigo empregador, mantendo o vínculo empregatício. A renovação do vínculo de trabalho de atleta profissional por sucessivas vezes não implica o reconhecimento de vários contratos de trabalho, mas sim um único contrato que se vai prorrogando. Não fora assim, a tudo acresce, no caso concreto, a circunstância de o primeiro vínculo não ter observado o prazo previsto. Antes de seu advento, as partes celebraram outro ajuste em mira à permanência e valorização do profissional. Daí a acertada conclusão de que a hipótese visualiza verdadeira prorrogação. Após essas ponderações, a conclusão é a de que o termo inicial da prescrição para a propositura da ação que visa ao recolhimento do FGTS é a extinção definitiva do contrato de trabalho, que foi sucessivamente prorrogado. Recurso de revista não conhecido. (RR — 174800-81.2003.5.01.0023, Relator Ministro: Horácio Raymundo de Senna Pires, Data de Julgamento: 26/11/2008, 6ª Turma, Data de Publicação: 5.12.2008)

Ante o exposto, dou provimento ao Recurso de Revista para restabelecer a sentença no ponto, reconhecendo a unicidade contratual e declarando a prescrição de eventuais créditos do Reclamante anteriores a 18/12/2003, tendo em vista o ajuizamento da demanda em 18.12.2008."

No caso em debate, o primeiro contrato terminou em 13.1.2005, tendo sido firmado novo ajuste, com a mesma agremiação, no dia 14.1.2005, mediante aumento do salário mensal e com quitação passada pelo jogador, que estava assistido por advogado, no tocante ao primeiro contrato firmado.

Todavia, prevaleceu, perante o TST, a tese de unicidade contratual em razão das razões expostas e contidas no julgado.

2.3.2. Autonomia dos Contratos de Trabalho

Nada obstante os robustos argumentos constantes da decisão acima transcrita, não comungamos daquele entendimento.

Com efeito, o art. 30 da Lei Pelé é expresso em assegurar a autonomia de cada contrato de trabalho.

Além disso, não há como se aplicar a disposição contida no art. 453 da CLT ao jogador de futebol, em razão de manifesta incompatibilidade com a *Lex Desportiva*.

No caso acima descrito, a instância ordinária — a última que detém o condão de reexaminar a matéria fática produzida nos autos — afirma expressamente que houve quitação do contrato de trabalho, firmada pelo jogador, com a assistência de seu advogado, bem como novo contrato de trabalho foi firmado com o clube, mediante aumento da remuneração anteriormente percebida.

Findo o primeiro contrato de trabalho, em tese, o jogador estava livre para assinar com o clube de sua preferência. Manifestada a opção por assinar novo contrato com o mesmo clube, tal circunstância se deu porque o jogador entendeu que seria mais proveitosa para ele.

Por fim, nada impede que o jogador de futebol firme novo contrato de trabalho com o mesmo clube no qual estava vinculado (vide exemplo do jogador Rogério Ceni, do São Paulo). Todavia, se o jogador se julga credor de determinada verba trabalhista, deve ajuizar a competente ação judicial, dentro do prazo previsto no art. 7º, XXIX, ou seja, dentro do período de dois anos após a ruptura do contrato de trabalho.

E nem se diga que tal fato poderá inibir o ajuizamento de demanda trabalhista em face de seu atual — e ao mesmo tempo antigo — empregador.

Repita-se, o atleta profissional não é um trabalhador comum, e como tal não pode ser tratado.

O ajuizamento de processo trabalhista contra o clube não importará necessariamente em represália ou rescisão do contrato por iniciativa do empregador, pois tal fato, na maioria das vezes, é danoso para o próprio clube, que correrá o risco de não mais contar com aquele atleta.

O que não pode ocorrer é uma presunção de fraude a ensejar a aplicação da unicidade contratual quando a *Lex Desportiva* fala expressamente em autonomia dos contratos de trabalho.

Contudo, um fato deve ser ressalvado, trata-se daquela hipótese do clube formador e detentor do primeiro contrato.

Para o clube ser reconhecido como entidade formadora de atleta, deverá:

I — fornecer aos atletas programas de treinamento nas categorias de base e complementação educacional;

II — satisfazer cumulativamente os seguintes requisitos:

a) estar o atleta em formação inscrito por ela na respectiva entidade regional de administração do desporto há, pelo menos, 1 (um) ano;

b) comprovar que, efetivamente, o atleta em formação está inscrito em competições oficiais;

c) garantir assistência educacional, psicológica, médica e odontológica, assim como alimentação, transporte e convivência familiar;

d) manter alojamento e instalações desportivas adequados, sobretudo em matéria de alimentação, higiene, segurança e salubridade;

e) manter corpo de profissionais especializados em formação tecnicodesportiva;

f) ajustar o tempo destinado à efetiva atividade de formação do atleta, não superior a 4 (quatro) horas por dia, aos horários do currículo escolar ou de curso profissionalizante, além de propiciar-lhe a matrícula escolar, com exigência de frequência e satisfatório aproveitamento;

g) ser a formação do atleta gratuita e a expensas da entidade de prática desportiva;

h) comprovar que participa anualmente de competições organizadas por entidade de administração do desporto em, pelo menos, 2 (duas) categorias da respectiva modalidade desportiva; e

i) garantir que o período de seleção não coincida com os horários escolares.

Tais requisitos estão enumerados no parágrafo segundo do art. 29 da Lei n. 9.615/1998.

A agremiação esportiva formadora terá o direito de firmar contrato de trabalho com o atleta, a partir dos 16 anos de idade, por prazo não superior a 5 anos, conforme previsão expressa no art. 29 da Lei n. 9.615/98.

Esse clube formador e detentor do primeiro contrato de trabalho com o atleta por ele formado terá o direito de preferência para a primeira renovação desse contrato, cujo prazo não poderá ser superior a 3 anos (exceto na hipótese de equiparação de proposta de terceiro — art. 29, § 7º da Lei n. 9.615/1998).

Nota-se, portanto, que este direito de preferência decorre de imposição legal, independentemente da vontade do atleta.

Nesse caso específico poderia ser questionada a unicidade contratual para efeito de marco inicial do prazo prescricional, tendo em vista que, nesta hipótese, a própria lei fala em **renovação**, e não em um contrato autônomo.

Outrossim, quando estiver caracterizada a existência de fraude ou manifesta tentativa de burla à legislação trabalhista, deverá ser considerada a unicidade contratual. Dentro destas hipóteses podemos citar o "contrato de gaveta", no qual o jogador é forçado a assinar um segundo contrato, em branco concomitantemente com o primeiro contrato.

Portanto, diante de tudo o que foi abordado no presente tópico, apresentamos as seguintes conclusões:

1) O art. 30 da Lei Pelé estabelece que o contrato de trabalho do atleta profissional terá prazo determinado, com vigência nunca inferior a três meses nem superior a cinco anos —, e em seu parágrafo único afasta expressamente a regra do art. 445 da CLT, segundo a qual o contrato de trabalho por prazo determinado não poderá ser estipulado por mais de dois anos.

2) A liberdade contratual, que embasa a Lei n. 9.615/1998, permite que o atleta firme contratos sucessivos com o mesmo clube (empregador), sem que tal fato importe, necessariamente, em afronta aos direitos trabalhistas do atleta.

3) Se o atleta se sentir lesado ou julgar que teve suprimidos direitos trabalhistas, deve ajuizar a competente ação judicial, dentro do prazo previsto no art. 7º, XXIX, da Constituição Federal, ou seja, dentro do período de dois anos após a ruptura do contrato de trabalho.

4) O fato de haver processo trabalhista em face do clube que emprega o atleta, em tese, não prejudicará a relação contratual havida entre as partes. Enquanto que em relação ao trabalhador comum poderia haver represália ou até mesmo rescisão do contrato de trabalho. Ocorre que no caso do atleta profissional, tal fato, na maioria das vezes, é danoso para o próprio clube, que correrá o risco de não mais contar com aquele jogador.

5) Em razão das especificidades que envolvem o atleta profissional de futebol, não há como se aplicar os princípios de direito do trabalho inerentes ao trabalhador comum. A própria Lei Pelé contempla esta assertiva ao estabelecer no § 4º do art. 28 que ao atleta profissional aplicam-se as normas gerais da legislação trabalhista e da Seguridade Social, **ressalvadas as peculiaridades** constantes na Lei n. 9.615/1998.

6) Tal entendimento não deverá ser aplicado na hipótese do clube formador e detentor do primeiro contrato, tendo em vista que este clube formador e detentor do primeiro contrato de trabalho com o atleta por ele formado terá o direito de preferência para a primeira renovação deste contrato, cujo prazo não poderá ser superior a 3 anos (exceto na hipótese de equiparação de proposta de terceiro — art. 29, § 7º da Lei n. 9.615/1998).

2.4. TRABALHO DO MENOR

O contrato de trabalho do atleta profissional observa a limitação do inciso XXXIII do art. 7º da Constituição Federal, sendo certo que só é permitido labor a partir dos 16 anos.

Não é pelo fato do desporto ser positivamente confundido com trabalho artístico e ter enorme apelo popular que dispensa proteção contra a exploração de menores. Neste particular, destacamos a declaração de Michel Platini, Presidente da UEFA, citado por Álvaro Melo Filho[42]:

> "Todos ficam naturalmente chocados quando descobrem que há crianças a trabalhar em fábricas que fazem bolas de futebol. Mas ninguém se importa quando, no dia seguinte, um programa de televisão mostra um jovem prodígio (brasileiro) de nove anos de idade [...] e explica que os grandes clubes europeus se preparam para convidá-lo a assinar contrato."

Sensível a esse cenário, o legislador pátrio criou instrumentos de combate à exploração do trabalho do menor no desporto, com foco na proteção aos clubes formadores.

Os §§ 2º e 3º do art. 29 da Lei n. 9.615/1998 fixam os requisitos dos clubes formadores, sendo certo que além dos pressupostos inerentes à atividade desportiva, é expressamente exigido assistência educacional (com exigência de comprovação de frequência e adequação das atividades esportivas às relacionadas ao currículo escolar), psicológica, médica e odontológica, assim como alimentação, transporte e convivência familiar.

No mesmo diapasão, é exigido utilização de alojamento e instalações desportivas adequadas, sobretudo em matéria de alimentação, higiene, segurança e salubridade.

Em contrapartida, aos clubes formadores foi concedida hipótese de contratação dos menores de 16 (dezesseis) anos e maiores de 14 (quatorze) anos contrato de aprendizagem, nos temos do artigo § 4º do art. 29 já mencionado.

Ainda como incentivo à adoção de práticas impeditivas da exploração dos menores, o legislador fixou o direito de preferência do clube formador do atleta em firmar o primeiro contrato de trabalho desportivo profissional, com duração máxima de cinco (5) anos[43], bem como a renovação respectiva, até três (3) anos[44].

2.5. RESCISÃO CONTRATUAL

A rescisão do contrato de trabalho do atleta profissional observa as hipóteses, não exaurientes, enumeradas no § 5º do art. 28 da Lei n. 9.615/1998. São elas:

---

(42) MELO FILHO, Álvaro. *Nova lei Pelé:* avanços e impactos. Rio de Janeiro: Maquinária, 2011. p 151.

(43) Lei n. 9.615/98 — Art. 29. A entidade de prática desportiva formadora do atleta terá o direito de assinar com ele, a partir de 16 (dezesseis) anos de idade, o primeiro contrato especial de trabalho desportivo, cujo prazo não poderá ser superior a 5 (cinco) anos.

(44) § 7º A entidade de prática desportiva formadora e detentora do primeiro contrato especial de trabalho desportivo com o atleta por ela profissionalizado terá o direito de preferência para a primeira renovação deste contrato, cujo prazo não poderá ser superior a 3 (três) anos, salvo se para equiparação de proposta de terceiro.

I – com o término da vigência do contrato ou o seu distrato;

II – com o pagamento da cláusula indenizatória desportiva ou da cláusula compensatória desportiva;

III – com a rescisão decorrente do inadimplemento salarial, de responsabilidade da entidade de prática desportiva empregadora, nos termos desta Lei;

IV – com a rescisão indireta, nas demais hipóteses previstas na legislação trabalhista; e

V – com a dispensa imotivada do atleta.

A primeira modalidade rescisória reflete a característica inerente ao contrato de trabalho do atleta profissional consubstanciada no limite temporal de vigência. Logo, transcorrido o prazo de vigência do contrato, automaticamente opera-se a rescisão contratual.

A rescisão antecipada do contrato de trabalho, por iniciativa do atleta, resulta na obrigação do pagamento da cláusula indenizatória em favor da entidade empregadora.

Por sua vez, a rescisão antecipada do contrato de trabalho, por iniciativa da entidade, resulta na obrigação do pagamento da cláusula compensatória em favor do atleta.

Em que pese tratadas no mesmo inciso do § 5º do art. 28 da Lei Pelé, as hipóteses de rescisão antecipada por parte do atleta e da entidade de prática desportiva encerra efeitos distintos, sendo certo que identificamos equívoco do legislador em condicionar os efeitos da rescisão contratual ao adimplemento da cláusula compensatória.

Isso porque a rescisão contratual por iniciativa da entidade de prática, ao nosso ver, já possibilita ao atleta negociar eventual nova contratação com outro clube, sendo certo que na hipótese de inadimplemento da cláusula compensatória, cabe ao atleta acionar o Poder Judiciário para cobrança dos valores devidos.

Situação diversa envolve a rescisão contratual por iniciativa do atleta. A transferência para outro clube está condicionada à demonstração do pagamento da cláusula indenizatória. Essa é a exegese da alínea "a" do inciso I do art. 28 da Lei Pelé.

Entendimento contrário, *data venia*, sepultaria a teleologia das citadas indenizações, criadas em decorrência da extinção do chamado "passe", conforme explicitado em capítulo próprio, bem como resultaria em admitir que, mesmo diante da dispensa imotivada do atleta, o contrato de trabalho permaneceria vigorando até o adimplemento da cláusula compensatória, impossibilitando a celebração de novo contrato.

Por derradeiro, destacamos que as particularidades do contrato de trabalho do atleta profissional afastam a incidência dos arts. 445, 451, 479 e 480 da CLT, aplicados aos contratos por prazo determinado.

Suplantando qualquer dúvida no particular, o § 10 do art. 28 e o parágrafo único do art. 30, ambos da Lei Pelé, expressamente refutam a incidência dos dispositivos consolidados na hipótese de contrato de trabalho de atleta profissional.

2.5.1. Rescisão Indireta do Contrato de Trabalho

Na hipótese em que a iniciativa rescisória do empregado está calcada na inobservância das obrigações contratuais pelo empregador, opera-se a rescisão indireta do contrato de trabalho.

Sérgio Pinto Martins também classifica tal modalidade rescisória quando caracterizada a justa causa do empregador[45].

O art. 31, *caput* e § 1º da Lei Pelé, disciplina o alcance do inadimplemento salarial suficiente à caracterização da rescisão indireta do contrato de trabalho:

> Art. 31. A entidade de prática desportiva empregadora que estiver com pagamento de salário de atleta profissional em atraso, no todo ou em parte, por período igual ou superior a 3 (três) meses, terá o contrato especial de trabalho desportivo daquele atleta rescindido, ficando o atleta livre para se transferir para qualquer outra entidade de prática desportiva de mesma modalidade, nacional ou internacional, e exigir a cláusula compensatória desportiva e os haveres devidos.
>
> § 1º São entendidos como salário, para efeitos do previsto no *caput*, o abono de férias, o décimo terceiro salário, as gratificações, os prêmios e demais verbas inclusas no contrato de trabalho.
>
> § 2º A mora contumaz será considerada também pelo não recolhimento do FGTS e das contribuições previdenciárias.

Em síntese, a obrigação da entidade de prática desportiva não está limitada ao pagamento dos salários *stricto sensu*, devendo observar o adimplemento tempestivos de todas as verbas inclusas no contrato de trabalho.

Diversos são os casos na jurisprudência pátria que revelam a concessão de liminares autorizadas da rescisão contratual indireta nas hipóteses de inadimplemento do FGTS e dos salários estipulados contratualmente. Ilustrativamente:

> EMENTA: RESCISÃO INDIRETA DO CONTRATO DE TRABALHO. ATLETA PROFISSIONAL DE FUTEBOL.
>
> Configura-se a rescisão indireta do contrato de trabalho do atleta profissional de futebol, quando se constata o atraso, no pagamento de três meses de salário, FGTS, bem como a ausência de recolhimento das contribuições previdenciárias, nos termos do disposto na alínea "d", do art. 483, da CLT c/c o art. 31, §§ 1º e 2º, da Lei n. 9.615/98.
>
> (TRT 3ª Região — 0074300-05.2004.5.03.0059 — 1ª Turma — Relator: Manuel Candido Rodrigues — fonte/publicação: DJMG — 22.10.2004)

---

(45) MARTINS. Sérgio Pinto. *Direitos trabalhistas do atleta profissional de futebol.* São Paulo: Atlas, 2011. p. 102.

EMENTA: ATLETA PROFISIONAL. AUSÊNCIA DE PAGAMENTO DO SALÁRIO. RESCISÃO INDIRETA DO CONTRATO DE TRABALHO POR JUSTA CAUSA DO EMPREGADOR. ART. 31 DA LEI N. 9.615/98 (LEI PELÉ). Diante da comprovação do não pagamento dos salários do atleta por 6 meses consecutivos, considera-se que o empregador não cumpriu com suas obrigações contratuais, autorizando o autor a considerar rescindido o contrato. Aplicação do disposto no art. 31 da Lei n. 9.615/98. Recurso do obreiro provido.

(TRT 4ª Região — 0114600-96.2004.5.04.0021 — Redator: Ana Rosa Pereira Zago Sagrilo — data: 11.1.2006)

Em recente decisão, publicada em 16.3.2012, a 6ª Turma do TST reconheceu a rescisão indireta do contrato de trabalho pela ausência de pagamento dos valores inerentes à cessão de uso do direito de imagem do jogador-empregado, fixando como fundamento principal a natureza acessória da parcela, suficiente à aplicação do art. 31 da Lei n. 9.615/1998. Transcrevo abaixo a Ementa do voto quanto ao tema em questão:

Ementa: RECURSO DE REVISTA. 1) ATLETA PROFISSIONAL DE FUTEBOL. CONTRATO DE CESSÃO DO DIREITO DE USO DA IMAGEM. PARCELA ACESSÓRIA AO CONTRATO DE TRABALHO. GRAVE INADIMPLEMENTO. RESCISÃO INDIRETA DO CONTRATO DE TRABALHO. Na cessão do direito de uso da imagem — efetivada mediante a celebração do denominado contrato de cessão do direito de uso da imagem —, é entabulado um negócio jurídico em que o atleta profissional de futebol consegue uma contrapartida financeira pela utilização de sua imagem pelo clube de futebol que o contrata, ostentando natureza civil. Nesse aspecto, não possui o obreiro direito a que a verba — direito de uso de imagem — opere reflexos em férias, gratificações natalinas, verbas rescisórias e FGTS. Contudo, deve ser ressaltado que, apesar de não deter natureza salarial, — e por isso não poder gerar reflexos nas demais parcelas trabalhistas —, a cessão do direito de uso da imagem é parcela acessória ao contrato de trabalho, razão por que o seu grave inadimplemento é hábil a provocar a rescisão indireta. No caso concreto, depreende-se, da leitura do acórdão recorrido, que foi celebrado um contrato de cessão do direito de uso da imagem entre o Reclamante e o Reclamado, estabelecendo-se, em sua cláusula 4ª, o pagamento da importância de R$ 2.133.600,00 (dois milhões e cento e trinta e três mil e seiscentos reais), em 50 (cinquenta) parcelas iguais e sucessivas de R$ 42.672,00 (quarenta e dois mil e seiscentos e setenta e dois reais). Com o fito de viabilizar o aludido contrato, o Reclamante constituiu a Empresa CQ Assessoria e Marketing Esportivo Ltda., da qual é sócio gerente, sendo que as parcelas a título de cessão do direito de uso da imagem deveriam ser quitadas pelo Reclamado. Ocorre que o Reclamado incidiu em grave inadimplemento contratual, pois não cuidou de promover o pagamento de 11 (onze) parcelas referentes ao contrato de cessão do direito do uso da imagem, sendo este fato inequívoco e incontroverso, o que enseja a rescisão indireta do contrato de trabalho, conforme o disposto no art. 31 da Lei 9.615/98 c/c o art. 483, "d", da CLT. **Recurso de revista conhecido e parcialmente provido no particular**.

(Processo: RR — 152000-81.2004.5.02.0060 **Data de Julgamento:** 29.2.2012, **Relator Ministro:** Mauricio Godinho Delgado, 6ª Turma, **Data de Publicação: DEJT** 16.3.2012.)

Destaco, ainda, trecho da fundamentação que declara a cessão de uso do direito de imagem como parcela acessória ao contrato de trabalho:

"[...]

Contudo, deve ser ressaltado que, apesar de não deter natureza salarial, — e por isso não poder gerar reflexos nas demais parcelas trabalhistas —, a cessão do direito de uso da imagem é parcela acessória ao contrato de trabalho, razão por que o seu grave inadimplemento é hábil a provocar a rescisão indireta.

No caso concreto, depreende-se da leitura do acórdão recorrido que foi celebrado um contrato de cessão do direito de uso da imagem entre o Reclamante e o Reclamado, estabelecendo-se, em sua cláusula 4ª, o pagamento da importância de R$ 2.133.600,00 (dois milhões e cento e trinta e três mil e seiscentos reais), em 50 (cinquenta) parcelas iguais e sucessivas de R$ 42.672,00 (quarenta e dois mil e seiscentos e setenta e dois reais).

Com o fito de viabilizar o aludido contrato, o Reclamante constituiu a Empresa CQ Assessoria e Marketing Esportivo Ltda., da qual é sócio gerente, sendo que as parcelas a título de cessão do direito de uso da imagem deveriam ser quitadas pelo Reclamado.

Ocorre que o Reclamado incidiu em grave inadimplemento contratual, pois não cuidou de promover o pagamento de 11 (onze) parcelas referentes ao contrato de cessão do direito do uso da imagem, sendo este fato inequívoco e incontroverso, o que enseja a rescisão indireta do contrato de trabalho, conforme o disposto no art. 31 da Lei n. 9.615/98 c/c o art. 483, 'd', da CLT. (...)"

Data venia, não comungamos de tal entendimento.

A controvérsia reside em definir a natureza do contrato de cessão do direito de imagem, se acessória ou autônoma ao contrato de trabalho.

Isso porque o art. 31, § 1º, da Lei n. 9.615/1998 aponta em sua parte final, que também são entendidos como salário as **demais verbas inclusas no contrato de trabalho.**

Relevante diferenciar, de imediato, cessão do uso da imagem do denominado Direito de Arena.

O direito de imagem está diretamente associado ao Direito da Personalidade, tendo em vista que a imagem, juntamente com o nome, a honra, a liberdade, a privacidade e o corpo, é um dos Direitos da Personalidade, que visam à proteção do ser humano e das origens de seu próprio espírito.

Celso Ribeiro Bastos[(46)] conceitua como sendo "*o direito de ninguém ver o seu retrato exposto em público sem o seu consentimento.*"

Na lição de Caio Mário da Silva Pereira[(47)], "toda pessoa tem a faculdade de preservar a sua imagem e impedir a sua divulgação. A Constituição, a par da intimidade, resguarda a imagem, que simplesmente se representa pela expressão externa, como também pela descrição do caráter da pessoa".

O atleta pode ceder o direito ao uso de sua imagem para fins comerciais, devendo ser destaca a previsão contida no art. 87-A da Lei Pelé, introduzido pela Lei n. 12.395/2011. *Verbis*:

Art. 87-A. O direito ao uso da imagem do atleta pode ser por ele cedido ou explorado, mediante ajuste contratual de natureza civil e com fixação de direitos, deveres e condições inconfundíveis com o contrato especial de trabalho desportivo.

---

(46) *Curso de direito constitucional*. São Paulo: Saraiva, 1998.
(47) *Instituições de direito civil*. V. I. 22. ed. Rio de Janeiro: Forense, 2007. p. 257.

No mesmo sentido, a legislação portuguesa garante ao desportista a prerrogativa de utilizar sua imagem vinculada à prática desportiva e a de se opor à exploração comercial desta por terceiros para fins econômicos, conforme prevê o art. 10 da Lei n. 28/1998, cuja redação assim prescreve. *Verbis*:

> Art. 10. Todo o praticante desportivo tem direito de utilizar a sua imagem pública ligada à prática desportiva e a opor-se a que outrem use licitamente para exploração comercial para outros fins econômicos, ressalvado o direito de uso de imagem do coletivo dos praticantes, o qual poderá ser objeto de regulamentação em sede de contratação coletiva.

O Direito de Arena, por sua vez, é uma espécie de direito de imagem (e nesse está compreendido), consistindo na veiculação da imagem do atleta enquanto participante do espetáculo em jogos televisionados.

O instituto é definido por De Plácido e Silva[48] como "a faculdade da entidade a que estiver vinculado o atleta de autorizar ou proibir a fixação, transmissão ou retransmissão de espetáculo desportivo público, com entrada paga".

O Direito de Arena limita-se à fixação, transmissão e retransmissão do espetáculo desportivo, mas não compreende o uso da imagem dos jogadores fora da situação específica do espetáculo.

Observada a conceituação acima, denota-se, ao contrário do fixado pela Egrégia 6ª Turma do TST, que o Direito de Imagem é parcela autônoma ao contrato de trabalho e sua eventual inadimplência não autoriza a rescisão indireta de que trata o § 1º do art. 31 da Lei n. 9.615/1998.

Nesse particular, destaca-se, de imediato, que a cessão do uso da imagem **é uma faculdade do atleta profissional**, e não, em absoluto, obrigação decorrente da assinatura do contrato de trabalho.

No mesmo diapasão, **é prerrogativa do atleta profissional firmar contrato de cessão do uso da imagem com terceiros, alheios à relação empregatícia,** o que também reforça a natureza autônoma de tal avença.

Para melhor compreensão do que ora se coloca, destacamos a distinção da imagem profissional e da imagem pessoal do jogador de futebol proposta por Jorge Miguel Acosta Soares[49]:

> "O contrato de trabalho do jogador é, na prática, o instrumento de cessão dessa imagem profissional do atleta para todas as atividades ligadas ao exercício da profissão. O contrato de trabalho, por determinação legal sempre com tempo determinado, delimita a duração da relação entre o jogador e o clube, e, por conseguinte, o tempo em que a ima-

(48) *Vocabulário jurídico*. 28. ed. 2010. p. 471.

(49) SOARES, Jorge Miguel Acosta. *Direito de imagem e direito de arena no contrato de trabalho do atleta profissional*. São Paulo: LTr, 2008. p. 79/80.

gem do atleta estará ligada às cores e aos emblemas da agremiação. O contrato também fixa a forma como se dará a utilização da imagem profissional do atleta, restrita aos momentos em que este esteja a serviço do clube. *Assim, por força da especificidade da profissão, a imagem do atleta, nos períodos em que esteja a serviço do empregado, é cedida a este de forma gratuita, uma vez que o salário contratual remunera sua atividade, retribui somente a prática da atividade de futebolista.*

Não se trata de uma presunção de cessão, uma vez que, como já visto, a própria Constituição Federal afasta tal possibilidade. O consentimento é obrigatório, uma vez que a natureza do cumprimento do contrato de trabalho de atleta exige a exibição da imagem do profissional. O jogador assina o contrato para, em última instância, jogar futebol, não havendo possibilidade de esta atividade ser realizada sem que sua imagem seja exibida.

Já para a pessoa do atleta permanece íntegro o direito à sua imagem pessoal, sua imagem nos momentos em que não esteja a serviço do clube. Isto é, todos os outros usos, não ligados à prática do futebol, permanecem no patrimônio do atleta. É essa cisão entre imagem profissional e imagem pessoal que irá permitir que um atleta possa, por exemplo, participar de campanhas publicitárias, vinculando sua imagem a um determinado produto ou serviço." (grifou-se)

Este também é o magistério de Álvaro Melo Filho, valendo-se das ponderações de Felipe Ezabella[50]:

"E para dissipar, de vez, a confusão é preciso atentar para o fato realçado por Felipe Ezabella de que 'ínsito à relação laboral do atleta está a utilização de sua imagem durante a sua jornada de trabalho. Assim, tem o atleta obrigação de utilizar o uniforme oficial com patrocinadores de sua equipe durante treinos, jogos, viagens, entrevistas'. Dessume-se, então, que, de um lado, estão imagens que podem ser exploradas pelo clube empregador, como parte integrante das atividades normais e dentro da jornada de trabalho decorrente do contrato de trabalho desportivo, em razão da especificidade da profissão. *De outro lado, a exploração da imagem do atleta fora e independentemente da jornada de trabalho, fruto de avença de induvidosa natureza civil,* ***onde o contrato de cessão ou exploração da imagem do atleta pode ser firmado com terceiros, ou ainda, com o próprio clube empregador.***" (grifou-se)

Irrefutável concluir pela substancial distinção entre a imagem profissional e a imagem pessoal. A primeira decorre da assinatura do contrato de trabalho,

(50) p. 131 e 132.

com manifesta natureza acessória. A segunda, todavia, é autônoma, cabendo ao jogador de futebol, livremente, decidir pela cessão do seu uso, seja pelo clube empregador, seja para terceiros estranhos ao vínculo empregatício.

Tal exegese é expressamente corroborada pela parte final do art. 87-A da Lei 9.615/1998, acima destacado, que expressamente determina, na cessão do uso da imagem, a fixação de **direitos, deveres e condições inconfundíveis com o contrato especial de trabalho desportivo**.

Em tempo, excetuam-se ao aqui defendido as hipóteses nas quais os clubes empregadores valem-se do contrato de cessão do uso da imagem como instrumento de fraude para reduzir encargos trabalhistas e mascarar o efetivo salário recebido pelo atleta.

À guisa de exemplo, pode ser citado o julgamento ocorrido nos autos do RR 1447/2002-012-01-00.0, no qual a 7ª Turma do Tribunal Superior do Trabalho entendeu, por maioria, que os valores pagos a título de direito de imagem deveriam compor a remuneração do atleta, nos termos do art. 457 da CLT, com reflexos em FGTS, 13º salário e férias acrescidas de 1/3.

Apesar de constar no referido voto invocação ao direito de arena e precedentes acerca daquela rubrica, naquele caso, a discussão gravitava em torno do contrato para cessão do uso da imagem do atleta.

O atleta alegava que havia firmado 3 contratos com o clube, o primeiro com salário de R$ 60.000,00, o segundo com salário de R$ 70.000,00 e no terceiro contrato, apesar de o salário ter caído para R$ 20.000,00, foi firmado um contrato de imagem de R$ 65.000,00. A simples análise da evolução salarial do atleta induz a existência de fraude, tendo em vista o princípio sagrado e constitucional da irredutibilidade salarial.

Em tais hipóteses, a ausência do pagamento das parcelas formalmente vinculadas à cessão do uso do direito de imagem revela elemento suficiente à configuração da rescisão indireta do contrato de trabalho.

> EMENTA: RESCISÃO INDIRETA DO CONTRATO DE TRABALHO. ATLETA PROFISSIONAL DE FUTEBOL.
>
> Configura-se a rescisão indireta do contrato de trabalho do atleta profissional de futebol, quando se constata o atraso, no pagamento de três meses de salário, FGTS, bem como a ausência de recolhimento das contribuições previdenciárias, nos termos do disposto na alínea "d", do art. 483, da CLT c/c o art. 31, §§ 1º e 2º, da Lei n. 9.615/98.
>
> (TRT 3ª Região — 0074300-05.2004.5.03.0059 — 1ª Turma — Relator: Manuel Candido Rodrigues — fonte/publicação: DJMG — 22.10.2004)
>
> EMENTA: ATLETA PROFISIONAL. AUSÊNCIA DE PAGAMENTO DO SALÁRIO. RESCISÃO INDIRETA DO CONTRATO DE TRABALHO POR JUSTA CAUSA DO EMPREGADOR. ART. 31 DA LEI N. 9.615/98 (LEI PELÉ). Diante da comprovação do não pagamento dos salários do atleta por 6 meses consecutivos, considera-se que o empregador não cumpriu com suas obrigações

contratuais, autorizando o autor a considerar rescindido o contrato. Aplicação do disposto no art. 31 da Lei n. 9.615/98. Recurso do obreiro provido.

(TRT 4ª Região — 0114600-96.2004.5.04.0021 — Redator: Ana Rosa Pereira Zago Sagrilo — data: 11.1.2006)

O art. 483 da CLT deve ser aplicado subsidiariamente às hipóteses disciplinadas no art. 31 da Lei Pelé.

2.5.1.1. O Caso Oscar

A Rescisão Indireta do Contrato de Trabalho do atleta profissional ganhou destaque em recente decisão do Tribunal Superior do Trabalho, em sede de *habeas corpus*, favorável ao atleta Oscar dos Santos Emboaba Junior.

Pedimos licença para transcrever o inteiro teor da decisão:

Trata-se de *habeas corpus*, com pedido liminar, impetrado por Victor Russomano Junior, Fábio Tomas de Souza e Mozart Victor Russomano Neto em favor de Oscar dos Santos Emboaba Junior, apontando como autoridade coatora a egrégia 16ª Turma do Tribunal Regional do Trabalho da 2ª Região que, nos autos da reclamação trabalhista n. 02770200904002001, deu provimento ao recurso ordinário para afastar a rescisão indireta do contrato de trabalho reconhecida em sentença e, em sede de embargos de declaração, restabeleceu o vínculo desportivo com o São Paulo Futebol Clube.

Alegam os impetrantes que o v. acórdão regional teria retirado, "conforme a manifestação da CBF, a 'condição de jogo' do atleta e o impossibilita até de trabalhar onde quiser, não podendo participar de quaisquer competições oficiais em que esteja engajado — Campeonatos Gaúcho e Brasileiro, Copas Libertadores e Sulamericana e quaisquer competições internacionais oficiais, INCLUSIVE AS OLIMPÍADAS — e, ainda, especialmente, faz o jogador se ver privado do direito à livre escolha de onde e para quem trabalhar no melhor momento técnico de toda a sua fulgurante e iniciante carreira desportiva, bem como impedindo sua convocação para prestar serviços à Seleção Brasileira de Futebol, pois dela somente podem participar atletas com condição de jogo vigente." (fl. 15 — numeração eletrônica)

Desse modo, requerem a concessão de liminar para autorizar o paciente a exercer livremente a sua profissão, participando de jogos e treinamentos em qualquer localidade e para qualquer empregador, conforme sua livre escolha.

É o relatório.

Passo à análise.

Historicamente, pode-se afirmar que a garantia do *habeas corpus* ingressou no ordenamento brasileiro em 1824, quando a então Constituição, denominada Imperial, passou a contemplar o direito subjetivo à liberdade. A partir de então, tal garantia passou a constar de todas as Constituições do Brasil, sendo que, na vigente, encontra-se prevista no art. 5º, LXVIII, que assegura a concessão de "*habeas corpus* sempre que alguém sofrer ou se achar ameaçado de sofrer violência ou coação em sua liberdade de locomoção, por ilegalidade ou abuso de poder".

Cumpre registrar que, no âmbito trabalhista, o estudo do cabimento do habeas corpus na Justiça do Trabalho encontra- se inevitavelmente atrelado à alteração da competência material implementada no art. 114 da Constituição Federal, que foi ampliada com a promulgação da

Emenda Constitucional n. 45/2004.

Até a edição da referida emenda constitucional, é certo que existia, no âmbito jurisprudencial, forte divergência acerca da competência, ou não, da Justiça do Trabalho para processar e julgar *habeas corpus*, ainda que a autoridade coatora fosse um juiz ou um Tribunal do Trabalho. À época, o debate girava em torno do cabimento do habeas corpus para as hipóteses de depositário infiel, já que era pacífica a incompetência do ramo trabalhista para a análise de questões criminais. Registre-se que o STF e o STJ eram uníssonos pelo reconhecimento dessa incompetência.

Essa controvérsia, todavia, restou superada pela referida ampliação que atribuiu a esta Justiça Especializada expressa competência para a apreciação de habeas corpus em matéria trabalhista.

Assim, após a modificação implementada na atual Constituição Federal, verifico na jurisprudência desta Colenda Corte que essa espécie de ação constitucional tem sido predominantemente utilizada para impugnar decisão que determina a prisão civil de depositário infiel.

Entendo, contudo, que o cabimento de *habeas corpus* na Justiça do Trabalho não pode estar restrito às hipóteses em que haja cerceio da liberdade de locomoção do depositário infiel, pois, deste modo, estar-se-ia promovendo o esvaziamento da norma constitucional, face ao reconhecimento da inconstitucionalidade em relação a essa modalidade de prisão civil.

Dessarte, implica reconhecer que o alcance atual do *habeas corpus* há de ser estendido para abarcar a ilegalidade ou abuso de poder praticado em face de uma relação de trabalho. Vale dizer: pode ser impetrado contra atos e decisões de juízes, atos de empregadores, de auditores fiscais do trabalho, ou mesmo de terceiros.

Assim, a interpretação a ser conferida à Constituição Federal não pode ser literal ou gramatical, no sentido de se entender cabível o *habeas corpus* apenas quando violado o direito à locomoção em seu sentido físico de ir, vir ou ficar. Ao contrário, deve-se ampliar tal entendimento para assegurar a utilização de tal ação constitucional com vistas à proteção da autonomia da vontade contra ilegalidade ou abuso de poder perpetrado, seja pela autoridade judiciária, seja pelas partes da relação de trabalho. Há que se assegurar o livre exercício do trabalho, direito fundamental resguardado pelos arts. 1º, IV, 5º, XIII, 6º e 7º da Constituição Federal, bem como a dignidade da pessoa humana.

Nessa linha, destaco o entendimento do Exmo. Ministro César Peluso, no julgamento da ADI n. 3.684/DF, que, ao discorrer sobre o cabimento de *habeas corpus*, destacou que "esse remédio constitucional pode, como sabe toda a gente, voltar-se contra atos e omissões praticados no curso de processos e até procedimentos de qual quer natureza, e não apenas no bojo de investigações, inquéritos e ações penais".

Colho do Supremo Tribunal Federal o seguinte precedente que, nos idos de 1968, já admitia o cabimento de *habeas corpus* para abarcar outras hipóteses que não apenas o direito de locomoção do paciente:

"INCONSTITCIONALIDADE DO ART. 48, DO DL 314, DE 1967 (LEI DE SEGURANÇA). O *HABEAS CORPUS* E MEIO IDONEO PARA ANULAR DESPACHO DO JUIZ QUE APLICA NO CURSO DO PROCESSO, MEDIDA ADMINISTRATIVA QUE CORRESPONDE A SUSPENSÃO DO EXERCÍCIO DE DIREITOS DA PROFISSAO E DO EMPREGO EM EMPRESA PRIVADA. A MEDIDA PREVENTIVA CORRESPONDE A UMA PENA ACESSORIA. A SUA APLICAÇÃO DEPENDE DE CONDENAÇÃO EM PRECEITO QUE INCLUA TAMBÉM A APLICAÇÃO DE PENA ACESSORIA. A INCONSTITUCIONALIDADE E DECRETADA POR FERIR OS ARTS. 150, *caput* E 150 § 35, DA CONSTITUIÇÃO PORQUE AS MEDIDAS PREVENTIVAS QUE IMPORTAM NA SUSPENSÃO DE DIREITOS, AO EXERCICIOS DAS PROFISSÕES E O EMPREGO EM EMPRESAS PRIVADAS, TIRA AO INDIVIDUO AS CONDIÇÕES PARA PROVER A VIDA E SUBSISTENCIA. O § 35, DO ART.

150, DA CONSTITUIÇÃO DE 1967, COMPREENDE TODOS OS DIREITOS NÃO ENUMERADOS, MAS QUE ESTAO VINCULADOS AS LIBERDADES, AO REGIME DE DIREITO E AS INSTITUIÇÕES POLITICAS CRIADAS PELA CONSTITUIÇÃO. A INCONSTITUCIONALIDADE NÃO ATINGE AS RESTRIÇÕES AO EXERCÍCIO DA FUNÇÃO PÚBLICA PORQUE A LEGISLAÇÃO VIGENTE SOBRE FUNCIONÁRIOS PUBLICOS, APLICAVEL A ESPÉCIE, ASSEGURA UMA PARTE DOS VENCIMENTOS DOS FUNCIONÁRIOS ATINGIDOS PELO ART. 48, DO REFERIDO DECRETO LEI. A INCONSTITUCIONALIDADE SE ESTENDE AOS PARAGRAFOS DO ART. 48, PORQUE ESTES SE REFEREM A EXECUÇÃO DAS NORMAS PREVISTAS NO ARTIGO E CONSIDERADAS INCONSTITUCIONAIS" (HC 45232, Relator: Min. THEMISTOCLES CAVALCANTI, TRIBUNAL PLENO, julgado em 21.2.1968, DJ 17-06-1968 PP-02228 EMENT. V. 00721-02 P. 00792 RTJ V.00044-03 P. 00322).

Por sua vez , Rui Barbosa já defendia a extensão do cabimento do presente writ em hipóteses que envolvessem a restrição de direitos fundamentais. Confira-se o seguinte trecho extraído da obra *Ações constitucionais*, Fredie Didier Jr., 5. ed. Salvador: Juspodium, 2011:

"A amplitude do dispositivo deu azo à construção de doutrina, da qual Rui Barbosa foi o principal expoente, que conferia ao *writ* um espectro de abrangência que ultrapassava a tutela da liberdade de locomoção. Conquanto não se desconhecesse que o uso do *habeas corpus*, historicamente, sempre se destinara á salvaguarda da liberdade de ir, ficar e vir, a inexistência de remédio célere e eficiente apto a precatar outros direitos (como os políticos, de expressão, de reunião, já consagrados constitucionalmente) impulsionou o manejo do *habeas corpus* em defesa destes.

Para Rui Barbosa, ao texto constitucional abrangia as eventualidades de constrangimento arbitrário aos direitos individuais."

Assim, em cognição sumária, admito o *habeas corpus* em questão, passando à análise do pedido liminar.

Discute-se, no presente writ, a restrição indevida ao direito fundamental de locomoção do paciente — OSCAR DOS SANTOS EMBOABA JÚNIOR — em virtude de decisão judicial proferida pela 16ª Turma do Tribunal Regional do Trabalho da 2ª Região, que julgou improcedente o pedido de reconhecimento de rescisão indireta e restabeleceu o vínculo desportivo com o SÃO PAULO FUTEBOL CLUBE.

Com efeito, a obrigatoriedade da prestação de serviços a determinado empregador nos remete aos tempos de escravidão e servidão, épocas incompatíveis com a existência do Direito do Trabalho, nas quais não havia a subordinação jurídica daquele que trabalhava, mas sim a sua sujeição pessoal. Ora, a liberdade, em suas variadas dimensões, é elemento indispensável ao Direito do Trabalho, bem como "a existência do trabalho livre (isto é, juridicamente livre), é pressuposto histórico-material do surgimento do trabalho subordinado (e via de consequência, da relação empregatícia)." (DELGADO, Maurício Godinho. Curso de Direito do Trabalho. São Paulo: LTr, 2003. p. 84.)

No presente caso, não há dúvidas que o paciente — OSCAR DOS SANTOS EMBOABA JÚNIOR — considerou insustentável, no momento em que se desligou do SÃO PAULO FUTEBOL CLUBE, a manutenção da relação de emprego então existente, pelos diversos motivos que alegou na petição inicial de sua Reclamação Trabalhista n. 2770.2009.040.002.00.1, os quais, a seu ver, configurariam a rescisão indireta do seu contrato de trabalho.

A existência ou não desses motivos, bem como a gravidade deles, a dar ensejo à rescisão indireta do contrato de trabalho, é matéria afeta ao processo ainda em trâmite perante o Tribunal Regional do Trabalho da 2ª Região, sobre o qual não cabe manifestação judicial em sede do presente *writ*.

É patente, todavia, que a decisão judicial transitada em julgado nessa reclamação trabalhista, quer procedente, quer improcedente, jamais poderá impor ao trabalhador o dever de empregar sua mão de obra a empregador ou em local que não deseje, sob pena de grave ofensa aos princípios da liberdade e da dignidade da pessoa humana e da autonomia da vontade, em torno dos quais é construído todo o ordenamento jurídico pátrio.

Ademais, o prévio afastamento do empregado em caso de alegação de rescisão indireta configura exercício regular de um direito a ele garantido pela norma jurídica, ao passo que, eventual improcedência do seu pleito não acarreta o seu retorno ao antigo trabalho, mas dá ensejo, apenas, às consequências previstas em lei, quais sejam, a absolvição do empregador da falta a ele imputada e a conversão da rescisão indireta em pedido de demissão, com as respectivas consequências pecuniárias.

Logo, a determinação judicial de restabelecimento de vínculo desportivo — acessório ao vínculo de emprego — proferida em reclamação trabalhista ajuizada pelo trabalhador em face de suposta rescisão indireta, além de afrontar os princípios basilares do nosso Direito, mostra-se totalmente incongruente, na medida em que agrava a situação jurídica daquele que submeteu sua demanda ao Poder Judiciário e excede os limites da lide, impondo comando judicial incompatível com a pretensão inicial. Note-se, nesse sentido, que, de acordo com a sentença prolatada na reclamação trabalhista retromencionada, não houve reconvenção por parte do empregador SÃO PAULO FUTEBOL CLUBE a justificar, em tese, esse tipo de determinação.

Desse modo, a possibilidade do empregado rescindir unilateralmente o seu contrato de trabalho, independentemente da configuração de justa causa do empregador, decorre da autonomia da vontade e de sua liberdade fundamental de escolha, não podendo ser tolhida sequer por decisão judicial.

Em contrapartida, em virtude da natureza sinalagmática de qualquer relação de trabalho, submete-se o trabalhador que denuncia o contrato de trabalho à respectiva cominação prevista em lei, que, no caso específico do paciente, está disciplinada no art. 28 , § 3°, da Lei n. 9.615/98, o qual estipula o pagamento de cláusula penal livremente acordada pelas partes para as hipóteses de descumprimento, rompimento ou rescisão unilateral do contrato de trabalho do atleta profissional.

Noto, nesse ponto, que o próprio *caput* do art. 28 da Lei n. 9.615/98, ao prever a pactuação de cláusula penal para hipóteses de rescisão unilateral do contrato de trabalho, autoriza ao atleta profissional se desligar da entidade desportiva a que vinculado mediante a contraprestação pecuniária previamente acordada.

Acrescento que a cláusula penal é uma compensação pecuniária pela rescisão unilateral do contrato e não uma condição essencial para tanto, sob pena de inviabilizar o distrato nos casos em que fixada em valores elevados, tolhendo do empregado de suas liberdades fundamentais enquanto vigente o contrato de trabalho.

Logo, rescindido unilateralmente pelo atleta profissional o contrato de trabalho, surge, para ele, a obrigação de pagar a respectiva cláusula penal, somente. O inadimplemento desta obrigação de pagar, por sua vez, não autoriza à entidade desportiva prejudicada cobrar do devedor a prestação pessoal de serviços.

Dito isso, tenho, em primeira análise, que a decisão judicial que determina o restabelecimento obrigatório do vínculo desportivo com o SÃO PAULO FUTEBOL CLUBE, em contrariedade à vontade do trabalhador, cerceia o seu direito fundamental de exercício da profissão, razão pela qual concedo a liminar em *habeas corpus* para autorizar o paciente a exercer livremente a sua profissão, participando de jogos e treinamentos em qualquer localidade e para qualquer empregador, conforme sua livre escolha.

Extraia-se cópia ao paciente desta concessão liminar.

Comunique-se à 16ª Turma do Tribunal Regional do Trabalho da 2ª Região, com urgência, para que preste as informações devidas.

Expeça-se, de imediato, ofício à Confederação Brasileira de Futebol e às Federações estaduais de futebol envolvidas para ciência do teor da decisão.

Determino a retificação da autuação e demais registros processuais, a fim de que conste como autoridade coatora os Desembargadores da 16ª Turma do Tribunal Regional do Trabalho da 2ª Região.

Publique- se.

Brasília, 26 de abril de 2012.

CAPUTO BASTOS

Ministro Relator

Em artigo publicado na obra coletiva *Direito do Trabalho Desportivo — Os aspectos jurídicos da Lei Pelé frente às alterações da Lei n. 12.395/2011*, Editora LTr, o Ministro Guilherme Augusto Caputo Bastos tece considerações acerca da decisão proferida e assevera que[(51)]:

> a) Obrigar um trabalhador a se ativar em empresa para a qual não tem mais a intenção de prestar serviços, não se compactua com a garantia constitucional do livre exercício profissional, mas, mais ainda, não se compactua com a garantia de liberdade de locomoção, o que autoriza, em tese, o cabimento da medida inscrita no art. 5º LVIII, da CF, que preconiza o cabimento do *habeas corpus* "sempre que alguém sofrer ou se achar ameçado de sofrer violência ou coação em sua liberdade de locomoção, por ilegalidade ou abuso de poder".
>
> b) Se um trabalhador, desportista, ou não, ajuíza ação judicial postulando a rescisão indireta do contrato de trabalho, as decisões da corte trabalhista apenas poderiam se limitar a: acolher a pretensão e, assim, conceder a rescisão indireta do contrato de trabalho com as verbas correlatas (art. 483 da CLT); ou negar a pretensão e, assim, ser tida a rescisão contratual como "a pedido do trabalhador", que, neste caso, teria, também, as responsabilidades pecuniárias correlatas.
>
> c) No "Caso Oscar", assim como em qualquer outro caso de trabalhador que se encontre em idêntica situação, a improcedência do pedido de reconhecimento da rescisão indireta jamais poderia importar na obrigatoriedade de retornar ao antigo posto de trabalho. A alegação de restabelecimento do *status quo ante* seria falha, na medida em que já se encontrava extinta a relação de emprego no momento do ajuizamento da

(51) In: BASTOS, Guilherme Augusto Caputo. *A eficácia horizontal dos direitos fundamentais, a liberdade do trabalhador e o cabimento do* habeas corpus. São Paulo: LTr, 2013. p. 305/311.

medida judicial, restando pendente, apenas, a decisão acerca da modalidade de rescisão ocorrida e a atribuição das respectivas responsabilidades.

Não adentraremos na análise do cabimento do *Habeas Corpus*, cientes da complexidade do assunto e da necessidade de dedicação exclusiva ao tema, com edição de obra própria. Tal omissão, a nosso ver, não impactará na análise dos aspectos trabalhistas-desportivos.

A controvérsia central reside nos efeitos da pretensão de rescisão indireta, no contrato de trabalho e no vínculo desportivo, perpassando pelo ônus da cláusula penal, prevista no art. 28 da Lei n. 9.615/98.

Homologamos as premissas decisórias no sentido de que a) o atleta considerou insustentável, no momento em que se desligou do clube, a manutenção da relação de emprego então existente; b) o prévio afastamento do empregado em caso de alegação de rescisão indireta configura exercício regular de um direito a ele garantido pela norma jurídica; c) a decisão judicial jamais poderá impor ao trabalhador o dever de empregar sua mão de obra a empregador ou em local que não deseje, sob pena de grave ofensa aos princípios da liberdade e da dignidade da pessoa humana e da autonomia da vontade, em torno dos quais é construído todo o ordenamento jurídico pátrio;

Da mesma forma, homologamos o entendimento consagrado pela decisão no sentido de que, rescindido unilateralmente pelo atleta profissional o contrato de trabalho, surge, para ele, a obrigação de pagar a respectiva cláusula penal, somente.

Entretanto, ao autorizar o paciente a exercer livremente a sua profissão, participando de jogos e treinamentos em qualquer localidade e para qualquer empregador, conforme sua livre escolha, entendemos que a decisão contrariou, expressamente, os preceitos da Lei Pelé.

A essência da cláusula penal, ao nosso sentir, reside na restrição do atleta migrar de um clube para outro, unilateralmente, sem qualquer motivo que justifique tal ato.

O aspecto financeiro é apenas o modo como implementar a restrição, e não, em absoluto, sua finalidade última.

A restrição encontra amparo no desejo da torcida pela manutenção do jogador, na expectativa de títulos, na expectativa de retorno dos investimentos em Marketing e adesão de novos sócios, por exemplo.

Em adição, e visando reforçar a restrição de transferência unilateral, a Lei Pelé fixou a responsabilidade do novo clube/empregador.

Partindo da premissa sustentada na decisão, o atleta pode, a qualquer tempo, rescindir seu contrato de trabalho unilateralmente e vincular-se a outro clube, não sendo este responsável pelo pagamento da cláusula penal. Frise-se, a decisão autorizou participar de jogos e treinamentos para qualquer empregador, sem qualquer exigência de cumprimento da obrigação de pagamento da cláusula penal pelo novo clube.

Caberia ao antigo empregador cobrar a multa fixada a título de cláusula penal, entretanto, tal cobrança seria direcionável apenas ao atleta. No caso, a discussão envolveu dois clubes "grandes" do futebol brasileiro, aspecto que por certo facilitou a conclusão adotada. Entretanto, a mesma conclusão permite que os clubes "grandes" assediem os atletas dos clubes "pequenos".

A liminar poderia ser deferida por outro fundamento, consubstanciado no fato de ter sido deferida antecipação de tutela e consequente sentença favorável.

Tal circunstância processual permitiu ao atleta vincular-se a outro clube, no caso o Internacional, de modo que a decisão posterior, propugnada pelo Tribunal Regional do Trabalho da 2ª Região, não poderia ter ignorado tal aspecto, mormente considerando o gravame da inexistência de pedido de restabelecimento do vínculo desportivo.

2.5.1.2. Cessão Temporária de Atletas. Rescisão Indireta

Na hipótese de cessão temporária do atleta profissional, aplica-se a regra do art. 39 da Lei Pelé:

> Art. 39. O atleta cedido temporariamente a outra entidade de prática desportiva que tiver os salários em atraso, no todo ou em parte, por mais de 2 (dois) meses, notificará a entidade de prática desportiva cedente para, querendo, purgar a mora, no prazo de 15 (quinze) dias, não se aplicando, nesse caso, o disposto no *caput* do art. 31 desta Lei.
>
> § 1º O não pagamento ao atleta de salário e contribuições previstas em lei por parte da entidade de prática desportiva cessionária, por 2 (dois) meses, implicará a rescisão do contrato de empréstimo e a incidência da cláusula compensatória desportiva nele prevista, a ser paga ao atleta pela entidade de prática desportiva cessionária.
>
> § 2º Ocorrendo a rescisão mencionada no § 1º deste artigo, o atleta deverá retornar à entidade de prática desportiva cedente para cumprir o antigo contrato especial de trabalho desportivo. (NR)

Diante do expresso conteúdo do art. 39 acima transcrito, defeso ao clube cedente argumentar ausência de responsabilidade pelo inadimplemento das obrigações do clube cessionário, salvo inércia do atleta em notificar tais irregularidades.

2.5.2 Justa Causa

Em que pese o § 4º do art. 28 da Lei n. 9.615/1998 expressamente determinar a observância das normas gerais da legislação trabalhista, falhou o legislador, ao nosso ver, em não relacionar no § 5º as hipóteses de morte do trabalhador e as modalidades de justa causa.

Deveria o legislador valer-se dos mesmos termos constantes do inciso IV do citado parágrafo, que trata das hipóteses de rescisão indireta.

Com maior certeza tal conclusão, quando se verifica que o art. 20 da Lei n. 6.354/1976 disciplinava algumas hipóteses de justa causa, mais precisamente as seguintes

I — ato de improbidade;

II — grave incontinência de conduta;

III — condenação a pena de reclusão, superior a 2 (dois) anos, transitada em julgado;

IV — eliminação imposta pela entidade de direção máxima do futebol nacional ou internacional.

Comungamos do entendimento do Ministro Alexandre Agra Belmonte(52) ao proclamar que o atleta profissional, além dos deveres inseridos no art. 35 da Lei Pelé, também deve observar a obediência, diligência e fidelidade, esta última entendida como respeito ao caráter ético da relação contratual.

Inobstante tal ausência, certo é que as hipóteses fixadas na legislação de 1976 ainda são válidas.

Para efetiva delimitação das hipóteses de insubordinação e indisciplina aplicáveis ao atleta profissional, imperiosa a análise dos aspectos que diferenciam o contrato de trabalho desportivo destacados por Álvaro Melo Filho(53):

— Aspectos desportivos (treinos, concentração, preparo físico, disciplina tática em campo)

— Aspectos pessoais (alimentação balanceada, peso, horas de sono, limites à ingestão de álcool)

— Aspectos íntimos (uso de medicamentos dopantes; comportamento sexual)

— Aspectos convencionais (uso de brincos, vestimenta apropriada)

— Aspectos disciplinares (ofensas físicas e verbais a árbitros, dirigentes, colegas, adversários e torcedores, ou recusa em participação em entrevistas após o jogo)

Em complementação, destacamos o magistério de Alice Monteiro de Barros ao conceituar os deveres do empregado:

---

(52) BELMONTE. Alexandre Agra. *Justa causa como motivo de terminação do contrato do atleta profissional e demais hipóteses de cessação.* Artigo publicado na obra *Atualidades sobre Direito Esportivo no Brasil e no Mundo,* tomo III/ Guilherme Augusto Caputo Bastos, coordenador, Brasília-DF, p. 9/10.

(53) FILHO. Álvaro Melo. Balizamentos jus-laboral-desportivos. Artigo publicado na obra Atualidades sobre Direito Esportivo no Brasil e no Mundo, tomo II/ Guilherme Augusto Caputo Bastos, coordenador, Brasília-DF, p. 22/23.

> "A obrigação de trabalhar assumida pelo empregado ao celebrar o contrato vem acompanhada do dever de obediência às instruções do empregador, o qual é uma característica manifesta da subordinação jurídica do empregado. Do exercício do poder diretivo do empregador, portanto, surge para o empregado **o dever de obediência** a ordens ou recomendações lícitas
>
> [...]
>
> A **violação do dever de obediência** poderá ensejar, respectivamente, **ato de indisciplina ou insubordinação,** caso o descumprimento se refira, respectivamente, a ordens lícitas, de âmbito geral, emanadas do empregador e/ou de seus prepostos ou a ordens de cunho específico, pessoal, emanadas das mesmas autoridades, permitindo a resolução contratual, nos termos do art. 482, 'h', da CLT."[54]

Forçoso concluir que em, distinção aos demais trabalhadores celetistas, o atleta profissional, além dos deveres inerentes ao desempenho da atividade desportiva, possui obrigações "extracampo", envolvendo sua alimentação, ingestão de bebidas alcoólicas, descanso, prevenção de lesões, restrição de uso de medicamentos, entre outras.

A mesma doutrinadora, ao tratar da rescisão indireta aplicável ao jogador de futebol, destaca a especificidade da profissão, alertando para a gravidade da hipótese de o empregador excluir o jogador dos treinos e competições:

> "[...]
>
> Os desportistas têm direito à ocupação efetiva e não poderão ser excluídos dos treinos ou de outras atividades necessárias ao exercício de sua função, que deve ser constantemente 'alimentada' pela preparação, salvo nas hipóteses de afastamento por punição disciplinar ou lesão.
>
> À semelhança do que ocorre com os artistas, a inatividade poderá ocasionar ao atleta prejuízos irreparáveis em seu futuro profissional, porquanto sua promoção está relacionada diretamente com o seu efetivo emprego. A inatividade forçada, nesse caso, é mais grave do que em outras profissões, considerando que a carreira profissional do desportista é muito curta."[55]

Coaduno do entendimento destacado e valho-me do mesmo raciocínio para concluir pela licitude da aplicação de justa causa pela desídia do atleta nos treinos

(54) BARROS, Alice Monteiro de. *Curso de direito do trabalho*. 5. ed. rev e ampl. São Paulo: LTr, 2009. p. 613; 616.
(55) BARROS, Alice Monteiro de. *Op. cit.*, p. 918/919.

ou pela insubordinação e indisciplina caracterizados por comportamentos que impliquem em baixa produtividade/rendimento ou risco de lesão.

Corroborando tal entendimento, destacamos a contribuição de Alexandre Agra Belmonte[(56)]:

> "As obrigações do atleta e as peculiaridades do contrato exigem a flexibilização dos conceitos na caracterização da incontinência de conduta, negócio concorrente ou prejudicial ao serviço e a prática de atos lesivos à honra e boa fama do empregador.
>
> Na avaliação da incontinência de conduta do atleta profissional, devem ser consideradas circunstâncias ligadas ao seu comportamento moral e social e ao condicionamento para a obtenção do melhor rendimento possível.
>
> Com efeito, frequência a casas noturnas de forma incompatível com o condicionamento físico, vida desregrada, regada churrascos, bebidas e programas, inobservância das horas necessárias de sono atentam contra o condicionamento ideal para as competições. E declarações impensadas dadas à imprensa, capazes de desestabilizar o grupo do qual fazem parte a equipe e a comissão técnica, atentam contra a união e o ambiente respeitoso e saudável.
>
> A intensa dedicação a compromissos externos pode revelar o desempenho de atividade concorrente ou prejudicial aos jogos, treinos, viagens e condicionamento físico.
>
> São exemplos a participação em um amistoso 24 horas antes de uma partida oficial pelo clube e a submissão a uma série de compromissos de propaganda em fotos e eventos, de forma prejudicial à obrigações contratuais.
>
> Além de potencialmente prejudicial à equipe, o baixo rendimento frustrará torcedores e repercutirá na boa-fé e lealdade contratuais, ensejando a atuação do poder disciplinar do empregador."

Em síntese, sempre que o atleta profissional incorrer em uma ou mais hipóteses disciplinadas no texto consolidado, na legislação específica, ou cuja gravidade seja manifesta, ainda que não disciplinada em lei (inobservância dos aspectos contratuais — risco e ônus do empregador quanto à qualificação da conduta), é facultado ao empregador implementar a rescisão contratual por justo motivo, observadas a imediatidade e proporcionalidade inerentes a tal modalidade rescisória.

---

(56) BELMONTE. Alexandre Agra. *Justa causa como motivo de terminação do contrato do atleta profissional e demais hipóteses de cessação.* Artigo publicado na obra *Atualidades sobre Direito Esportivo no Brasil e no Mundo,* tomo III/ Guilherme Augusto Caputo Bastos, coordenador, Brasília-DF, p. 15.

Todavia, não me parece ser este o entendimento jurisprudencial majoritário. Ilustro o entendimento predominante com o acórdão do Egrégio TRT da 4ª Região, proferido nos autos 0028800-13.2008.5.04.0231, de relatoria da Desembargadora Rejane Souza Pedra, afastou a justa causa aplicada ao atleta que participou de partida de futebol de cunho não oficial sem autorização do clube:

> **EMENTA: RECURSO ORDINÁRIO DA RECLAMADA. JOGADOR DE FUTEBOL. RESCISÃO DO CONTRATO DE TRABALHO. MULTA DO ART. 479 DA CLT. CLÁUSULA PENAL.** A participação de jogador de futebol profissional em partida de cunho não oficial não enseja a presunção de descumprimento contratual pelo atleta e, via de consequência, não autoriza a ruptura sumária do vínculo empregatício como perpetrado pela ré. O fato de o jogador de futebol estar ligado a uma entidade atlética por meio de contrato de trabalho não lhe retira a liberdade de viver como um cidadão comum. Devida, portanto, a multa do art. 479 consolidado em se tratando de contrato a termo, bem como a cláusula penal estatuída pelo art. 28 da Lei n. 9.615/98 — Lei Pelé, que deve ser igualmente estendida em benefício do próprio atleta, em observância ao princípio da isonomia.

Data venia, a conduta do jogador foi grave e passível de rescisão contratual por justa causa. O risco de lesão é evidente e acarretaria impossibilidade de cumprimento de suas obrigações trabalhistas. O prejuízo para o clube, e mesmo para o atleta, é manifesto.

Não se trata de tolher a liberdade do jogador, mas de restringi-la dentro dos limites da razoabilidade e proporcionalidade e, principalmente, em estrita observância às obrigações contratuais inerentes aos desportistas.

Como instrumento para resguardar a hipótese de aplicação de justa causa, submetemos à reflexão do leitor, iniciativa do Clube de Regatas Flamengo, motivado pelas circunstâncias que levaram a prisão do goleiro Bruno, em inserir cláusula contratual definidora de hipótese de justa causa(57):

> "O atleta X (colocar o nome do atleta), se obriga expressamente em honrar a imagem e o bom nome do CRF e de seus patrocinadores, mantendo conduta ilibada dentro e fora de campo, observando as regras de boa conduta e imagem pública que lhe são pertinentes, sob pena de rescisão imediata do contrato, sem qualquer ônus para o CRF.
>
> §1º A inobservância do disposto nesta cláusula acarretará sanções legais ao atleta e quem mais tiver dado causa à violação, respondendo administrativa, civil e criminalmente, inclusive por danos morais, materiais e à imagem, sem prejuízo de outras medidas judiciais cabíveis."

Ao nosso ver, a cláusula não suplanta, nas hipóteses de prisão, a exigência do trânsito em julgado da decisão condenatória.

Todavia, nos parece aplicável, por exemplo, nas demais hipóteses em que a conduta do atleta profissional, ainda que não tipificada como crime, acarrete em prejuízo à imagem do clube e de seus patrocinadores.

---

(57) Disponível em: <http://portaldaclube.globo.com/noticia.php?hash=19e9d212fe4376eacf14e2f3c857088d&id=29581&t=Fla%20pretende%20dar%20justa%20causa%20a%20Bruno>. Acesso em: 12.mar.2012.

Para ilustrar a hipótese de justa causa decorrente da eliminação pela entidade de direção máxima do futebol nacional ou internacional, podemos citar o notório caso do golero Roberto Antonio Rojas Saavedra, que teve seu contrato rescindido por justa causa pelo São Paulo FC em 1989, em decorrência de pena de eliminação imposta pela FIFA por força do episódio ocorrido no jogo entre a seleção brasileira e a seleção chilena, no estádio Maracanã, em que o goleiro simulou ter sido atingido por fogos de artifício lançados da torcida brasileira, cortando seu rosto intencionalmente e retirando-se do campo com sua equipe(58).

Por derradeiro, subsiste controvérsia quanto a obrigação do pagamento da cláusula indenizatória na hipótese de justa causa.

Comungamos do entendimento de Alexandre Agra Belmonte, que defende a exigência do pagamento não apenas como corolário interpretativo das hipóteses fixadas em lei, como também pelo critério pedagógico direcionado ao atleta(59):

> "A respeito, a única interpretação possível é a da respectiva incidência, devendo-se considerar que o rol de hipóteses previstas no art. 28, I, a e b da Lei Pelé é exemplificativo. E assim entendemos, não apenas por uma questão de isonomia de tratamento (a cláusula compensatória é devida ao atleta nos casos de descumprimento de obrigações pela entidade desportiva), como também pelo fato de que, sem essa interpretação, a entidade desportiva ficaria totalmente à mercê da conduta reprovável do atleta, com perda, sem qualquer compensação, do investimento feito, quando optasse, com justo motivo, pela despedida do atleta por justa causa."

Para o bem do futebol brasileiro, é imperioso que a jurisprudência pátria atente à especificidade da relação empregatícia desportiva e oferte uma prestação jurisdicional diferenciada, analisando as hipóteses de justa causa em estrita observância às obrigações inerentes ao atleta profissional, obrigações estas que o diferencia dos demais trabalhadores celetistas.

2.6. SUSPENSÃO DO CONTRATO DE TRABALHO

Antes do advento da atual redação do art. 28, § 7º, da Lei Pelé, vigorava o Decreto n. 2.574/1998, o qual previa possibilidade de suspensão do contrato de trabalho em decorrência de acidente de trabalho.

---

(58) DOS ANJOS. Leonardo Serafim. A justa causa no contrato desportivo de trabalho do atleta profissional de futebol — Artigo publicado na obra *Atualidades sobre direito esportivo no Brasil e no mundo,* tomo II/ Guilherme Augusto Caputo Bastos, coordenador, Brasília-DF, p. 251.

(59) BELMONTE. Alexandre Agra. *Justa causa como motivo de terminação do contrato do atleta profissional e demais hipóteses de cessação* — Artigo publicado na obra *Atualidades sobre direito esportivo no Brasil e no mundo,* tomo III/ Guilherme Augusto Caputo Bastos, coordenador, Brasília-DF, p. 18.

Em razão de tal particularidade, o Tribunal Superior do Trabalho, analisando hipótese de jogador, contratado na vigência do Decreto e que teve o contrato suspenso em razão de lesão (acidente de trabalho), declarou a suspensão do contrato de trabalho enquanto vigorou o tratamento da patologia, acarretando ao jogador a obrigação do cumprimento do período respectivo após o prazo previsto para o término da relação contratual. Destacamos a ementa do julgado:

> Ementa: RECURSO DE REVISTA. ATLETA PROFISSIONAL. JOGADOR DE FUTEBOL. SUSPENSÃO DO CONTRATO DE TRABALHO. AFASTAMENTO EM DECORRÊNCIA DE LESÃO. No caso dos autos, o atleta profissional foi contratado quando vigente o Decreto n. 2.574/98, o qual previa, expressamente, a suspensão do contrato de trabalho por acidente de trabalho. Referido diploma seguiu o espírito da Lei n. 9.615/98, garantindo melhores condições ao atleta. A norma não pode ser desconsiderada, por satisfazer, *in casu*, aos interesses do clube de futebol, ante a pretensão do jogador em transferir-se, ao término do seu contrato, para outra agremiação desportiva. Ademais, ainda que revogadas as disposições do aludido Decreto pelo de n. 5.000, de 2 de março de 2004, a forma de aplicação do princípio — *tempus regit actum* — deve considerar como a matéria era tratada quando do ajuste contratual, não aceitando modificações durante a vigência do contrato de trabalho, sob pena de afronta ao contido nos arts. 6º da LICC e 5º, XXXVI, do Texto Constitucional. Revista parcialmente conhecida e provida, restabelendo-se a decisão firmada em primeiro grau de jurisdição que considerou a suspensão do contrato de trabalho no período de 17.10.2004 a 24.6.2005.
>
> (Processo: RR — 9302300-92.2006.5.09.0008 Data de Julgamento: 23.2.2011, Relatora Ministra: Maria de Assis Calsing, 4ª Turma, Data de Publicação: DEJT 11.3.2011)

Tal hipótese não mais vigora no ordenamento jurídico pátrio. O § 7º do art. 28 da Lei Pelé fixa a hipótese de suspensão do contrato de trabalho:

> "Art. 28. [...]
>
> § 7º A entidade de prática desportiva poderá suspender o contrato especial de trabalho desportivo do atleta profissional, ficando dispensada do pagamento da remuneração nesse período, quando o atleta for impedido de atuar, por prazo ininterrupto superior a 90 (noventa) dias, em decorrência de ato ou evento de sua exclusiva responsabilidade, desvinculado da atividade profissional, conforme previsto no referido contrato."

A lei é taxativa ao exigir que a causa do afastamento superior a 90 (noventa) dias decorra de ato ou evento alheio à atividade profissional. Para ilustrar tal hipótese, valemo-nos, novamente, do caso do goleiro Bruno, afastado em razão da decretação de sua prisão sob acusação de conduta criminosa.

Portanto, sendo a origem do afastamento o tratamento de lesão adquirida em jogo ou treinamento, não mais se considera hipótese de suspensão, sendo certo que o atleta não fica obrigado a cumprir o período de afastamento após o advento do termo final do contrato de trabalho.

2.7. SEGURO DO ATLETA PROFISSIONAL

Existem profissões em que o desgaste físico é um fator determinante para limitar a vida útil profissional daquele trabalhador para determinada função.

Ninguém consegue trabalhar submetido a agentes perigosos ou insalubres durante toda a vida adulta, bem como poucos atletas profissionais atuarão com o mesmo vigor por mais de um par de décadas.

Na obra *Futebol ao sol e à sombra*, o escritor uruguaio Eduardo Galeno[(60)] registra com propriedade o sofrimento do jogador de futebol, pois "submetido a uma disciplina militar, sofre todo dia o castigo dos treinamentos ferozes e se submete aos bombardeios de analgésicos e às infiltrações de cortisona que esquecem a dor e enganam a saúde. Na véspera das partidas importantes, fica preso num campo de concentração onde faz trabalhos forçados, come comidas sem graça, se embebeda com água e dorme sozinho."

A competitividade inerente à prática desportiva pode acarretar a desvalorização daquele atleta que porventura sofreu lesões, contusões ou até mesmo acidente de trabalho, razão pela qual se torna essencial a adoção de um mecanismo de proteção suplementar para aquele trabalhador.

A obrigação de se contratar seguro contra acidente de trabalho foi uma inovação introduzida pela Lei n. 9.981/2000.

A Lei n. 12.395/2011 conferiu a atual redação do art. 45 da Lei Pelé e seus parágrafos, ampliando a cobertura para seguro de vida e não apenas contemplando o acidente de trabalho. *Verbis*:

> **Art. 45.** As entidades de prática desportiva são obrigadas a contratar seguro de vida e de acidentes pessoais, vinculado à atividade desportiva, para os atletas profissionais, com o objetivo de cobrir os riscos a que eles estão sujeitos. *(Redação dada pela Lei n. 12.395, de 2011).*
>
> § 1º A importância segurada deve garantir ao atleta profissional, ou ao beneficiário por ele indicado no contrato de seguro, o direito a indenização mínima correspondente ao valor anual da remuneração pactuada. *(Incluído pela Lei n. 12.395, de 2011).*
>
> § 2º A entidade de prática desportiva é responsável pelas despesas médico-hospitalares e de medicamentos necessários ao restabelecimento do atleta enquanto a seguradora não fizer o pagamento da indenização a que se refere o § 1º deste artigo. *(Incluído pela Lei n. 12.395, de 2011).*

Na lição do professor Álvaro Melo Filho[(61)], o seguro desportivo "tem o *animus* de cobrir os atletas profissionais, notadamente os de alto rendimento, contra o risco do óbito ou incapacidade desportiva, parcial ou total, temporária ou permanente, resultante de um acidente ou de uma agressão provocada pela rivalidade desportiva competitiva, posto que as disputas desportivas exigem dos atletas empenho, dedicação e esforço e, consequentemente, o risco próprio e inerente à atividade desportiva".

---

(60) GALEANO,. *Futebol ao sol e à sombra*. L&PM Pocket, 2010. p. 11.
(61) *Nova Lei Pelé*: avanços e impactos. Maquinaria, 2011. p. 217.

Os parágrafos primeiro e segundo apontam categoricamente que o clube empregador também será responsável pelas despesas médicas e dos medicamentos necessários ao restabelecimento do atleta, até a efetivação do pagamento da indenização pela seguradora, o que demonstra o princípio protetivo e humanitário do referido dispositivo legal, na medida em que o não cumprimento imediato pela seguradora poderá resultar sequelas irreversíveis àquele atleta que necessita de pronto atendimento.

O seguro desportivo brasileiro é bem semelhante ao seguro previsto para os atletas em Portugal, previsto no art. 5º do Decreto-lei n. 10/2009. *Verbis*:

> 1 — O seguro desportivo cobre os riscos de acidentes pessoais inerentes à respectiva actividade desportiva, nomeadamente os que decorrem dos treinos, das provas desportivas e respectivas deslocações, dentro e fora do território português.
>
> 2 — As coberturas mínimas abrangidas pelo seguro desportivo são as seguintes:
>
> a) Pagamento de um capital por morte ou invalidez permanente, total ou parcial, por acidente decorrente da actividade desportiva;
>
> b) Pagamento de despesas de tratamento, incluindo internamento hospitalar, e de repatriamento.

Contudo, leitura atenta do art. 45 da Lei n. 9.615/1998 demonstra que, apesar da obrigatoriedade da contratação do seguro de vida ressaltada no *caput* do referido dispositivo, o texto legal não estabelece uma sanção para a entidade de prática desportiva que deixa de observar a referida determinação, o que é de se lamentar, pois, como alerta Álvaro Melo Filho, "norma sem sanção é mera sugestão"(62).

O diploma legal português contempla em seu art. 20 quais são as sanções em razão da não contratação do seguro. *Verbis:*

> "As entidades que incumpram a obrigação de celebrar e manter vigentes os contratos de seguro desportivo previstos no presente decreto-lei respondem, em caso de acidente decorrente da actividade desportiva, nos mesmos termos em que responderia o segurador, caso o seguro tivesse sido contratado."

O risco da atividade desportiva mais do que justifica a previsão de multas e sanções severas quando não for contratado o seguro de vida e de acidentes pessoais, pois não raros são os exemplos de contusões graves e até mesmo de mortes dentro de campo, como no fatídico e lamentável caso do jogador Serginho, do São Caetano.

Mais recente foi o episódio do jogador italiano Piermario Morosini, de 25 anos, que veio a falecer após uma parada cardíaca em campo, o que demonstra que o risco é inerente à atividade, independentemente de onde é praticada.

---

(62) *Nova Lei Pelé*: avanços e impactos. Maquinaria, 2011. p. 218.

Não são raras as situações em que o atleta ajuíza ação trabalhista em face do clube e pleiteia o pagamento de indenização em razão da não contratação de seguro de vida e de acidentes pessoais.

Quando o atleta sofreu um dano em razão da atividade desempenhada e o clube não possuía o referido seguro não há dúvidas de que o empregador (ou ex-empregador) tem o dever de indenizar o dano sofrido pelo atleta. Contudo, muitas das vezes aquele jogador saiu ileso durante o período em que permaneceu vinculado a determinado clube e somente no final do contrato é que descobre a ausência de contratação do seguro de vida. E nessa situação? Caberá a agremiação desportiva o dever de indenizar o atleta?

Tendo em vista o imperativo legal no tocante a contratação desse benefício, o clube que descumprisse tal norma deveria ser condenado a pagar uma indenização a ser revertida ao atleta.

Entretanto, a Lei Pelé não estabelece uma sanção para o descumprimento da obrigação prevista no seu art. 45, razão pela qual a Jurisprudência atual tem entendido que não cabe indenização quando não ocorrer nenhum dano ao atleta.

Com efeito, o ressarcimento de dano gerado por ato ilícito tem supedâneo nos seguintes requisitos: "*Aquele que, por ação ou omissão voluntária, negligência, ou imprudência, violar direito, ou causar prejuízo a outrem, ainda que exclusivamente moral, comete ato ilícito*". (Art. 186 do CCB)

O prejuízo, seja ele material ou moral, é um dos componentes do ato ilícito, conforme ensinamentos de Pablo Stolze Gagliano e Rodolfo Pamplona Filho[(63)], sendo que os referidos autores afirmam que "na responsabilidade civil, o agente que cometeu o ilícito tem a obrigação de reparar o dano patrimonial ou moral causado, buscando restaurar o *status quo ante*, obrigação esta que, se não for mais possível é convertida no pagamento de uma indenização".

Ao discorrer acerca da responsabilidade moral e da responsabilidade jurídica, José de Aguiar Dias[(64)] afirma ser indispensável para a segunda a ocorrência do dano, enquanto que para a primeira não é necessária a existência de um prejuízo, pois, segundo seu entendimento, "não se cogita da responsabilidade jurídica enquanto não há um prejuízo", enquanto que a responsabilidade moral "se confina no problema do pecado. O homem se sente moralmente responsável perante Deus ou perante sua consciência [...] Não se cogita, pois, de saber se houve, ou não, prejuízo, porque um simples pensamento induz essa espécie de responsabilidade, terreno que escapa ao campo do direito".

---

(63) *Novo curso de direito civil*. Parte geral. São Paulo: Saraiva, 2002. V. I. p. 462.
(64) *Da responsabilidade civil*. 1973. V. I. p. 11.

Portanto, um dos pressupostos para a caracterização da responsabilidade civil é a ocorrência do dano. Sem esse elemento, não há o dever de indenizar.

Nesse sentido, cabe destacar a ementa de decisão do Tribunal Superior do Trabalho, proferida pela Ministra Maria de Assis Calsing, que ao julgar o Recurso de Revista n. 38100-70.2005.5.04.0015, foi categórica ao afirmar que

> "De acordo com o *caput* do art. 45 da Lei n. 9615/98 (Lei Pelé), é obrigatória a contratação de seguro de acidentes de trabalho, por parte das entidades de prática desportiva, em favor dos atletas profissionais que lhe prestam serviço, não havendo, no entanto, previsão de pagamento de indenização pela não contratação do referido seguro. Inexistindo cláusula penal que disponha sobre o descumprimento da obrigação de contratar o seguro em questão, e tendo em vista a constatação, por parte do Regional, de que o Autor não sofreu prejuízos, pois recebeu todos os salários, teve as despesas médicas quitadas, e se recuperou das lesões sofridas, havendo notícia de que continuou trabalhando normalmente, devem ser mantidas as decisões anteriores que rejeitaram o pedido de pagamento de indenização ora discutido."

De fato, esta é uma crítica que se faz ao referido dispositivo legal que, nada obstante ser taxativo no tocante a obrigação do clube, quedou-se silente ao estabelecer uma sanção na hipótese de descumprimento da lei, fazendo com que as entidades de prática desportiva deem pouca importância à contratação do seguro de vida e de acidentes.

Em recente decisão envolvendo o tema, o TST condenou o Fluminense Football Club a pagar o valor de R$ 600 mil ao zagueiro Thiago Pimentel Gosling em razão da não celebração do seguro de que trata a Lei Pelé. Contudo, neste caso, a lesão sofrida pelo jogador era incontroversa. *Verbis*:

> RECURSO DE REVISTA. CLÁUSULA PENAL (alegação de violação dos arts. 28 e 31 da Lei n. 9.615/98 e divergência jurisprudencial). Esta Colenda Corte Superior através de sua SBDI-1, tem consolidado entendimento segundo o qual a cláusula penal de que trata o *caput* do art. 28, da Lei n. 9.615/98, favorece apenas ao clube, no caso de desvinculação do atleta na vigência do contrato de trabalho profissional, já que tem por objetivo resguardar as entidades de práticas desportivas de possíveis e tão comuns êxodos de atletas para outros clubes, minimizando os prejuízos sofridos pelo empregador, que investiu na formação e no aprimoramento físico e técnico do atleta. Recurso de revista conhecido e provido. **INDENIZAÇÃO PELA NÃO CELEBRAÇÃO DO SEGURO DESPORTIVO** (alegação de violação do art. 45 da Lei n. 9.615/98). O art. 45 da Lei n. 9.615/98 foi expresso ao determinar às entidades de prática desportiva a contratação de seguro de acidentes do trabalho em prol dos atletas profissionais a ela vinculados, no intuito de cobrir os riscos a que estão sujeitos, prevendo, também, que a omissão empresária ensejaria a indenização correspondente ao valor da apólice estabelecida no texto legal. Ou seja, a contratação do seguro previsto no referido dispositivo legal não é facultativa; ao contrário, a norma tem aplicação cogente e a não contratação do seguro implica, em caso de eventual sinistro ocorrido com o atleta, em dever do clube indenizar substitutivamente, na forma dos arts. 186, 927 e 247 do Código Civil. Vale lembrar, por relevante, que o art. 45 da Lei n. 9.615/98 é obrigatório para a modalidade futebol, como preceitua o art. 94 da mesma lei. Incólume, pois, o disposto no art. 45 da Lei n. 9.615/98. Recurso de revista não conhecido.
>
> (TST — 2ª Turma — Relator Ministro Renato de Lacerda Paiva — Recurso de Revista n. TST-RR-168500-29.2006.5.01.0046, Recorrente FLUMINENSE FOOTBALL CLUB e Recorrido THIAGO PIMENTEL GOSLING. DEJT: 13.9.2013)

Entretanto, cumpre salientar que, em determinados casos, o Tribunal Superior do Trabalho defere o pagamento de indenização mesmo quando não há a ocorrência de dano, como, por exemplo, na hipótese de bancário que transporta valores.

Diferentemente do que tem sido entendido na questão do atleta profissional, nesta outra hipótese a própria SBDI-I tem entendido que é devida a indenização, nada obstante a ressalva de entendimento de parte dos Ministros daquela Egrégia Corte. *Verbis*:

> INDENIZAÇÃO POR TRANSPORTE DE VALORES. O fato de os reclamados terem se valido do seu poder de mando para obrigar o reclamante a fazer tarefas além das suas responsabilidades e com grau considerável de risco a sua integridade constitui prática de ato ilícito, que fere o princípio da dignidade da pessoa humana e enseja o adicional pleiteado. Com efeito, o adicional de risco consiste em plus salarial, que cumpre a função de restabelecer o equilíbrio das prestações do contrato de trabalho. É a aplicação do princípio da comutatividade, segundo o qual, a cada obrigação de prestar o serviço, deve haver a correlata contraprestação, que por parte do empregador consiste na obrigação de pagar. Frise-se que o exercício de atividade alheia às funções do reclamante, impondo-lhe iminente risco, até mesmo à sua integridade física, milita contra o princípio da dignidade humana (art. 1º, III, da CF/88), porquanto o conceito da dignidade da pessoa humana passa pelo prisma filosófico, ético, sociopolítico e jurídico, no qual se inserem a integridade e a inviolabilidade da pessoa humana. Acerca do tema, pertinente é o magistério de Alice Monteiro de Barros, *verbis*: A dignidade ocupa posição de destaque no exercício dos direitos e deveres que se exteriorizam nas relações de trabalho e aplica-se em várias situações, principalmente, para evitar tratamento degradante do trabalhador. [...] A justiça deverá promover a dignidade do ser humano, impedindo abusos em todos os sentidos. (in *Curso de direito do trabalho*. 5. Ed. São Paulo: LTr, p. 191-193). Recurso de embargos parcialmente conhecido e a que se nega provimento. Em conclusão: Embargos do reclamante conhecidos e providos; embargos dos reclamados parcialmente conhecidos e não providos.
>
> (E-ED-RR — 95700-10.2002.5.09.0017, Relator Ministro: Horácio Raymundo de Senna Pires, Subseção I Especializada em Dissídios Individuais, Data de Publicação: DEJT 3.12.2010)

Muito interessante e auspiciosa é a decisão proferida pelo Tribunal Regional da 2ª Região, nos autos do processo 1197.2008.034.02.00-6, em que são partes Fredson Câmara Ferreira e São Paulo Futebol Clube, no qual a Turma decidiu por bem reformar a decisão primeira para condenar o clube no pagamento da indenização pelo descumprimento da obrigação legal, tendo sido o acórdão da lavra do Desembargador Wilson Fernandes proferido nos seguintes termos, no que tange ao objeto em destaque. *Verbis:*

> "(...)
>
> **Do seguro obrigatório**
>
> Sustenta o recorrente que o reclamado não cumpriu obrigação legal, ao não efetuar seguro de vida e de acidente do trabalho, nos termos do art. 45, da Lei n. 9.615/1998.
>
> Com razão.
>
> Reza o art. 45 *caput* e parágrafo, da Lei n. 9.615/1998, que: "As entidades de prática desportiva são obrigadas a contratar seguro de acidentes de trabalho para atletas profissionais a

ela vinculados, com o objetivo de cobrir os riscos a que eles estão sujeitos. Parágrafo único. A importância segurada deve garantir direito a uma indenização mínima correspondente ao valor total anual da remuneração ajustada no caso dos atletas profissionais."

A legislação não deixa margem para dúvidas. O empregador de atleta profissional obrigatoriamente deverá incluí-lo em seguro contra acidentes do trabalho.

Ciente do encargo que lhe pesava, o reclamado apresentou Cartão Proposta Vida em Grupo/ Acidentes Pessoais Coletivo (doc. 3), do qual não consta qualquer elemento que demonstre seu envio à seguradora. Além disso, não está apontado o valor de cobertura. Ademais, caso houvesse sido o reclamante incluído no seguro, haveria algum comprovante de tal ocorrência. A tese subsidiária, de que não houve prejuízo financeiro ao reclamante, é insustentável. O futebolista depende de sua aptidão física. A indenização visa amenizar futuro impedimento ou limitação ao trabalho. Há inúmeros exemplos de jogadores que ao se recuperarem de uma lesão não mais alcançam o nível técnico anterior, obviamente prejudicando seus ganhos futuros. Sem mencionar os que nem sequer conseguem retornar aos gramados. Não há relação alguma entre os salários (obrigação decorrente do contrato de trabalho) e a indenização decorrente de sinistro ocorrido com o segurado. Era ônus do reclamado a demonstração de que contratara o seguro, nos termos do art. 45 da Lei n. 9.615/1998, ônus do qual não se desincumbiu.

Devida, portanto, indenização equivalente a doze meses de salário do atleta.

Reformo."

É indene de dúvidas que os atletas profissionais estão expostos a condições de trabalho que muitas vezes levam à ocorrência de acidentes, lesões e até mesmo à própria morte.

A esperança de se ver cumprido o referido dispositivo legal pode estar no Congresso Nacional.

Isso porque está em tramitação o Projeto de Lei do Senado n. 531 de 2011 de autoria do Senador Zezé Perrella, que contempla duas alterações ao art. 45 da Lei Pelé. A primeira estende aos treinadores o benefício do seguro de vida e de acidentes. A segunda, exige a comprovação de contratação do seguro como condição para a participação de atletas e de treinadores nas competições que disputar.

A explicação da ementa do referido projeto assim estabelece. *Verbis*:

Altera o art. 45 da Lei n. 9.615/98 — Lei Pelé — para obrigar as entidades de prática desportiva a contratar seguro de vida e de acidentes pessoais, vinculado à atividade desportiva, para os atletas profissionais e para o responsável técnico de suas respectivas equipes; dispõe que a importância segurada deve garantir ao assegurado o direito a indenização mínima correspondente ao valor anual da remuneração pactuada; estabelece que a entidade de prática desportiva é responsável pelas despesas médico-hospitalares e de medicamentos necessários ao restabelecimento do segurado enquanto a seguradora não fizer o pagamento da referida indenização; dispõe que a entidade de administração do esporte ou liga responsável pelo registro de atleta profissional deverá exigir comprovação da contratação dos seguros a que se refere este artigo, como condição para participação do segurado em qualquer competição nacional a ela vinculada.

Por se tratar de requisito *sine qua non* para a participação nas competições, os clubes passarão a dar maior importância ao disposto no art. 45 da Lei Pelé.

A proposta será examinada em decisão terminativa pela Comissão de Educação, Cultura e Esporte, mas enquanto isso uma alternativa para se ver cumprida a determinação legal é fazer constar cláusula pena no contrato firmado entre clube e atleta, estabelecendo o pagamento de uma multa na hipótese de não cumprimento das obrigações previstas no art. 45 da Lei Pelé.

3

DIREITO CONSTITUCIONAL DO TRABALHO E AS NORMAS DO FUTEBOL

3.1. INTRODUÇÃO

O Direito Desportivo tem característica multidisciplinar, pois trata-se de uma área que envolve: Direito Constitucional, Direito Tributário, Direito Civil, Direito Comercial e claro o Direito do Trabalho, tendo em vista que o desfecho das decisões judiciais se dá no âmbito do Tribunal Superior do Trabalho.

Neste capítulo, abordaremos o Direito Constitucional do Trabalho e as normas do futebol.

Trataremos de pontos controvertidos, tais como as limitações aos princípios elementares de direito constitucional do trabalho impostas pelas normas que regulamentam a prática desportiva, em especial, a Lei Pelé e o Código Brasileiro de Justiça Desportiva.

3.2. FUTEBOL X TRABALHO — PARADOXO OU REALIDADE ?

Foram necessárias muitas décadas para que a sociedade admitisse que a prática do futebol fosse encarada como trabalho.

Héctor-Hugo Barbagelata, *apud* Alice Monteiro de Barros[(65)], aponta determinados fatores responsáveis por esta situação, dentre eles, a) o complexo processo do amadorismo ao profissionalismo; b) o desporto é mais uma diversão do que uma obrigação; e c) o alto grau de participação do público.

Atualmente, não há mais dúvidas de que a prática desportiva é um trabalho e que em razão de suas peculiaridades necessita de proteção e de regulamentação.

Trata-se de um direito fundamental de segunda geração, pois está inserido no direito à cultura, nos termos da lição do eminente procurador Bruno Espiñeira

(65) *Contratos e regulamentações especiais de trabalho*. 3. ed. São Paulo: LTr, 2008. p. 97.

Lemos[66], que assevera que em seu sentido mais amplo este direito representa respeito a um povo e desejo de integração, enquanto que o desporto "é um reforço natural da cultura, da educação e do próprio direito à vida, em sua latitude mais ampla. (v. art. 217, CF/1988)".

O futebol é um dos meios mais eficazes de propagação da cultura brasileira.

Quando se fala de atleta profissional de futebol, a primeira imagem que vem à tona é daquele jogador famoso, garoto-propaganda de marcas mundialmente conhecidas e que recebe verdadeiras fortunas decorrentes não só de salário, mas também da cessão do direito de uso de sua imagem.

Contudo, este é um universo extramente reduzido e representa menos de 5% da gama de jogadores profissionais em nosso país, pois a grande maioria faz parte do quadro de profissionais anônimos que recebem módicos salários, a ensejar a necessidade de uma proteção especial.

Portanto, a relação do jogador com a instituição de prática desportiva é a de emprego, gerada por um contrato de trabalho especial.

3.3. DIREITO CONSTITUCIONAL DO TRABALHO

3.3.1. Direito fundamental ao trabalho

É com enorme frequência que o direito ao trabalho é citado na Constituição de 1988.

A Constituição da República Federativa do Brasil consagra princípios de garantia ao livre trabalho e do valor social do trabalho e estabelece em seu art. 1º, IV, que **o trabalho é um dos fundamentos do Estado Democrático de Direito**, além de ser um **direito social**, conforme previsão contida no art. 6º.

Já o art. 170, *caput*, enumera o trabalho com um fundamento da ordem econômica. *Verbis*:

> Art. 170. A ordem econômica, fundada na valorização do trabalho humano e na livre iniciativa, tem por fim assegurar a todos existência digna, conforme os ditames da justiça social, observados os seguintes princípios: (...).

O trabalho também é **base da ordem social**, nos termos do art. 193 da CF.

Nota-se, portanto, que tratam-se de normas constitucionais de eficácia plena, de aplicabilidade imediata e na lição de Michel Temer[67], "não necessitam da intermediação do legislador infraconstitucional".

---

(66) LEMOS, Bruno Espiñeira. *Direitos fundamentais*. Fortium, p. 89.

(67) TEMER, Michel. *Elementos de direito constitucional*. 23. ed. Malheiros, 2010. p. 26.

Pode se dizer que vivemos na sociedade do trabalho, através dele o homem se eleva, sendo que a compreensão da própria vida humana está no trabalho, seja no campo religioso, econômico ou jurídico.

Nessa linha, ressalta João Leal Amado[68] que "o trabalho surge, para alguns, como a verdadeira essência do homem, como um meio de realização pessoal e de expressão de si, como um indispensável meio de aumentar a riqueza da nação e de aquisição de rendimentos para o indivíduo que o presta, como um meio de ordenar o mundo".

Ao contrário do que se pregava em tempos remotos, trabalho não é sinônimo de castigo, mas a santificação das criaturas, nos dizeres de Rui Barbosa[69], que afirmava. *Verbis*:

> "Tudo o que nasce do trabalho, é bom. Tudo o que se amontoa pelo trabalho, é justo. Tudo o que se assenta no trabalho, é útil. Por isso, a riqueza, por isso, o capital, que emanam do trabalho, são, como ele, providenciais; como ele, necessários, benfazejos como ele. Mas, já que do capital e da riqueza é manancial o trabalho, ao trabalho cabe a primazia incontestável sobre a riqueza e o capital."

Ao citar Lincoln, o Águia de Haia afirmava que o capital não depende do trabalho, muito pelo contrário. O trabalho precede ao capital, sendo que este é fruto do trabalho e não chegaria nunca a existir, se primeiro não existisse o trabalho, razão pela qual a importância dada ao trabalho.

Esta percepção é recente, pois, por muito tempo, o trabalho escravo foi a força motriz de várias economias. Relata o advogado Thiago Chohfi[70] que "trabalhar não era algo agradável; mas sim, uma atitude desprezível aos olhos daqueles que apenas desfrutavam do suor de outra classe: os trabalhadores.

É dever do Estado a promoção de políticas sociais que possibilitem o livre acesso do cidadão ao trabalho digno.

Octávio Bueno Magano[71] ressalta que a Constituição Federal enumera inúmeros dispositivos relacionados ao trabalho, porém todos estão subordinados a uma ordem finalista: "a saber, a realização do desenvolvimento econômico e da justiça social."

A Declaração Universal dos Direitos do Homem de forma direta prevê que. *Verbis*:

> "Toda a pessoa tem direito ao trabalho, à livre escolha do trabalho, a condições equitativas e satisfatórias de trabalho e à proteção contra o desemprego."

---

(68) AMADO, João L. *Contrato de trabalho à luz do novo código do trabalho*. Coimbra Ed. p. 17/18.
(69) BARBOSA, Rui. *Escritos e discursos seletos*. 1. ed. 1960. p. 434.
(70) CHOHFI, Thiago. *Subordinação nas relações de trabalho*. São Paulo: LTr, 2009. p. 37.
(71) *Manual de direito do trabalho*. São Paulo: LTr, 1980. V. 1. p. 72.

Quando se fala em direito e garantia ao livre trabalho, não há como deixar de mencionar o princípio da dignidade da pessoa humana, sendo este o pressuposto de qualquer trabalho, seja no Brasil ou em qualquer parte do mundo.

A Ministra Maria Cristina Irigoyen Peduzzi[72] menciona relevante diploma que trata do assunto em questão. *Verbis*:

> "Na Declaração dos Princípios Fundamentais de Direito do Trabalho e da Seguridade Social, aprovada em Querétaro, República Mexicana, em 26.9.1974, nos Princípios gerais, item 5, está expresso:
>
> *O direito do trabalho e da seguridade social têm como base o princípio de que o trabalho não é uma mercancia, senão a atividade material e intelectual do homem dirigida à criação de toda classe de bens e valores, e como meta da justiça social, cuja essência consiste na garantia da saúde, da vida, da igualdade, da liberdade e da dignidade humana e o asseguramento de condições e prestações que capacitem aos homens para desenvolver integralmente suas aptidões e faculdades e compartir os benefícios do progresso econômico da civilização e da cultura."*

Diante dos preceitos constitucionais envolvidos, pode se dizer que o titular do direito ao trabalho é o indivíduo que preencher os requisitos técnicos para o exercício da profissão, por ele livremente escolhido, desde que a atividade seja lícita.

Com muita propriedade, Gilda Maciel Corrêa Meyer Russomano[73] afirma que "A proteção internacional da pessoa, titular de direitos civis e políticos, ganhou nova dimensão com o reconhecimento da necessidade de se dar, igualmente, no mesmo nível, proteção ao homem como trabalhador".

Ressalta a renomada autora que, nesse sentido, o Tratado de Versalhes seria um sinal dos tempos e que, desde a proposta de melhoria da condição do trabalhador considerada em seu conjunto, "as normas internacionais inseriram, na competência internacional, um elenco numeroso de direitos humanos".

Dessa forma, "Em uma sociedade na qual, cada vez mais, o homem vive do seu trabalho e na qual o acesso ao trabalho bem como o direito de exercê-lo constituem condições indispensáveis à dignidade e ao pleno desenvolvimento de sua personalidade, não há como se excluir do conceito de direitos humanos os direitos fundamentais do trabalhador, tanto no plano individual quanto no plano coletivo das prerrogativas sindicais".

O direito ao trabalho é um direito fundamental, mas que pode sofrer determinadas limitações em razão da especificidade do trabalho desenvolvido, conforme abordagem contida no item 4 do presente estudo.

---

(72) *O princípio da dignidade da pessoa humana na perspectiva do direito como integridade*. 1. ed. São Paulo: LTr, 2009. p. 26/27.

(73) *Direitos humanos*. 2. ed. Juruá, 2011. p. 11.

3.3.2. Princípio da Continuidade da Relação de Emprego

Além do direito ao próprio trabalho constitucionalmente assegurado, o princípio da continuidade da relação de emprego encontra eco na Constituição Federal.

Mauricio Godinho Delgado[(74)] explicita que "é de interesse do Direito do Trabalho a permanência do vínculo empregatício, com a integração do trabalhador na estrutura e dinâmica empresariais. Apenas mediante tal permanência e integração é que a ordem justrabalhista poderia cumprir satisfatoriamente o objetivo teleológico do Direito do Trabalho, de assegurar melhores condições, sob a ótica obreira, de pactuação e gerenciamento da força de trabalho em determinada sociedade".

Como forma de tentar inibir a despedida imotivada, a Constituição Federal assegura indenização compensatória para despedida arbitrária (art. 7º I) e aviso prévio proporcional (art. 7º, XXI), nada obstante o fato do inciso primeiro ainda não ter sido regulamentado[(75)].

Apesar de a previsão constitucional fazer menção a lei ordinária em 1988, foi somente em 2011 que a questão aviso prévio proporcional veio ser regulamentada em razão da entrada em vigor da Lei n. 12.506/2011, forçado pela louvável iniciativa do STF ter manifestado entendimento por força do julgamento dos Mandados de Injunção n. 943, 1010, 1074 e 1090, nos quais se buscavam exatamente o estabelecimento de critérios e condições para o pagamento desta rubrica.

Portanto, a intenção do legislador é a de evitar a dispensa sem justa causa, consagrando o princípio da continuidade da relação de emprego.

3.3.3. Princípio da Isonomia

O art. 7º XXX, da CRFB, prevê que "é direito do trabalhador proibição de diferença de salários, de exercício de funções e de critério de admissão por motivo de sexo, idade, cor ou estado civil".

A Consolidação das Leis do Trabalho afirma que "sendo idêntica a função, a todo trabalho de igual valor, prestado ao mesmo empregador, na mesma localidade, corresponderá igual salário, sem distinção de sexo, nacionalidade ou idade"[(76)].

---

(74) *Curso de direito do trabalho*. 3. Ed. São Paulo: LTr, 2004. p. 210.

(75) Art. 7º São direitos dos trabalhadores urbanos e rurais, além de outros que visem à melhoria de sua condição social:
I — relação de emprego protegida contra despedida arbitrária ou sem justa causa, nos termos de lei complementar, que preverá indenização compensatória, dentre outros direitos;
XXI — aviso prévio proporcional ao tempo de serviço, sendo no mínimo de trinta dias, nos termos da lei;

(76) Art. 461 da CLT.

Trata-se da consagração e a própria regulamentação do princípio isonômico, sendo que o dispositivo consolidado é autoexplicativo.

3.3.4. Duração do Trabalho

Uma das formas de proteção do trabalho humano é a limitação da jornada laboral. Ensina o mestre Arnaldo Lopes Süssekind(77) que é de fundamental importância a limitação do tempo despendido com o trabalho por razões de natureza biológica, de ordem econômica e de caráter social.

De igual sorte pregava Rui Barbosa(78) ao afirmar que "a limitação das horas de trabalho interessa às condições fisiológicas de conservação de classes inteiras, cuja higiene, robustez e vida entendem com a preservação geral da coletividade, com a defesa nacional, com a existência da nacionalidade brasileira".

Nesse sentido, prevê a Carta Magna em seu art. 7º XIII ao limitar a jornada de trabalho em oito horas diárias e quarenta e quatro semanais.

3.4. LIMITAÇÕES IMPOSTAS AO DIREITO CONSTITUCIONAL DO TRABALHO

Conforme observado no tópico anterior, o legislador constituinte garantiu a liberdade e o livre acesso ao trabalho.

Entretanto, para a prática desportiva profissional — que é um trabalho — esta liberdade encontra limitações que serão tratadas neste tópico.

3.4.1. Obrigatoriedade de um contrato formal

Trata-se de verdadeiro requisito essencial para a validade do negócio jurídico entabulado entre as partes contratantes. Por se tratar de um contrato de trabalho especial, existem formalidades que devem ser observadas. Dentre elas, a necessidade de formalização de um contrato especial de trabalho desportivo, nos termos do art. 28 da Lei n. 12.395/2011. *Verbis*:

> Art. 28. A atividade do atleta profissional é caracterizada por remuneração pactuada em contrato especial de trabalho desportivo, firmado com entidade de prática desportiva, no qual deverá constar, obrigatoriamente:
>
> I — cláusula indenizatória desportiva, devida exclusivamente à entidade de prática desportiva à qual está vinculado o atleta, nas seguintes hipóteses:
>
> a) transferência do atleta para outra entidade, nacional ou estrangeira, durante a vigência do contrato especial de trabalho desportivo; ou

---

(77) *Direito constitucional do trabalho*. 3. ed. Renovar, 2003. p. 224.
(78) BARBOSA, Rui. *Op. cit.*, p. 455.

b) por ocasião do retorno do atleta às atividades profissionais em outra entidade de prática desportiva, no prazo de até 30 (trinta) meses; e

II — cláusula compensatória desportiva, devida pela entidade de prática desportiva ao atleta, nas hipóteses dos incisos III a V do § 5º.

Nota-se, portanto, a impossibilidade de celebração de um contrato verbal, a demonstrar as especificidades e as formalidades existentes nesta modalidade de contratação.

3.4.2. Impossibilidade de mais de um emprego de forma concomitante

Desde que não haja incompatibilidade de horários ou se tratar de alguma atividade que impeça tal fato, o trabalhador comum pode ter mais de um emprego de forma simultânea, ou seja, trabalhar para um empregador durante o dia e para outro durante o período restante, devendo ter as correspondentes anotações em sua CTPS. É uma situação não muito usual, porém permitida.

O jogador de futebol, porém, não goza desta possibilidade.

Afirma Sérgio Pinto Martins(79) que "No contrato de trabalho, o elemento exclusividade não é importante, pois o empregado pode ter mais de um emprego. Entretanto, no contrato de trabalho do atleta profissional de futebol a exclusividade é a regra. O atleta não pode manter contrato com mais de um clube ou jogar ao mesmo tempo por mais de um clube".

O art. 216 do Código Brasileiro de Justiça Desportiva estabelece. *Verbis*:

Art. 216. Celebrar contrato de trabalho com duas ou mais entidades de prática desportiva, por tempo de vigência sobrepostos, levados a registro. (Redação dada pela Resolução CNE n. 29 de 2009).

PENA: suspensão de trinta a cento e oitenta dias, podendo ser cumulada com multa de R$ 100,00 (cem reais) a R$ 100.000,00 (cem mil reais). (NR).

Parágrafo único. Incorre nas mesmas penas: (AC).

I — aquele que requerer inscrição por mais de uma entidade de prática desportiva ou omitir, no pedido de inscrição, sua vinculação a outra entidade de prática desportiva; (AC).

II — a entidade de prática desportiva que celebrar, no mesmo ato, dois ou mais contratos de trabalho consecutivos com o mesmo atleta, para períodos seguidos. (AC).

O jogador de futebol precisa ter uma identidade com o clube que defende, razão pela qual, apenas por este aspecto, já seria natural que esta vedação fosse imposta. Além disso, a jornada do atleta profissional de futebol é peculiar, pois os períodos de concentração são necessários, o que impossibilita a veiculação com mais de um clube.

---

(79) MARTINS. *Direitos trabalhistas do atleta profissional de futebol*. 2011. p. 14.

3.4.3. Permanência no emprego X Prejuízo para o jogador

No item 3.2 foi apresentado de forma breve o princípio da continuidade da relação de emprego.

Para o jogador profissional de futebol, a efetivação deste princípio pode lhe trazer prejuízos.

O contrato do atleta é sempre por prazo determinado e em períodos curtos, em contraponto ao trabalhador comum, cuja regra é a do contrato por prazo indeterminado, salvo nos contratos de experiência ou safra, por exemplo.

O art. 29 da Lei n. 12.395/11 impõe que o contrato do atleta deve ser assinado, a partir dos 16 anos, pelo clube formador, pelo prazo máximo de 5 anos[(80)]. Todavia, este clube (detentor do primeiro contrato) terá o direito de preferência para a primeira renovação deste contrato por prazo não superior a 3 anos, salvo se para equiparação de proposta de terceiro (§ 7º).

Com efeito, a permanência do atleta por longo período em um determinado clube de futebol pode fazer com que este jogador deixe de aproveitar oportunidades bem mais vantajosas, como a de celebrar contratos com clubes no exterior, por exemplo.

Dessa forma, o princípio da continuidade da relação de emprego, em regra, não é mais vantajoso para o atleta, havendo expressa vedação legal, salvo na hipótese de renovação de que trata o § 7º do art. 31 da referida lei.

3.4.4. Cláusula Indenizatória Desportiva

Trata-se de requisito essencial a qualquer contrato de trabalho desportivo, pois assim determina o art. 28 da Lei n. 9.615/1998. *Verbis*:

> Art. 28. A atividade do atleta profissional é caracterizada por remuneração pactuada em contrato especial de trabalho desportivo, firmado com entidade de prática desportiva, no qual deverá constar, obrigatoriamente:
>
> I — cláusula indenizatória desportiva, devida exclusivamente à entidade de prática desportiva à qual está vinculado o atleta, nas seguintes hipóteses.
>
> a) transferência do atleta para outra entidade, nacional ou estrangeira, durante a vigência do contrato especial de trabalho desportivo; ou
>
> b) por ocasião do retorno do atleta às atividades profissionais em outra entidade de prática desportiva, no prazo de até 30 (trinta) meses.

---

(80) Art. 29. A entidade de prática desportiva formadora do atleta terá o direito de assinar com ele, a partir de 16 (dezesseis) anos de idade, o primeiro contrato especial de trabalho desportivo, cujo prazo não poderá ser superior a 5 (cinco) anos.

Ou seja, é uma penalidade devida pelo atleta à entidade de prática desportiva na qual estava vinculado.

Em tese, poderia se tratar de uma limitação ao livre exercício ao trabalho. Entretanto, em razão das peculiaridades inerentes ao atleta profissional de futebol, se configura em um instrumento de garantia dos clubes que investem no atleta.

Aparentemente poderia haver uma quebra do princípio isonômico, consagrado no art. 7º XXX, da CRFB, na medida em que somente o empregado teria o dever de indenizar.

Contudo, não é sob este enfoque a questão deve ser interpretada.

Com o fim do "passe", um dos únicos instrumentos de garantia de cumprimento contratual por parte do atleta foi a estipulação da cláusula indenizatória, razão pela qual sua aplicação é unilateral, devida pelo atleta ao clube, nas hipóteses previstas no art. 28 já citado.

3.4.5. O caso Leandro Amaral X Vasco da Gama

No início do ano de 2008, o Tribunal Superior do Trabalho indeferiu o Pedido de Providências formulado pelo ex-jogador Leandro Amaral.

No fim do ano de 2007, o jogador ajuizou "ação declaratória" na qual visava a anulação de seu terceiro contrato de trabalho firmado com o Club de Regatas Vasco da Gama e registrado na CBF sob o n. 625.872, sob a alegação de que a renovação foi feita de forma unilateral pelo clube.

Contudo, constou do contrato entabulado entre as partes que o clube teria a opção de renovação do contrato por mais um ano, tendo sido garantido um aumento salarial após os primeiros seis meses.

Valendo-se da previsão contratual, o clube registrou o contrato perante a CBF, porém, a essa altura, o jogador queria assinar com outro clube e se liberar daquele no qual estava vinculado, sob a alegação na qual a referida cláusula de renovação seria potestativa e unilateral.

Ocorre que naquele caso a referida cláusula, quando formulada, contou com a adesão do jogador e a de seu procurador.

A antecipação de tutela foi concedida antes da apresentação da contestação, o que possibilitou a celebração de contrato entre o jogador e o Fluminense, mas a sentença de mérito julgou os pedidos improcedentes e cassou a antecipação de tutela.

Ao ajuizar Reclamação Correicional no TST (que foi recebida como Pedido de Providências), o Ministro João Oreste Dalazen, então Corregedor-Geral, assim decidiu. *Verbis:*

> [...] É certo que, em última análise, todo esse panorama advém da cláusula inscrita no segundo contrato de trabalho, firmado pelo Requerente, em que explicitamente contempla a possibilidade de renovação unilateral do contrato, promovida pelo Club de Regatas Vasco da Gama e, inclusive, prevê duração e salários.
>
> Entretanto, a pretendida declaração de nulidade do contrato CBF n. 625.872, estabelecido entre o Requerente e o Club de Regatas Vasco da Gama, bem como a restauração dos efeitos de contrato de trabalho firmado com a agremiação Fluminense Football Club, sob o n. CBF 597.313, traduzem questões de cunho essencialmente jurídico, cujo exame refoge à atuação administrativa da Corregedoria-Geral da Justiça do Trabalho.
>
> Ademais, não se trata de assegurar, ou não, ao Requerente, o direito ao trabalho, sagrado e constitucional. Tal direito está plenamente garantido junto ao Club de Regatas Vasco da Gama. Aliás, por um salário nada desprezível de R$ 100.000,00 (cem mil reais) mensais.
>
> Está claro que o Requerente não é obrigado a prestar labor a uma agremiação desportiva com a qual se incompatibilizou, virtualmente, ou que, por qualquer motivo, não consulte mais aos seus interesses. Nesse caso, é-lhe lícito rescindir o contrato renovado, desde que suporte a respectiva cláusula penal, que, até como imperativo ético, é válida para ambos os contratantes, não apenas para a agremiação desportiva.
>
> Não se descortina, pois, um quadro de irremediável comprometimento ao livre exercício de trabalho, ou de profissão.
>
> De resto, do quanto se expôs e no que interessa aqui também não transparece desídia das instâncias ordinárias na apreciação dos inúmeros remédios processuais de que se valeu o Requerente.[...]"
>
> (*Verbis,* grifos nossos — PP 191434/2008-000-00-00.0 — ***Fls. 703/704***)

Apesar da decisão proferida não ter enfrentado o mérito propriamente dito (até porque a intervenção da Corregedoria sofre limitações legais), foram invocados princípios de Direito Constitucional do Trabalho que sofrem as limitações por se tratar de atleta profissional de futebol.

Esse caso demonstra que o livre acesso ao trabalho encontra limites quando se trata de atleta profissional de futebol, devendo ser ressaltado que nesse caso foram privilegiados princípios de direito civil, como o da boa-fé contratual e o da *pacta sunt servanda*.

3.4.6. Princípio isonômico X Trabalho artístico

O item VII da Súmula n. 6 do TST garante a possibilidade de equiparação salarial de trabalho intelectual, avaliado por perfeição técnica, desde que atendidos os requisitos enumerados no art. 461 da CLT.

Entretanto, o trabalho prestado por atleta profissional de futebol não se resume a trabalho intelectual, apesar de estar compreendido neste. Existe todo um trabalho artístico, não sendo possível de ser avaliado com critérios objetivos definidos.

Para o atleta profissional de futebol, via de regra, não há como se aplicar a regra que assegura mesmo salário para o exercício do mesmo trabalho.

Tomamos como exemplo dois atacantes de um mesmo clube. Ambos são jogadores titulares, porém o atacante "A" recebe salário duas vezes maior daquele recebido pelo atacante "B".

Seria possível o ajuizamento de uma ação judicial, movida pelo jogador "B", sob alegação de violação do princípio isonômico e consequente pedido de equiparação salarial ao atleta "A".

Particularmente entendemos não ser possível o pleito, mesmo em se tratando de jogadores que prestem serviços para o mesmo empregador (mesmo clube) e exercendo idênticas funções.

Isso porque o contrato do atleta profissional de futebol possui suas características próprias, sendo um trabalho artístico-intelectual, impossível de ser comparado, sob pena de se chegar a discussões inconclusivas, como a de quem foi melhor jogador: Romário ou Ronaldo?

Dentro deste raciocínio, mais difícil ainda o pleito equiparatório quando se tratar de atletas que atuem em posições diferentes, como, por exemplo, um zagueiro e um atacante.

3.4.7. Jornada de Trabalho

Também neste tópico reside uma grande controvérsia no tocante a duração do trabalho do atleta profissional de futebol.

A Lei n. 12.395/2011 acrescentou à Lei Pelé o **art. 28, VI,** que passou a disciplinar que a jornada desportiva normal do atleta é de 44 (quarenta e quatro) horas semanais.

O referido dispositivo é altamente controvertido, pois desde 2001 a Jurisprudência havia firmado posicionamento no sentido de a limitação de jornada para atleta não seria possível em razão das peculiaridades inerentes ao trabalho desportista. Alice Monteiro de Barros afirmava que embora a previsão constitucional seja no sentido de assegurar a jornada de 8 (oito) horas diárias para trabalhadores urbanos e rurais, as normas referentes a limitação de horas semanais não eram aplicadas ao profissional do futebol a partir de 26.3.2001, pois até essa data prevalecia a disposição contida no art. 6º da Lei n. 6.354/1976[81].

Contudo, a recente alteração legislativa "se adequou" ao Diploma Constitucional e estipulou a limitação, o que nos parece um retrocesso dadas as já propagadas especificidades que envolvem este contrato especial.

---

(81) *Op. cit.*, p. 126.

Com efeito, a limitação da jornada do atleta vai de encontro ao disposto no art. 28, I e II, da Lei Pelé[82] que estabelecem os períodos e prazos de concentração, devendo ser ressaltado que esta questão há muito já foi pacificada pelo TST, pois o período de concentração — respeitados os limites legais — não é computado como tempo à disposição do empregador, conforme decisões a seguir transcritas. *Verbis*:

JOGADOR DE FUTEBOL. HORAS EXTRAS. PERÍODO DE CONCENTRAÇÃO. Nos termos do art. 7º da Lei n. 6.534/76, a concentração do jogador de futebol é uma característica especial do contrato de trabalho do atleta profissional, não se admitindo o deferimento de horas extras neste período. Recurso de Revista conhecido e não provido.

(RR — 129700-34.2002.5.03.0104 , Relator Ministro: José Simpliciano Fontes de F. Fernandes — 2ª Turma, Data de Publicação: 7.8.2009)

HORAS EXTRAS. JOGADOR DE FUTEBOL. PERÍODO DE CONCENTRAÇÃO. "A concentração é obrigação contratual e legalmente admitida, não integrando a jornada de trabalho, para efeito de pagamento de hora extras, desde que não exceda de 3 dias por semana". Recurso de revista a que nega provimento.

(RR — 405769-69.1997.5.02.5555, Relator Ministro: Antônio José de Barros Levenhagen — 4ª Turma, Data de Publicação: 5.5.2000)

Desta forma, em razão das características inerentes ao atleta profissional, não há como se aplicar indistintamente todos os princípios protetivos de Direito do Trabalho, devendo cada caso ser avaliado de forma individual.

3.5. O ATLETA PROFISSIONAL E O CÓDIGO DE TRABALHO PORTUGUÊS

Em Portugal, não são todos os contratos de trabalho que são regidos pelo Código Português, que ressalva os contratos de trabalho em regime especial, conforme prevê expressamente o art. 9º daquele diploma ao dispor que "ao contrato de trabalho com regime especial aplicam-se as regras gerais deste Código que sejam compatíveis com a sua especificidade".

O brilhante professor João Leal Amado[83] registra que o Código do Trabalho coexiste com outras normas que contemplam regimes especiais de trabalho, como por exemplo, o trabalho doméstico, disciplinado pelo DL n. 235/92, os profissionais de espetáculo, regidos pela Lei n. 4/2008, e, claro, os desportistas profissionais, cuja profissão está regulada pela Lei n. 28/98 e cujos principais destaques são enumerados pelo mestre português. *Verbis*:

---

(82) Art. 28. [...]
I — se conveniente à entidade de prática desportiva, a concentração não poderá ser superior a 3 (três) dias consecutivos por semana, desde que esteja programada qualquer partida, prova ou equivalente, amistosa ou oficial, devendo o atleta ficar à disposição do empregador por ocasião da realização de competição fora da localidade onde tenha sua sede; (Redação dada pela Lei n. 12.395, de 2011).
II — o prazo de concentração poderá ser ampliado, independentemente de qualquer pagamento adicional, quando o atleta estiver à disposição da entidade de administração do desporto;

(83) *Contrato de trabalho à luz do novo código do trabalho*. 2009. p. 79/81.

i) O contrato de trabalho desportivo só é válido se for celebrado por escrito (art. 5º, n. 2), carecendo ainda de ser registrado para que o praticante possa participar nas competições promovidas pela respectiva federação desportiva (art. 6º);

ii) O contrato de trabalho desportivo é, necessariamente, um contrato a prazo, sujeito a um termo resolutivo (arts. 5º, n. 2, al. e), e 8º, n. 4);

iii) A duração máxima do contrato de trabalho desportivo é de oito épocas desportivas, podendo este contrato ser livremente renovado pelas partes (art. 8º, n. 1);

iv) Se o contrato for celebrado por um prazo superior ao permitido pela lei, o contrato não se transforma num contrato sem termo, antes vigora pelo prazo máximo legalmente admitido (art. 9º);

v) Existem deveres específicos a cargo da entidade empregadora desportiva e do praticante desportivo (arts. 12º e 13º);

vi) É válida a cláusula contratual que determine o aumento ou a diminuição da retribuição em caso de subida ou descida de escalão competitivo em que esteja integrada a entidade empregadora desportiva (art. 14º);

vii) O tempo despendido em estágios de concentração e em viagens que precedam ou se sucedam à participação em provas desportivas considera-se compreendido no período normal de trabalho do praticante, mas não releva para efeito dos limites do período normal de trabalho previsto na lei geral (art. 15º);

viii) É permitida, com grande amplitude, a cedência temporária (o << empréstimo>>) do praticante desportivo (arts. 19º e 20º);

ix) o termo resolutivo aposto ao contrato desempenha uma função estabilizadora do vínculo, visto que ao praticante não é reconhecida a liberdade de denunciar o contrato *ante tempus* (arts. 26º e 27º);

x) A liberdade de trabalho do praticante poderá ser limitada, mesmo depois de o contrato ter cessado, pela chamada "compensação de formação, promoção ou valorização", a pagar pela futura entidade empregadora à anterior entidade empregadora do praticante (art. 18º).

O Código do Trabalho não se mostra adequado às peculiaridades da relação de trabalho desportivo. Com efeito, a aplicação da norma especial é a regra, sendo que a norma geral, prevista no Código de Trabalho, será aplicada subsidiariamente quando for compatível com a norma especial (art. 3º da Lei n. 28/98 e art. 9º do Código do Trabalho).

No tocante às férias dos atletas, o sistema português também merece destaque, conforme relata Álvaro Melo Filho[84]. *Verbis*:

> "Já em Portugal, no Convênio Coletivo de Trabalho firmado entre a Liga Profissional de Futebol Profissional e o Sindicato dos Jogadores Profissionais de Futebol, a mesma matéria ganhou o seguinte disciplinamento jurídico no art. 25º:
>
> 1. O jogador tem direito a gozar um período 22 dias úteis de férias em virtude do trabalho prestado em cada época.

---

(84) MELO FILHO, Álvaro. *Nova Lei Pelé*: avanços e impactos. Maquinaria, 2011. p. 210.

2. O direito a férias vence-se no dia 1 do mês imediatamente anterior àquele em que termina a época.

3. Cessando o contrato de trabalho antes do termo inicialmente previsto, o jogador terá direito a receber retribuição e o subsídio correspondentes a um período de férias proporcional ao tempo de serviços prestado na própria época da cessação, excepto no caso de despedimento com justa causa.

4. Se o contrato cessar antes de gozado o período de férias já vencido, o jogador terá direito a receber a retribuição correspondente a esse período, bem como o referido subsídio.

5. O direito a férias é irrenunciável e não pode ser substituído, fora os casos expressamente previstos na lei, por remuneração suplementar ou por outras vantagens, ainda que o jogador dê o seu consentimento.

6. O jogador que tenha celebrado contrato de trabalho desportivo por um período inferior a uma época tem direito a um período de férias correspondente a dois dias úteis por cada mês de serviço.

7. Se a redução do prazo resulte de transferência a meio de época, a obrigação de conceder as férias transmite-se para a nova entidade patronal, salvo acordo em contrário entre o cedente e o cessionário.

8. A entidade patronal que não cumprir, total ou parcialmente, a obrigação de conceder férias, nos termos dos números anteriores, pagará ao jogador, a título de indemnização, o triplo da retribuição correspondente ao tempo de férias não gozadas."

Seria interessante e salutar se a nossa Consolidação das Leis do Trabalho contivesse previsão de aplicação da lei que regula as atividades do atleta profissional (no caso a Lei Pelé), o que infelizmente não ocorre, via de regra, na medida em que muitas decisões judiciais ainda insistem em tratar o atleta profissional como um trabalhador, que, definitivamente, não é, tendo em vista as inúmeras peculiaridades desta profissão.

Diante de tudo o que foi exposto neste capítulo, constata-se que a atividade desempenhada pelo atleta profissional é extremamente peculiar, razão pela qual os princípios de Direito Constitucional do Trabalho sofrem relevantes limitações quando se trata deste trabalhador.

Não há dúvidas de que as normas que disciplinam as condições de trabalho protegem a integridade do trabalhador, evitando prejuízos à saúde e à própria segurança.

Contudo, não há como se aplicar de forma indistinta todos os preceitos constitucionais que tutelam o trabalhador comum.

Diante de tudo o que foi exposto, as características mais relevantes relativas a atividade desempenhada pelo atleta profissional são:

a) Obrigatoriedade de um contrato formal;

b) Limite de vigência do contrato de trabalho;

c) Severas restrições no tocante ao reconhecimento do princípio isonômico;

d) Limitações no tocante ao direito ao trabalho, como, por exemplo, a cláusula indenizatória;

e) Flexibilidade da jornada de trabalho, nada obstante a limitação imposta pela Lei n. 12.395/2011.

Na medida em que a alteração legislativa ocorreu em março de 2011, faz-se necessário o amadurecimento da jurisprudência a fim de que as questões mais delicadas se adequem aos princípios de Direito do Trabalho e principalmente à realidade experimentada pelos atletas profissionais.

4

DIREITOS TRABALHISTAS APLICADOS AO ATLETA PROFISSIONAL

Neste capítulo, observaremos que nem todos os direitos trabalhistas devidos a um trabalhador ordinário são aplicados ao atleta profissional de futebol, tendo em vista as peculiaridades inerentes a esta categoria de trabalhadores.

Esta questão desperta polêmicas e controvérsias, sendo bem interessante a passagem citada Eduardo Galeano[85] ao discorrer acerca das reivindicações do ex-jogador argentino Diego Armando Maradona, que postulava maior transparência das entidades internacionais de administração deste desporto.

> "Por que o futebol não é regido pelas leis universais do direito do trabalho? Se é normal que qualquer artista conheça os lucros do show que oferece, por que os jogadores não podem conhecer as contas secretas da opulenta multinacional do futebol ? Havelange se cala, ocupado com outros afazeres, e Joseph Blatter, burocrata da FIFA que nunca chutou uma bola mas anda em limusines de oito metros com motorista negro, limita-se a comentar:
>
> — *O último astro argentino foi Di Stéfano.*"

Trataremos, portanto, de temas controvertidos e demonstraremos a previsão legal e o comportamento da jurisprudência.

4.1. JORNADA DE TRABALHO

No Capítulo 3 foram apresentadas as normas gerais de Direito Constitucional e as peculiaridades que envolvem o atleta profissional de futebol, tendo sido destacado que nem todos os princípios aplicados ao trabalhador ordinário se aplicam ao atleta. Em relação a jornada de trabalho, foi trazida à disposição contida no art. 7º XIII da Constituição da República Federativa do Brasil, que limita a duração do trabalho em oito horas diárias e quarenta e quatro semanais.

---

(85) GALEANO, Eduardo. *Futebol ao sol e à sombra*. 2010. p. 198.

Foram trazidos conceitos de Arnaldo Sussekind e Rui Barbosa, que convergem no sentido de que a essa limitação da carga horária é de natureza biológica na medida em que visa à preservação da higidez física e mental do trabalhador.

Na lição do Ministro Mauricio Godinho Delgado[86], "Jornada de trabalho é o lapso temporal diário em que o empregado se coloca à disposição do empregador em virtude do respectivo contrato. É, desse modo, a medida principal do tempo diário de disponibilidade do obreiro em face de seu empregador como resultado do cumprimento do contrato de trabalho que os vincula".

Trata-se de direito fundamental assegurado pela Constituição da República Federativa do Brasil e se constitui na principal obrigação do trabalhador, no caso a própria prestação dos serviços, mas também configura na principal vantagem do empregador que colherá os frutos do trabalho prestado.

A jornada de trabalho está diretamente ligada às normas de proteção e saúde do trabalhador.

Quando se trata do trabalhador comum não há a menor dúvida no tocante a aplicação do preceito constitucional. Porém, em razão das peculiaridades que envolvem o atleta profissional de futebol a questão está envolvida por uma certa polêmica, principalmente em razão das frequentes alterações legislativas ocorridas nas últimas décadas.

O art. 6º da Lei n. 6.354/1976 estabelecia que. *Verbis*:

> Art. 6º O horário normal de trabalho será organizado de maneira a bem servir ao adestramento e à exibição do atleta, não excedendo, porém, de 48 (quarenta e oito) horas semanais, tempo em que o empregador poderá exigir fique o atleta à sua disposição.

A Constituição Federal de 1988, prevê em seu art. 7º, inciso XIII, que são direitos dos trabalhadores urbanos e rurais. *Verbis*:

> XIII — duração do trabalho normal não superior a oito horas diárias e quarenta e quatro semanais, facultada a compensação de horários e a redução da jornada, mediante acordo ou convenção coletiva de trabalho;

A Lei n. 9.615/1998 revogou expressamente a disposição contida no art. 6º da Lei n. 6.354/1976, deixando aberta a questão referente a jornada de trabalho, em que pese a previsão constitucional supra transcrita.

Desde o ano de 2001, parte da doutrina e da Jurisprudência havia firmado posicionamento no sentido de que a limitação de jornada para o atleta não seria possível em razão das peculiaridades inerentes ao trabalho do desportista.

Alice Monteiro de Barros afirmava que, embora a previsão constitucional seja no sentido de assegurar a jornada de 8 (oito) horas diárias para trabalhadores

---

(86) DELGADO, Mauricio Godinho. *Curso de direito do trabalho*. São Paulo: LTr, 2004. p. 830.

urbanos e rurais, as normas referentes à limitação de horas semanais não eram aplicadas ao profissional do futebol desde 26.3.2001, pois até esta data prevalecia a disposição contida no art. 6º da Lei n. 6.354/1976[87].

Com muita propriedade, afirmava a magistrada mineira que "o tratamento diferenciado a respeito das relações trabalhistas comuns se justifica em face da natureza especial dessa prestação de serviços, que consiste em uma peculiar distribuição da jornada entre partidas, treinos e excursões". Desta forma, em relação ao atleta, é de ser levado em consideração os contratos individuais de trabalho e as normas coletivas.

Contudo, a Lei n. 12.395/2011 acrescentou à Lei Pelé o art. 28, VI[88] que passou a disciplinar que a jornada desportiva normal do atleta é de 44 (quarenta e quatro) horas semanais o que demonstra que a novel alteração legislativa "se adequou" ao Diploma Constitucional e estipulou a limitação, o que nos parece um retrocesso dadas as já propagadas especificidades que envolvem este contrato especial.

Porém, a alteração legislativa limita a duração semanal de horário, mas permanece silente no que diz respeito ao limite diário, nada obstante o fato de "jornada" significar dia e a alteração legal falar em duração semanal do trabalho.

Com efeito, em que pese a referida expressão, nos parece que a previsão legislativa tem a intenção de limitar a duração semanal do trabalho do atleta, tendo em vista a ausência de expressa limitação da duração diária de trabalho, valendo destacar, nesse sentido, o artigo doutrinário do desembargador Ricardo Tavares Gehling[89], no qual aponta que "não há dúvida, porém, que pretendeu estabelecer limite apenas para a duração semanal do trabalho, face à expressa referência a 44 horas por semana. A primeira indagação, assim, renova de certa forma o debate anterior, pois se poderá cogitar da aplicabilidade direta do art. 7º, XIII, da Constituição da República no que diz respeito à limitação diária".

Insta salientar que a corrente majoritária não tem dúvidas quanto à necessidade de limitação de jornada de trabalho para o atleta profissional, tendo em vista se tratar de preceito fundamental garantido pela Constituição Federal.

Nesse sentido, é a doutrina de Jean Marcel Mariano de Oliveira[90], ao asseverar que, "como é cediço, a limitação da jornada de trabalho dos empregados em geral vem prevista em sede constitucional e ampara qualquer trabalhador, salvo aqueles

---

(87) BARROS. *Contratos e regulamentações especiais de trabalho*. 2008. p. 126.

(88) VI — jornada de trabalho desportiva normal de 44 (quarenta e quatro) horas semanais.

(89) GEHLING, Ricardo Tavares. Atleta profissional. Natureza jurídica do contrato. Duração do trabalho e acréscimos remuneratórios. *Revista LTr*, set./2012 - 75-09/1093

(90) OLIVEIRA, Jean M. Mariano. *O contrato de trabalho do atleta profissional de futebol*. São Paulo: LTr, 2009. p. 75.

expressamente excluídos deste regime, como é o caso do próprio empregado doméstico, conforme entende parte da doutrina acerca da matéria".

Dessa forma, a alteração da Lei Pelé, introduzida pela Lei n. 12.395/2011, fortaleceu a corrente que já era predominante ao pacificar a questão da jornada de trabalho do atleta.

O período de jogos e de treinos deve ser computado na jornada de trabalho do atleta, na medida em que estes são considerados tempo à disposição do empregador (art. 4º da CLT).

As obrigações do clube estão previstas no art. 34 da Lei n. 9.615/1998, enquanto que os deveres do atleta estão estampados no art. 35 do mesmo diploma legal[91].

O clube deve proporcionar aos atletas profissionais as condições necessárias à participação nas competições desportivas, treinos e demais atividades preparatórias ou instrumentais, enquanto que o atleta deve, dentre outros, participar dos jogos, treinos, estágios e outras sessões preparatórias de competições com a aplicação e dedicação correspondentes às suas condições psicofísicas e técnicas.

4.2. VIAGENS

O período em que o atleta está viajando para defender ou representar o clube faz parte do contrato de trabalho, devendo ser ressaltado que este período não é considerado como hora extraordinária, pois trata-se de uma característica peculiar e inerente a sua profissão.

Também não há que se falar em pagamento de adicional de transferência durante este período, também em razão dos mesmos fundamentos explicitados acima.

Com efeito, o atleta não pode se recusar a viajar para participar de competições ou amistosos dentro ou fora do país.

---

(91) Art. 34. São deveres da entidade de prática desportiva empregadora, em especial:
I — registrar o contrato especial de trabalho desportivo do atleta profissional na entidade de administração da respectiva modalidade desportiva;
II — proporcionar aos atletas profissionais as condições necessárias à participação nas competições desportivas, treinos e outras atividades preparatórias ou instrumentais;
III — submeter os atletas profissionais aos exames médicos e clínicos necessários à prática desportiva.
Art. 35. São deveres do atleta profissional, em especial:
I — participar dos jogos, treinos, estágios e outras sessões preparatórias de competições com a aplicação e dedicação correspondentes às suas condições psicofísicas e técnicas;
II — preservar as condições físicas que lhes permitam participar das competições desportivas, submetendo-se aos exames médicos e tratamentos clínicos necessários à prática desportiva;
III — exercitar a atividade desportiva profissional de acordo com as regras da respectiva modalidade desportiva e as normas que regem a disciplina e a ética desportivas.

Por outro lado, deverá o empregador efetuar o pagamento de todas as verbas estipuladas em contrato durante o período das excursões, incluídos aí os acréscimos remuneratórios devidos nesse período quando houver previsão contratual, o que é uma prática habitual.

Dispõe o art. 28, § 4º, III da Lei Pelé. *Verbis*:

> § 4º Aplicam-se ao atleta profissional as normas gerais da legislação trabalhista e da Seguridade Social, ressalvadas as peculiaridades constantes desta Lei, especialmente as seguintes:
>
> [...]
>
> III — acréscimos remuneratórios em razão de períodos de concentração, viagens, pré-temporada e participação do atleta em partida, prova ou equivalente, conforme previsão contratual; *(Redação dada pela Lei n. 12.395, de 2011)*.

Ao discorrer acerca do período referente as viagens, Sérgio Pinto Martins[92] relembra a disposição da revogada Lei n. 6.354/1976. *Verbis*:

> "Previa o parágrafo único do art. 8º da Lei n. 6.354/76 que o prazo de excursões ao exterior não poderá, em hipótese alguma, ser superior a 70 dias. Essa regra também não era um limite ou proteção à vida familiar do jogador, pois a excursão poderia ser feita por período muito maior do que 70 dias, o que seria excessivo. O limite de 70 dias poderia ocorrer também para participação em torneio internacional. Normalmente, os torneios internacionais não levam tanto tempo. Hoje não existe mais esse limite expresso em lei."

Para o atleta fazer jus aos acréscimos remuneratórios mencionados pela lei, supratranscrita, é imprescindível que tal disposição conste, expressamente, do contrato de trabalho do atleta.

4.3. ADICIONAL NOTURNO

A Constituição Federal de 1988 prevê em seu art. 7º, inciso IX, que são direitos dos trabalhadores urbanos e rurais. *Verbis*:

> IX — remuneração do trabalho noturno superior à do diurno;

A Consolidação das Leis Trabalhistas estabelece que é devido o adicional noturno ao trabalhador que desempenhar o seu ofício entre as 22 e 5 horas do dia seguinte.

A Jurisprudência trabalhista não é uníssona, pois há aqueles que defendem a ausência de previsão legal para a aplicação desse dispositivo ao atleta, valendo citar. *Verbis*:

> As condições peculiares do contrato do atleta profissional de futebol não toleram incursão no adicional noturno, em louvor dos critérios universalmente consagrados na exibição profissional do atleta. Esse tipo de prestação noturna participa visceralmente do contrato e se há de tê-la como abrangida na remuneração estipulada.
>
> (TST — 1ª Turma — RR 3.866/82 — 16.12.83 — Rel. Min. Ildélio Martins)

---

(92) MARTINS. *Direitos trabalhistas do atleta profissional de futebol*. Atlas. p. 77.

Com efeito, nada obstante a época em que a decisão foi proferida, compartilhamos desse entendimento. Conforme já mencionado anteriormente o atleta profissional não pode ser tratado como um trabalhador comum. Sua atividade é específica e clama por uma atenção especial.

Decisão mais moderna foi proferida nesse sentido pelo Tribunal Regional do Trabalho da 4ª Região. *Verbis*:

ATLETA PROFISSIONAL.

Em face das peculiaridades que envolvem a profissão de atleta, este não se beneficia das normas da CLT e aquelas extravagantes, que regulamentam a dobra dos domingos trabalhados sem a folga compensatória e nem o trabalho no horário noturno.

(TRT — 4ª Região — RO 11400-51.2008.5.04.0662 — Rel. João Alfredo Borges Antunes de Miranda — 29.7.2009)

É indene de dúvidas que o empregador do atleta (o clube de futebol) não vai querer, nunca, que o seu atleta participe de jogos que varem a madrugada, aumentando o risco de graves lesões em razão de fadiga e de grandes esforços.

Contudo, em determinadas situações, a participação em jogos após às 22 horas decorre de exigência das empresas que transmitem o espetáculo, não cabendo ao empregador alterar esta programação. É claro que para isso haverá uma compensação remuneratória, devendo ser ressaltado que o atleta será exposto a um público considerável de telespectadores.

Porém, prevalece na doutrina e na Jurisprudência a corrente que entende devido o adicional noturno ao atleta profissional de futebol.

O magistério de Alice Monteiro de Barros(93) é esclarecedor. *Verbis*:

"Segundo os especialistas em ergonomia, a razão pela qual se confere tratamento especial ao trabalho noturno em relação ao diurno reside no fato de que o primeiro ocasiona maior fadiga do que aquele realizado durante o dia, pois há uma coincidência entre a ativação biológica e o horário de trabalho e entre a desativação cerebral e o sono. Logo, quem trabalha em estado de desativação noturna desenvolve esforço maior para a execução do mesmo trabalho e, por outro lado, o sono, em estado de ativação cerebral, é menos reparador. Em consequência, surge a fadiga, que poderá gerar redução do rendimento profissional e aumento da gravidade de acidentes do trabalho. Na hipótese de a fadiga tornar-se crônica, provoca, muitas vezes, enfermidade psicossomática, que se expressa por uma síndrome neurótica ou por uma úlcera no aparelho digestivo. Quanto do trabalho noturno é alternado, poderá provocar transtornos digestivos capazes de evoluir independentemente ou de combinar-se com a enfermidade psicossomática.

---

(93) BARROS. *Contratos e regulamentações especiais de trabalho*. 2008. p. 127.

> Portanto, do ponto de vista médico, afirmam os especialistas que o trabalho noturno deveria ser proibido, em geral. Entretanto, há situações em que o trabalho à noite é inevitável; para essas circunstâncias sugere-se reduzir a sua duração e torná-lo oneroso, com o objetivo de desestimular sua exigência.
>
> Considerando que o esporte profissional, fundado na competição, é por demais desgastante, sob o aspecto físico e psíquico, entendemos recomendável a concessão do adicional noturno e a redução da respectiva hora, com aplicação supletiva do art. 73 da CLT, exatamente para desestimular sua prática à noite e tutelar a saúde do atleta."

Portanto, por se tratar de norma que diz respeito à saúde e à higidez física e mental do atleta, a jurisprudência trabalhista tem se firmado no sentido de que é devido o adicional noturno também para o atleta profissional.

4.4. PERÍODOS DE CONCENTRAÇÃO

Uma das peculiaridades do contrato do atleta é o do período destinado à concentração.

Apesar de ser definido como sendo tempo à disposição do empregador, não há que se falar, neste caso, em pagamento de horas extras.

O período destinado à "concentração" é de extrema e fundamental importância, pois se traduz em uma obrigação do atleta, inerente ao contrato especial de trabalho, consistindo na permanência do atleta em um local determinado pelo clube antes da realização de uma partida, com o objetivo de preparar o atleta física e psicologicamente para a disputa.

Para Alice Monteiro de Barros, este período é inerente ao contrato do atleta, não gerando o pagamento de horas extras.

Na definição de Álvaro Melo Filho[94] "a concentração visa a resguardar a saúde física e integridade psicológica dos atletas no período antecedente às competições, constituindo-se, sem dúvida, como uma das peculiaridades da atividade desportiva profissional".

Contudo, este período não poderá ser superior a três dias consecutivos por semana.

Estas assertivas decorrem de imperativo legal, pois os incisos I, II e III, § 4º do art. 28 da Lei Pelé são categóricos. *Verbis*:

> Art. 28. A atividade do atleta profissional é caracterizada por remuneração pactuada em contrato especial de trabalho desportivo, firmado com entidade de prática desportiva, no qual deverá constar, obrigatoriamente: *(Redação dada pela Lei n. 12.395, de 2011)*.
>
> [...]

---

(94) MELO FILHO, Álvaro. *Nova Lei Pelé*: avanços e impactos. 2011. p. 201.

§ 4º Aplicam-se ao atleta profissional as normas gerais da legislação trabalhista e da Seguridade Social, **ressalvadas as peculiaridades constantes desta Lei**, especialmente as seguintes: *(Redação dada pela Lei n. 12.395, de 2011).*

I — se conveniente à entidade de prática desportiva, a concentração não poderá ser superior a 3 (três) dias consecutivos por semana, desde que esteja programada qualquer partida, prova ou equivalente, amistosa ou oficial, devendo o atleta ficar à disposição do empregador por ocasião da realização de competição fora da localidade onde tenha sua sede; *(Redação dada pela Lei n. 12.395, de 2011).*

II — o prazo de concentração poderá ser ampliado, independentemente de qualquer pagamento adicional, quando o atleta estiver à disposição da entidade de administração do desporto; *(Redação dada pela Lei n. 12.395, de 2011).*

III — acréscimos remuneratórios em razão de períodos de concentração, viagens, pré-temporada e participação do atleta em partida, prova ou equivalente, conforme previsão contratual; *(Redação dada pela Lei n. 12.395, de 2011).*

Este dispositivo merece destaque na medida em que afirma, de forma expressa, que por se tratar de norma especial esta deverá prevalecer sobre a norma geral. Portanto, ao atleta será aplicada a legislação trabalhista e previdenciária somente quando a lei especial for omissa, tendo em vista as especificidades inerentes ao atleta profissional.

4.5. REPOUSO SEMANAL REMUNERADO

O repouso semanal remunerado é uma garantia constitucional prevista no art. 7º XV, da Constituição Federal.

O artigo primeiro da Lei n. 605/1949 prevê que todo empregado tem direito ao repouso semanal remunerado de 24 horas consecutivas, preferencialmente aos domingos e, nos limites das exigências técnicas das empresas, nos feriados civis e religiosos, de acordo com a tradição local.

Além disso, a própria *lex desportiva* contempla o direito ao repouso semanal remunerado ao atleta profissional. Contudo, não poderá ser "preferencialmente aos domingos", pois, neste dia, quase que invariavelmente, são disputadas partidas de futebol. Não se trata de uma exclusividade nacional, mas sim de um hábito mundial, pois é neste dia que as pessoas comparecem aos estádios e, principalmente, assistem às partidas em suas residências.

O inciso IV do art. 28 da Lei n. 9.615/1998 é expresso. *Verbis*:

IV — repouso semanal remunerado de 24 (vinte e quatro) horas ininterruptas, preferentemente em dia subsequente à participação do atleta na partida, prova ou equivalente, quando realizada no final de semana; *(Redação dada pela Lei n. 12.395, de 2011).*

Geralmente, o repouso semanal remunerado é concedido na data imediatamente posterior à disputa da partida, nos termos previstos na legislação especial.

A Lei n. 12.544/2011 alterou o art. 12 da Lei n. 605/1949 para estabelecer sanções pecuniárias quando do descumprimento da imposição legal[95].

4.6. FÉRIAS E 13º SALÁRIO

A finalidade das férias é fazer com que o empregado possa recompor as suas energias depois de um período de doze meses de prestação de serviços para o empregador. As férias estão fundadas em conceitos relacionados ao bem-estar social e à saúde pública.

Já estabelecia o art. 6º do Decreto n. 53.820/1964, que "o período compreendido entre 13 de dezembro a 7 de janeiro, inclusive, será considerado de recesso obrigatório para todos os atletas profissionais de futebol vinculados às associações desportivas sediadas no País, sendo vedado, no seu decurso, a realização de treinos, a disputa de partidas esportivas e quaisquer outras atividades equivalente inclusive ao embarque de delegações para o exterior".

O atleta profissional tem direito ao gozo de 30 dias de férias, anuais, remuneradas e acrescidas do terço constitucional. *Verbis:*

> V — férias anuais remuneradas de 30 (trinta) dias, acrescidas do abono de férias, coincidentes com o recesso das atividades desportivas; *(Incluído pela Lei n. 12.395, de 2011).*

A diferença para o trabalhador ordinário é que as férias do atleta devem coincidir com o recesso das atividades desportivas, que, via de regra, ocorre entre a segunda metade do mês de dezembro de um ano e a primeira metade de janeiro do ano seguinte.

Nota-se, portanto, que nesta hipótese não é o empregador que detém a prerrogativa de escolher o período em que o empregado vai gozar férias.

Por essa razão, pode-se dizer que o art. 136 da CLT[96] não é aplicado ao atleta profissional de futebol.

Além disso, para o atleta não é exigido o requisito do período aquisitivo para a concessão das férias, sendo que estas serão gozadas em dias corridos, e não em dias úteis. Por este motivo, pouco importa se o atleta teve faltas injustificadas no decorrer do ano, não sendo aplicado, ao atleta, o art. 130 da CLT[97], cuja redação

---

(95) Art. 12. As infrações ao disposto nesta Lei serão punidas, com multa de R$ 40,25 (quarenta reais e vinte e cinco centavos) a R$ 4.025,33 (quatro mil e vinte e cinco reais e trinta e três centavos), segundo a natureza da infração, sua extensão e a intenção de quem a praticou, aplicada em dobro no caso de reincidência e oposição à fiscalização ou desacato à autoridade.

(96) Art. 136. A época da concessão das férias será a que melhor consulte os interesses do empregador.

(97) Art. 130. Após cada período de 12 (doze) meses de vigência do contrato de trabalho, o empregado terá direito a férias, na seguinte proporção:

estabelece a proporcionalidade dos dias de férias de acordo com as faltas que teve durante o período aquisitivo.

Dessa forma, mesmo que o atleta tenha sido contratado no meio do ano, terá direito a 30 dias de férias assim que iniciado o recesso das atividades desportivas.

Na medida em que as férias serão de 30 dias, o jogador não poderá vender 10 dias de férias, razão pela qual não se aplica ao atleta a disposição constante no art. 143 da CLT[(98)].

Também não se aplica ao atleta a regra constante do art. 139 da CLT[(99)], pois a *lex desportiva* é taxativa ao afirmar que as férias serão concedidas durante o recesso das atividades desportivas, sendo que este só ocorre uma vez por ano.

Durante as férias o jogador receberá a mesma remuneração que perceberia se em atividade estivesse, pois assim é a dicção do art. 142 da CLT[(100)]. Na remuneração devem estar compreendidas as verbas recebidas no decorrer do ano (luvas, bicho, gratificações), cujo cálculo será obtido por meio da média remuneratória destas rubricas.

O atleta terá direito a férias proporcionais "quando o contrato especial de trabalho desportivo for por prazo inferior a 12 (doze) meses", sendo que neste caso, o atleta terá direito, "por ocasião da rescisão contratual por culpa da entidade de prática desportiva empregadora, a tantos doze avos da remuneração mensal quantos forem os meses da vigência do contrato, referentes a férias, abono de férias e 13º (décimo terceiro) salário", pois esta é a dicção do § 9º do art. 28 da Lei Pelé.

Deve ser ressaltado que a lei fala expressamente da garantia das férias proporcionais quando o contrato tiver vigência por período inferior a doze meses, havendo culpa da entidade de prática desportiva pela ruptura do vínculo empregatício. Todavia, nada é abordado acerca do contrato de trabalho de vigência superior a doze meses, mas que é rescindido antes de seu término. Nesse caso, o jogador faria jus às férias proporcionais?

Trata-se de uma situação interessante, pois se o atleta é desligado de uma agremiação esportiva em outubro de um determinado ano, após dois anos contínuos de

---

I — 30 (trinta) dias corridos, quando não houver faltado ao serviço mais de 5 (cinco) vezes;
II — 24 (vinte e quatro) dias corridos, quando houver tido de 6 (seis) a 14 (quatorze) faltas;
III — 18 (dezoito) dias corridos, quando houver tido de 15 (quinze) a 23 (vinte e três) faltas;
IV — 12 (doze) dias corridos, quando houver tido de 24 (vinte e quatro) a 32 (trinta e duas) faltas.

(98) Art. 143. É facultado ao empregado converter 1/3 (um terço) do período de férias a que tiver direito em abono pecuniário, no valor da remuneração que lhe seria devida nos dias correspondentes.

(99) Art. 139. Poderão ser concedidas férias coletivas a todos os empregados de uma empresa ou de determinados estabelecimentos ou setores da empresa.

(100) Art. 142. O empregado perceberá, durante as férias, a remuneração que lhe for devida na data da sua concessão.

prestação de serviços, fará jus às verbas rescisórias, inclusive às férias proporcionais. Contudo, se for contratado, em seguida, por um outro clube, gozará o período de férias já na segunda quinzena de dezembro (leia-se, recesso desportivo).

Entendemos que as férias proporcionais são devidas, até mesmo na ocorrência da presente hipótese, porque não há como se garantir que o atleta profissional conseguirá, de imediato, recolocação no mercado de trabalho. Por esta razão é aplicável ao atleta a disposição contida no art. 146 da CLT(101).

Além disso, a Lei Pelé não faz nenhuma restrição expressa acerca das férias proporcionais, desta forma, aplica-se a legislação ordinária e o entendimento no qual as férias proporcionais são devidas quando extinto o contrato de trabalho no curso do período aquisitivo das férias.

Em Portugal, semelhante diretriz é traçada no Convênio Coletivo de Trabalho firmado entre a Liga Profissional de Futebol Profissional e o Sindicato dos Jogadores Profissionais de Futebol, cujo item 3 do art. 25 estabelece que "cessando o contrato de trabalho antes do termo inicialmente previsto, o jogador terá direito a receber retribuição e o subsídio correspondentes a um período de férias proporcional ao tempo de serviços prestado na própria época da cessação, excepto no caso de despedimento com justa causa".

O décimo terceiro salário "é a gratificação de Natal compulsória, instituída pela Lei n. 4.090, de 13 de julho de 1962. Corresponde à remuneração de um mês não trabalhado. O seu valor baseia-se na remuneração auferida em dezembro, salvo se o ganho do empregado é variável, quando, então deve guardar equivalência com a média obtida durante o ano"(102). (MAGANO, P. 194)

O 13º salário é devido ao atleta profissional de futebol e também será devido de forma proporcional, nos exatos termos do art. 28, § 8º, da Lei Pelé.

4.7. FGTS

O Fundo de Garantia do Tempo de Serviço visa assegurar a compensação do tempo de serviço prestado pelo empregado. Octavio Bueno Magano(103) define o instituto com o sendo "o conjunto de contas e valores, cuja finalidade consiste em assegurar a compensação do tempo de serviço prestado pelo trabalhador a uma ou mais empresas e propiciar recursos ao Banco Nacional de Habitação, para a realização da política habitacional do governo".

---

(101) Art. 146. Na cessação do contrato de trabalho, qualquer que seja a sua causa, será devida ao empregado a remuneração simples ou em dobro, conforme o caso, correspondente ao período de férias cujo direito tenha adquirido.

(102) MAGANO, Octavio Bueno. *Manual de direito do trabalho*. São Paulo: LTr – 1980. V. II. p. 194.

(103) MAGANO, Octavio Bueno. *Manual de direito do trabalho*. São Paulo: LTr – 1980. V. II. p. 314.

Portanto, trata-se de uma modalidade de compensação, e não de um instituto que assegure a permanência no emprego.

O FGTS é regido pela Lei n. 8.036/90, que por sua vez foi regulamentada pelo Decreto n. 99.684/1990, cujo art. 3º estabelece. *Verbis:*

> a partir de 5 outubro de 1988, o direito ao regime do FGTS, é assegurado aos trabalhadores urbanos e rurais, exceto aos domésticos, independente de opção.

O atleta profissional também está abrangido pelo sistema do Fundo de Garantia do Tempo de Serviço, pois se assim não o fosse a legislação desportiva necessariamente deveria fazer a ressalva, o que não ocorre. Muito pelo contrário ! A lei especial estabelece que a mora contumaz em relação a ausência de recolhimento de FGTS é motivo de rescisão contratual, fazendo jus o atleta, nesta hipótese, em postular a cláusula compensatória desportiva, os haveres contratuais devidos, bem como ter assegurada a liberdade para contratar com outra agremiação desportiva nacional ou estrangeira, nos exatos termos previstos no art. 31 *caput* e § 2º da Lei Pelé.

Portanto, o atleta tem direito ao depósito em conta vinculada do percentual de 8% incidente sobre todas as parcelas que compõem a remuneração, desde que pagas com habitualidade e que efetivamente tenham natureza remuneratória, conforme será explicitado em capítulo próprio.

Reside na doutrina e na jurisprudência a controvérsia no tocante à incidência da multa de 40% do FGTS em caso de demissão do atleta profissional de futebol antes do término do período contratual, na medida em que este, por imperativo legal, é por prazo determinado.

Na lição de Jean Marcel Mariano de Oliveira(104), constata-se a dupla corrente, esclarecendo o referido autor que, "Para uma parte da doutrina a resposta é negativa, incidindo apenas a indenização prevista no art. 479 da CLT, ou seja, metade da remuneração que o atleta teria direito até o término regular do contrato. Para uma segunda corrente, não há incompatibilidade entre a multa do art. 479 da CLT e a multa de 40% do FGTS, sendo perfeitamente possível a cumulação de ambas".

O referido autor se filia à primeira corrente, fazendo coro a Eduardo Gabriel Saad e Mauricio Godinho Delgado, entendendo que ser possível a cumulação da indenização de 40% do FGTS com a indenização prevista no art. 479 da CLT, pois esta teria o condão de punir a rescisão unilateral, por parte do empregador, do contrato por prazo determinado antes de seu término natural, enquanto que a indenização de 40% puniria a demissão sem justa causa.

Antes de tecer comentários acerca do tema, faz-se necessária a compreensão do art. 479 da CLT que assim estabelece. *Verbis*:

---

(104) OLIVEIRA, Jean M. Mariano. *O contrato de trabalho do atleta profissional de futebol*. São Paulo: LTr, 2009. p. 71/72.

Art. 479. Nos contratos que tenham termo estipulado, o empregador que, sem justa causa, despedir o empregado será obrigado a pagar-lhe, a titulo de indenização, e por metade, a remuneração a que teria direito até o termo do contrato.

Parágrafo único — Para a execução do que dispõe o presente artigo, o cálculo da parte variável ou incerta dos salários será feito de acordo com o prescrito para o cálculo da indenização referente à rescisão dos contratos por prazo indeterminado.

Nota-se, portanto, que a Consolidação das Leis do trabalho é expressa em fixar o pagamento de uma indenização pela ruptura prematura do contrato de trabalho fixado por tempo determinado.

Entendemos, neste caso, que a condenação da entidade de prática desportiva no pagamento da indenização de 40% quando do rompimento antecipado do contrato do atleta profissional de futebol importaria em dupla penalidade, tendo como origem o mesmo fato gerador.

Nesse sentido foi a decisão proferida pelo TRT da 4ª Região, cuja ementa do acórdão segue abaixo transcrita. *Verbis*:

FGTS. MULTA DE 40%. JOGADOR DE FUTEBOL. RESCISÃO ANTECIPADA DO CONTRATO DE TRABALHO A TERMO. A multa de 40% do FGTS é incabível na hipótese de rescisão antecipada do contrato de trabalho a termo (art. 18, § 1º, da Lei n. 8.036/90). Desprovido o recurso do reclamante.

(TRT — 4ª Região — RO 17100-85.2007.5.04.0001 — Rel. Des. Marçal Henri dos Santos Figueiredo — 7ª Turma — Publicado em 29.9.2011)

Também são merecedores de destaque os fundamentos contidos no corpo daquela decisão. *Verbis*:

A Lei n. 8.036/90, que disciplina o assunto em comento, é clara ao determinar, no art. 18, § 1º: "Na hipótese de despedida pelo empregador sem justa causa, depositará este, na conta vinculada do trabalhador no FGTS, importância igual a quarenta por cento do montante de todos os depósitos realizados na conta vinculada durante a vigência do contrato de trabalho, atualizados monetariamente e acrescidos dos respectivos juros". Como, no caso, o que houve foi rescisão antecipada do contrato de trabalho a termo, a multa não é devida, ainda que o Decreto n. 99.684/90 (nos arts. 9º, § 1º, e 14), em extrapolando os limites do diploma que veio a regulamentar, tenha equiparado, de forma manifestamente irregular, essas duas situações, tornando inválidas tais normas na medida de seu excesso.

Afinal, como o decreto, por força do dever jurídico de subordinação normativa (art. 84, IV, da CF), presta-se senão à regulamentação detalhada da lei, não pode ir além dela, desservindo à ampliação de seus contornos, sob pena de vício de legalidade. Portanto, se a Lei n. 8.036/90, no art. 18, § 1º, estabelece o cabimento da multa de 40% do FGTS apenas quando houver dispensa imotivada, não é dado ao Decreto n. 99.684/90, nos arts. 9º, § 1º, e 14, a possibilidade de, desrespeitando os parâmetros definidos pelo legislador, aumentar o alcance desse dispositivo para abranger diferentes modalidades de término da relação de emprego, ou seja, criar direito novo.

Nesse sentido, aliás, já decidido no processo n. 00281-2007-023-04-00-7, relatado pela Desembargadora Maria Inês Cunha Dornelles, em 12.11.2008, bem como a 6ª Turma deste TRT, em 05.05.2010, no processo n. 0143100-12.2008.5.04.0029, relatado pela Juíza Convocada Maria Madalena Telesca.

Portanto, o atleta profissional de futebol não faz jus à indenização de 40% do FGTS, pois quando findo o contrato de trabalho antes de seu término natural o empregador terá que pagar a indenização prevista na cláusula compensatória, tendo em vista a expressa previsão de não aplicação do art. 479 da CLT, nos termos do art. 28, V, § 10 da Lei Pelé[105].

4.8. SALÁRIO E REMUNERAÇÃO

Nos próximos capítulos trataremos especificamente das demais verbas que compõem a remuneração do atleta, além de serem explicitadas a natureza jurídica de cada uma delas. A saber: Direito de Imagem, Direito de Arena, Luvas e Bicho.

Remuneração e salário são conceituados por Mauricio Godinho[106] Delgado como o "conjunto de parcelas contraprestativas recebidas pelo empregado, no contexto da relação de emprego, denunciadoras do caráter oneroso do contrato de trabalho pactuado".

Em que pese a origem comum, remuneração e salário, em hipótese alguma, são sinônimos, na medida em que o primeiro pode ser considerado como o *gênero* de contraprestações devidas e pagas ao empregado em razão da relação de emprego existente, enquanto que o salário é *espécie*, paga pelo empregador e traduzindo-se na mais importante parcela contraprestativa.

A própria Lei n. 9.615/1998 estabelece diferenciação entre remuneração e salário. À guisa de exemplo, vale citar a configuração da rescisão indireta do contrato de trabalho, tipificada no art. 31 e o parágrafo primeiro[107], onde há expressa assertiva na qual deve ser entendido como salário o décimo terceiro, o abono de férias, gratificações e demais verbas do contrato de trabalho.

Em acórdão proferido nos autos do RR 60800-81.2007.5.04.0011, publicado no Diário Eletrônico da Justiça do Trabalho em 13.5.2011, o eminente Ministro Vieira de Mello Filho afirmou que

> Entende-se por salário a contraprestação diretamente paga pelo empregador ao empregado, em decorrência dos serviços que o último disponibiliza ao primeiro, independentemente do rótulo

---

(105) § 10. Não se aplicam ao contrato especial de trabalho desportivo os arts. 479 e 480 da Consolidação das Leis do Trabalho — CLT, aprovada pelo Decreto-Lei no 5.452, de 1º de maio de 1943. *(Incluído pela Lei n. 12.395, de 2011)*.

(106) DELGADO, Mauricio Godinho. *Curso de direito do trabalho*. São Paulo: LTr, 2004. p. 681.

(107) Art. 31. A entidade de prática desportiva empregadora que estiver com pagamento de salário de atleta profissional em atraso, no todo ou em parte, por período igual ou superior a 3 (três) meses, terá o contrato especial de trabalho desportivo daquele atleta rescindido, ficando o atleta livre para se transferir para qualquer outra entidade de prática desportiva de mesma modalidade, nacional ou internacional, e exigir a cláusula compensatória desportiva e os haveres devidos. *(Redação dada pela Lei n. 12.395, de 2011)*.

§ 1º São entendidos como salário, para efeitos do previsto no *caput*, o abono de férias, o décimo terceiro salário, as gratificações, os prêmios e demais verbas inclusas no contrato de trabalho.

que se confira à parcela. Excluem-se, a toda evidência, do mencionado conceito os valores indenizatórios percebidos pelo trabalhador, porquanto destinados a compensar desfalque em seu patrimônio, oriundo dos serviços prestados àquele que assume os riscos da atividade econômica.

O Ministro Alexandre Agra Belmonte[108] leciona que "a remuneração do atleta profissional é formada por parte fixa, consistente no salário mensal, e por parte variável, composta pelas gratificações, prêmios e demais parcelas proporcionadas pelo contrato. As parcelas de cunho retributivo são consideradas para todos os efeitos salariais e remuneratórios, e as parcelas pagas por terceiros em função do contrato, ainda que indiretamente pelo empregador, repercutem apenas no FGTS, nas gratificações natalinas e nas férias, a exemplo das gorjetas. Parcelas de natureza indenizatória, como ajuda de custo e diárias para viagens, não compõem nem o salário, nem a remuneração."

Contudo, veremos que a questão não é simples, sendo que são distintas as interpretações no tocante à natureza jurídica das luvas, dos bichos, do direito de imagem e do direito de arena.

4.9. RESPONSABILIDADE DOS DIRIGENTES PELO INADIMPLEMENTO DAS OBRIGAÇÕES TRABALHISTAS

Tema de bastante controvérsia é o que envolve a extensão da responsabilidade dos dirigentes dos clubes de futebol. Observamos que as decisões que fixam a responsabilidade solidária dos dirigentes baseiam-se em parâmetros legais alheios aos fixados pela Lei Pelé. Neste particular destacamos a seguinte decisão:

> Ementa: JOGADOR DE FUTEBOL. DÍVIDA TRABALHISTA DO CLUBE. RESPONSABILIDADE SOLIDÁRIA DOS SEUS DIRIGENTES. Nada impede, na prática, lamentavelmente, o funcionamento do clube como mera extensão dos negócios privados de seus dirigentes ou, como é mais comum no Brasil, o clube a serviço dos seus mandatários. Não foram poucos os casos denunciados nos últimos anos envolvendo a perpetuação de dirigentes de futebol à frente dos clubes da primeira divisão e de entidades diversas, quase sempre com a acumulação de patrimônio material inatingível sem a apropriação indevida de bens e rendas de tais pessoas jurídicas. O Direito do Trabalho não pode ignorar essa realidade dizendo que o tema concernente à responsabilidade solidária do dirigente é matéria jurídica não prevista em lei. Do ponto de vista eminentemente jurídico, o dirigente do clube de futebol, a quem cabe zelar pelo patrimônio da instituição como se estivesse cuidando da administração de seus próprios negócios (Código Civil, Art. 1.011), ao contratar e dispensar jogadores, responde solidariamente pelo pagamento das dívidas contraídas junto aos respectivos atletas. Não obstante despertar sentimento de profunda intensidade no seio da população brasileira, o futebol, como atividade esportiva, está inserido no mesmo contexto do exercício de qualquer outra profissão laboral, merecendo, assim, idêntico apreço por parte do Estado Democrático de Direito. A força de trabalho do personagem central precisa ser respeitada como princípio fundamental da República Federativa do Brasil (CF, Art. 1º, Incisos III e IV). Por isso mesmo, os sócios- dirigentes dos falidos

(108) BELMONTE, Alexandre Agra. Direito desportivo, justiça desportiva e principais aspectos jurídico-trabalhistas da relação de trabalho do atleta profissional. In: *Revista do TRT* 1ª R. – p. 85.

clubes, assim como os demais dirigentes de entidades diversas e das sociedades comerciais, no mundo dos mortais, respondem na exata proporção dos atos por eles praticados, com culpa ou dolo. Se não for assim, a sociedade brasileira suportará eternamente dívidas contraídas por dirigentes que se apresentam como os "mais fanáticos torcedores" dos decadentes clubes de futebol, sujeitos solidários, porém, apenas na hora do grito de "é campeão" ou na extração da receita obtida com a transferência de jogadores. Recurso conhecido e provido. (TRT 10 — 01593-2008-101-10-00-7 — publicado em 1º.9.2009)

Entretanto, aqui também cabe a máxima da legislação especial se sobrepor aos parâmetros legais gerais. A responsabilidade patrimonial dos dirigentes das entidades de prática desportiva é disciplinada pelo art. 27:

> Art. 27. As entidades de prática desportiva participantes de competições profissionais e as entidades de administração de desporto ou ligas em que se organizarem, independentemente da forma jurídica adotada, sujeitam os bens particulares de seus dirigentes ao disposto no art. 50 da Lei n. 10.406, de 10 de janeiro de 2002, além das sanções e responsabilidades previstas no *caput* do art. 1.017 da Lei n. 10.406, de 10 de janeiro de 2002, na hipótese de aplicarem créditos ou bens sociais da entidade desportiva em proveito próprio ou de terceiros.

Não se trata de benefício ou condição especial concedida aos dirigentes dos clubes, mas corolário lógico das circunstâncias materiais inerentes ao funcionamento de uma entidade de prática desportiva.

As entidades de prática desportiva não possuem fins lucrativos. Toda receita auferida pelo clube é direcionada para o pagamento das despesas e investimentos nas instalações do clube, bem como na contratação e renovação de contratos de atletas.

O dirigente, efetivamente, limita-se a gerir o patrimônio do clube. Se aplicar os créditos ou bens sociais da entidade em seu favor ou de terceiros, desvirtua sua função, atraindo a responsabilidade pelas dívidas geradas.

A Justiça do Trabalho deve estar atenta a tal particularidade, dirimindo eventuais conflitos em face da Lei Pelé, afastando a incidência de outros preceitos legais que tratam da responsabilidade dos dirigentes de outras sociedades, que não guardam qualquer vinculação, tampouco permitem tratamento analógico, com as entidades de prática desportiva.

Neste particular, destacamos o precedente do TRT da 18ª Região (GO) nos autos do AP 0000328-97.2011.5.18.0007

> EMENTA. EXECUÇÃO. DESCONSIDERAÇÃO DA PERSONALIDADE JURÍDICA. REDIRECIONAMENTO. DIRIGENTE DE ENTIDADE DE PRÁTICA DESPORTIVA. LEI PELÉ. A inadimplência quanto aos créditos trabalhistas e o insucesso da execução contra a sociedade devedora autoriza a responsabilização dos dirigentes ou sócios de entidades de práticas desportivas, apenas quando aplicarem créditos e bens sociais da entidade em proveito próprio ou de terceiros, ou agirem com abuso de direito, excesso de poder, infração à lei, fato ou ato ilícito ou violação dos estatutos, inviabilizando a execução.

Com efeito, a mera indimplência de créditos devidos ao atleta ou qualquer empregado, por si só, não terá o condão de atrair a responsalidade pessoal do dirigente, pois para que esta ocorra é necessário que haja culpa, dolo, utilização de créditos e bens da entidade em proveito próprio ou de terceiros, ou agirem com abuso de direito, excesso de poder, violação dos estatutos ou infração à lei.

A questão da responsabilidade do dirigente desportivo desperta a atenção de vários entes da sociedade, na medida em que as questões ligadas ao esporte provocam os sentimentos mais diversos de cada pessoa e de cada torcedor, daí a necessidade de se assegurar mecanismos legais que contribuam com a lisura do cumprimento do mandato do dirigente.

Está em trâmite no Congresso Nacional o Projeto de Lei n. 2.832 de 2011, de autoria do Deputado Alceu Moreira (PMDB-RS), que estabelece a responsabilidade penal de dirigentes de entidades esportivas, com previsão de inclusão dos §§ 14 e 15 ao art. 27 da Lei Pelé, com a seguinte previsão. *Verbis*:

> § 14. Aos dirigentes desportivos descritos no *caput* deste artigo, na hipótese de se apropriarem ou aplicarem créditos ou bens sociais da entidade esportiva em proveito próprio ou de terceiros, aplica-se o disposto no art. 168 do Decreto-Lei n. 2.848, de 7 de dezembro de 1940.
>
> § 15. A direção fraudulenta das entidades descritas no *caput* é passível, igualmente, da aplicação do disposto no § 14.

Portanto, o objetivo do presente projeto de lei é o de responsabilizar criminalmente o dirigente desportivo que estiver inserido na prática daqueles atos enumerados no próprio art. 27 da Lei Pelé, pois, segundo o Deputado, a lei desportiva apenas prevê a reponsabilização civil do dirigente.

Assevera o autor do referido projeto que "os clubes — principalmente os voltados à prática do futebol — mobilizam a paixão de grande parte do povo brasileiro, sendo o seu dia-a-dia acompanhado com atenção pelos cidadãos. E os casos de notório enriquecimento ilícito de dirigentes, que nunca são punidos, desmoralizam, pelo mau exemplo, tentativas de construção de um país que respeite padrões mínimos de honestidade. Ademais, ressalte-se a premente necessidade de o Brasil apresentar-se diante do mundo como uma nação, tanto no campo econômico como no esportivo, exemplarmente capacitada a realizar eventos como a Copa do Mundo (2014) e os Jogos Olímpicos (2016)".

A justificativa da proposição submetida à Câmara ds Deputados é louvável, principalmente diante do fato de que as questões ligadas ao esporte mobilizam grande parte da população brasileira que espera uma conduta ética e transparente dos dirigentes das entidades desportivas, no intuito de assegurar a transparência das competições.

5

DIREITO DE IMAGEM

5.1. CONCEITO DO DIREITO DE IMAGEM

O direito de imagem está diretamente associado ao Direito da Personalidade, tendo em vista que a imagem, juntamente com o nome, a honra, a liberdade, a privacidade e o corpo, é um dos Direitos da Personalidade, que visam à proteção do ser humano e das origens de seu próprio espírito.

Celso Ribeiro Bastos[109] conceitua como sendo *"o direito de ninguém ver o seu retrato exposto em público sem o seu consentimento"*.

Na definição de Maria Cecília Naréssi Munhoz Affornalli[110], o Direito da Personalidade visa conferir proteção ao ser humano naquilo que lhe é próprio e também às suas emanações e projeções para o mundo exterior, sendo o Direito à Imagem, um direito da personalidade, classificado como um direito essencial, absoluto, oponível *erga omnes*, geral, irrenunciável, imprescritível, inexpropriável, impenhorável.

Porém, o direito de imagem possui uma característica peculiar que o difere dos demais direitos da personalidade que é o conteúdo patrimonial, passível de exploração econômica.

Além desse conteúdo material que confere ao detentor do direito a possibilidade de exploração econômica da sua própria imagem, o direito de imagem também contempla conteúdo moral, que se estabelece na proteção do interesse da pessoa que deseja impedir a propagação de sua imagem.

Trata-se de direito personalíssimo e intransferível, podendo haver permissão, autorização ou concessão de seu uso, previamente estabelecidos, em contrato, como, por exemplo: finalidade de uso, abrangência territorial, meios de divulgação, quantidade de publicação, etc. O direito à imagem não pode ser transferido, mas tão somente licenciado para determinado fim e por tempo certo. Portanto é válida e lícita a cessão do direito de explorar comercialmente o uso da imagem, pois tal fato se configura em cessão da faculdade de aproveitamento econômico e exploração comercial da imagem. Entretanto, a referida cessão não representa a transmissão da titularidade do direito à imagem.

---

(109) *Curso de direito constitucional*. São Paulo: Saraiva, 1998.
(110) *Direito à própria imagem*. 1. ed. 5ª reimpressão. Juruá, 2008. p. 19.

O direito de imagem não pode ser considerado um direito de propriedade, na medida em que possui determinadas limitações, como, por exemplo, a indisponibilidade e a intransmissibilidade. Portanto, guardadas essas restrições, pode ser caracterizado como a propriedade que a pessoa tem sobre sua imagem, seu corpo e que em caso de publicação ou veiculação sem o consentimento do representado acarreta violação a este direito real.

Na lição de Caio Mário da Silva Pereira[111], "toda pessoa tem a faculdade de preservar a sua imagem e impedir a sua divulgação. A Constituição, a par da intimidade, resguarda a imagem, que simplesmente se representa pela expressão externa, como também pela descrição do caráter da pessoa".

É de se destacar que diante das peculiaridades que envolvem o atleta profissional, a imagem não se limita a fisionomia do jogador "se dirigindo a quaisquer partes destacadas do corpo, desde que por elas se possa reconhecer o indivíduo", conforme ensina Carla Vasconcelos Carvalho, destacando, nesta hipótese que, "Vislumbra-se o caráter identificador da imagem por partes e a consequente necessidade de tutela, na imagem de diversas celebridades do esporte, desde as pernas tortas de Mané [*sic*] Garrincha ao sorriso característico dos Ronaldos"[112].

5.2. ORIGEM E ANTECEDENTES HISTÓRICOS

A imagem tem sua origem no verbete latino *imago* e pode ser caracterizada como qualquer forma possível de reprodução da figura humana, representada desde os primitivos desenhos rupestres até os ultra modernos mecanismos tecnológicos de transmissão. Trata-se de um meio de exteriorização da personalidade do ser humano, consistindo no primeiro aspecto para a identificação da pessoa, anterior até mesmo ao próprio nome.

No dicionário Aurélio[113], o vocábulo é definido como:

> "1.Representação gráfica, plástica ou fotográfica de pessoa ou de objeto. 2.Restr. Representação plástica da Divindade, de um santo, etc.: [...] 5.Reprodução invertida, de pessoa ou de objeto, numa superfície refletora ou refletidora: 6.Representação dinâmica, cinematográfica ou televisionada, de pessoa, animal, objeto, cena, etc. 7.Representação exata ou analógica de um ser, de uma coisa; cópia."

O marco histórico que despertou a atenção do mundo para o estudo e compreensão do tema foi o surgimento da fotografia, na primeira metade do século XIX, e a reprodução cinematográfica desta.

---

(111) *Instituições de direito civil*. 22. ed. Rio de Janeiro: Forense, 2007. V. I. p. 257.
(112) A Imagem do Atleta. In: *Curso de direito desportivo sistêmico*. V. II. p. 602.
(113) FERREIRA, Aurélio Buarque de Holanda. *Novo Dicionário Aurélio da Língua Portuguesa*. 3. ed. Curitiba: Positivo, 2004.

Conforme relato de Maria Cecília Affornalli[114], uma das primeiras decisões judiciais que se tem notícia acerca da proteção da imagem ocorreu na França, em 1858, quando o Tribunal de Seine julgou o caso de dois fotógrafos que retrataram a atriz francesa Rachel, em seu leito de morte.

> "As fotografias deveriam permanecer apenas com os familiares da retratada. Todavia, elas foram parar nas mãos da pintora O´Connell, que utilizou-as como matriz para a confecção de desenhos posteriormente expostos e comercializados. Provocado para apresentar decisão acerca do assunto pela família da atriz retratada, o Tribunal de Seine ordenou a apreensão e destruição do original e das cópias fotográficas. O fundamento residiu na impossibilidade de reprodução da imagem de pessoa no leito de morte, sem o consentimento da família, mesmo que se tratasse de pessoa célebre, como Rachel.
>
> O mesmo Tribunal de Seine, em 1902, fundamentou decisão dizendo que não cabe fotografar ninguém sem o seu consentimento, salvo em se tratando de pessoa que por sua função ou profissão, natureza de seu serviço ou notoriedade presente ou passada suscite um interesse especial e sempre que disso não lhe ocorra prejuízo nenhum."

Portanto, a proteção da imagem é consequência do interminável progresso técnico-científico.

No Brasil, o direito à imagem passou a ser constitucionalmente protegido com a Carta Magna de 1988.

5.3. PREVISÃO LEGAL

O Direito de Imagem encontra proteção e amparo no art. 5º, XXVIII, da Constituição Federal. *Verbis*:

> Art. 5º
>
> XXVIII — são assegurados, nos termos da lei:
>
> a) a proteção às participações individuais em obras coletivas e à reprodução da imagem e voz humanas, inclusive nas atividades desportivas;

O art. 20 do Código Civil Brasileiro também ampara o direito à imagem da pessoa. *Verbis*:

> Art. 20. Salvo se autorizadas, ou se necessárias à administração da justiça ou à manutenção da ordem pública, a divulgação de escritos, a transmissão da palavra, ou a publicação, a exposição ou a utilização da imagem de uma pessoa poderão ser proibidas, a seu requerimento e sem prejuízo da indenização que couber, se lhe atingirem a honra, a boa fama ou a respeitabilidade, ou se se destinarem a fins comerciais.

---

(114) *Op. cit.*, p. 27/28.

Parágrafo único. Em se tratando de morto ou de ausente, são partes legítimas para requerer essa proteção o cônjuge, os ascendentes ou os descendentes.

A previsão contida no Código Civil é alvo de críticas tendo em vista a expressão *"a requerimento"* que de acordo com a doutrina não pode ser interpretada como requisito, mas tão somente faculdade da eleição da via judicial ou administrativa como meio de defesa(115).

O direito à imagem foi consagrado no âmbito de proteção constitucional pela Constituição Federal de 1988, que passou a assegurar a possibilidade de indenização pelos danos causados à imagem da pessoa, nos termos do art. 5º, V e X, da CRFB. *Verbis*:

> Art. 5º
>
> V — é assegurado o direito de resposta, proporcional ao agravo, além da indenização por dano material, moral ou à imagem;
>
> (...)
>
> X — são invioláveis a intimidade, a vida privada, a honra e a imagem das pessoas, assegurado o direito a indenização pelo dano material ou moral decorrente de sua violação;

O atleta pode ceder o direito ao uso de sua imagem para fins comerciais, devendo ser destaca a previsão contida no art. 87-A da Lei Pelé, introduzido pela Lei n. 12.395/2011. *Verbis*:

> Art. 87-A. O direito ao uso da imagem do atleta pode ser por ele cedido ou explorado, mediante ajuste contratual de natureza civil e com fixação de direitos, deveres e condições inconfundíveis com o contrato especial de trabalho desportivo.

Portanto, não há dúvidas de que a previsão constitucional no tocante à proteção da imagem, por óbvio, se aplica ao atleta profissional de futebol, razão pela qual trata-se de direito individual deste, de maneira pessoal e dissociada da imagem e transmissão do espetáculo, tendo em vista que esta possui tratamento específico, conforme foi demonstrado no item 3 do presente trabalho.

5.4. JURISPRUDÊNCIA

No julgamento do Recurso Especial n. 67.292-RJ, a 4ª Turma do Superior Tribunal de Justiça foi categórica ao confrontar os princípios constitucionais do direito à imagem e o direito à privacidade, estabelecendo, na ementa do julgado que. *Verbis*:

> **INDENIZAÇÃO. DIREITO À IMAGEM. JOGADOR DE FUTEBOL. ÁLBUM DE FIGURINHAS. ATO ILÍCITO. DIREITO DE ARENA.**
>
> — É inadmissível o recurso especial quando não ventilada na decisão recorrida a questão federal suscitada (súmula n. 282-STF).

(115) Neste sentido, PEREIRA, Caio Mário da Silva. *Op. cit.*, p. 258.

— A exploração indevida da imagem de jogadores de futebol em álbum de figurinhas, com o intuito de lucro, sem o consentimento dos atletas, constitui prática ilícita a ensejar a cabal reparação do dano.

— O direito de arena, que a lei atribui às entidades desportivas, limita-se à fixação, transmissão e retransmissão de espetáculo esportivo, não alcançando o uso da imagem havido por meio da edição de "álbum de figurinhas". Precedente da Quarta Turma.

Recursos especiais não conhecidos.

(STJ — RE 67.292-RJ — Rel. Min. Barros Monteiro — Publicado no DJ 12.4.1999)

No caso em referência, ex-jogadores de futebol ajuizaram ação indenizatória em face da Editora Abril e da Confederação Brasileira de Futebol — CBF, objetivando reparação econômica em razão de utilização indevida de suas imagens no álbum de figurinhas *Heróis do Tri*.

Uma das questões a ser enfrentada pelo Poder Judiciário consistia em saber se o álbum de figurinhas tinha objetivo didático com propósito de narrar acontecimento histórico ou se visava à exploração comercial de imagens daqueles jogadores que conquistaram o Campeonato Mundial de Futebol.

No corpo do acórdão cuja ementa foi transcrita acima, constam interessantes passagens que definem a controvertida questão. *Verbis*:

A exploração indevida da imagem dos jogadores de futebol em álbum de figurinhas, com o intuito de lucro, sem o consentimento manifestado pelos mesmos, constitui — sem dúvida alguma — prática ilícita que comporta o ressarcimento pleiteado.

[...]

O direito à imagem é direito autônomo, incidente sobre um objeto específico, conferindo ao seu titular a completa disponibilidade da materialização desse direito. Sua violação, por meio de uso não consentido ou autorizado, excetuadas alguma situações, tal como a reprodução da imagem de personalidade notórias, feita para atender a um interesse público, caracteriza ato ilícito e, pois, enseja sua cabal reparação.

O Ministro Ruy Rosado de Aguiar já havia manifestado entendimento de igual simetria, conforme se infere de trechos do acórdão proferido nos autos do REsp 46.420-0/SP. *Verbis*:

> "No caso dos autos, apesar de serem notórias as figuras dos jogadores, a reprodução de suas imagens não aconteceu em razão do propósito de informar, esclarecer ou atender a algum interesse de ordem pública. Houve a utilização da imagem simplesmente para satisfazer interesses predominantemente comercial, como está dito no v. acórdão recorrido. Tratava-se, portanto, de situação sobre a qual incide a regra geral: a reprodução do uso da imagem dependia de consentimento dos titulares, pois o uso comercial da imagem de pessoa célebre é totalmente vedado sem o seu consentimento. (CABO, Álvaro Antônio do; BARBOSA, Notaroberto. *Direito à própria imagem*. São Paulo: Saraiva, p. 82)."

O Supremo Tribunal Federal já se pronunciou acerca da disponibilização não consentida da imagem com fim lucrativo, nos termos da ementa exarada pelo Ministro Djaci Falcão nos autos do RE 91.328/SP, publicado no DJ de 11.12.1981. *Verbis*:

> Direito à proteção da própria imagem, diante da utilização de fotografia, em anúncio com fim lucrativo, sem a devida autorização da pessoa correspondente. Indenização pelo uso indevido da imagem. Tutela jurídica resultante do alcance do direito positivo.

Nesse mesmo sentido, a decisão do Ministro Rafael Mayer, nos autos do RE 95.872/RJ. *Verbis*:

> Direito à imagem. Fotografia. Publicidade comercial. Indenização.
>
> A divulgação de imagem da pessoa, sem o seu consentimento, para fins de publicidade comercial, implica em locupletamento ilícito à custa de outrem, que impõe a reparação do dano. Recurso Extraordinário não conhecido.

É importante destacar a preocupação da Jurisprudência em afirmar a intenção lucrativa e comercial como ensejadora do dano, abrindo espaço para outras discussões quando a veiculação da imagem tiver cunho informativo ou jornalístico.

Nada obstante esta corrente jurisprudencial, Maria Cecília Affornalli, defende que em razão da autonomia do direito à imagem, assegurado pela Constituição da República, "basta que a fixação ou representação da imagem ou a sua utilização sejam feitas sem a autorização de seu titular, não se indagando se houve finalidade comercial"(116).

Este foi o entendimento do Ministro Carlos Veloso, proferido nos autos do RE 215.984-1/RJ:

> **CONSTITUCIONAL. DANO MORAL: FOTOGRAFIA: PUBLICAÇÃO NÃO CONSENTIDA: INDENIZAÇÃO: CUMULAÇÃO COM O DANO MATERIAL: POSSIBILIDADE.** Constituição Federal, art. 5º, X. I. Para a reparação do dano moral não se exige a ocorrência de ofensa à reputação do indivíduo. O que acontece é que, de regra, a publicação da fotografia de alguém, com intuito comercial ou não, causa desconforto, aborrecimento ou constrangimento, não importando o tamanho desse desconforto, desse aborrecimento ou desse constrangimento. Desde que ele exista, há o dano moral, que deve ser reparado, manda a Constituição, art. 5º, X. II. — R.E. conhecido e provido.

A proteção ao direito de imagem é, sem dúvida alguma, um avanço legislativo consagrado há muitas décadas. A evolução doutrinária e jurisprudencial é nítida ao passar a contemplar tanto a reparação material quanto a moral, a partir da Constituição da República Federativa do Brasil de 1988.

Dessa forma, a simples divulgação de fotografia poderá configurar atentado contra o direito à imagem, salvo quando houver real interesse público e finalidade jornalística e informativa.

---

(116) *Op. cit.*, p. 33.

5.5. DIREITO COMPARADO

Este tipo de discussão não é exclusividade do direito pátrio.

Essa mesma controvérsia, com os mesmos contornos no que tange a questão da finalidade da veiculação da imagem do atleta e a autorização desse para publicação, ocorreu em Portugal, conforme noticia Sofia Barros Carvalhosa em interessante artigo intitulado *Algumas considerações sobre a decisão proferida pelo Tribunal da Relação de Lisboa no âmbito do acórdão de 18 de dezembro de 2007, e que envolve o direito de imagem do praticante desportivo*(117).

Conforme destacado pela autora, o julgamento envolvia a validade de um contrato de cessão de utilização e exploração comercial da imagem de determinados jogadores de futebol, celebrado entre o Sindicato de Jogadores Profissionais de Futebol (representando os jogadores titulares das imagens) e uma determinada empresa, bem como a licitude da conduta de outra empresa que reproduziu figurinhas com as imagens daqueles jogadores, mas sem que estes tivessem autorizado.

A questão levada ao judiciário Português consistia em saber se a conduta da empresa se inseria nos limites do direito de informar, envolvendo o direito de imagem de atletas.

A legislação portuguesa garante ao desportista a prerrogativa de utilizar sua imagem vinculada a prática desportiva e a de se opor à exploração comercial desta por terceiros para fins econômicos, conforme prevê o art. 10 da Lei n. 28/1998, cuja redação assim prescreve. *Verbis*:

> Art. 10. Todo o praticante desportivo tem direito de utilizar a sua imagem pública ligada à prática desportiva e a opor-se a que outrem use licitamente para exploração comercial para outros fins econômicos, ressalvado o direito de uso de imagem do coletivo dos praticantes, o qual poderá ser objeto de regulamentação em sede de contratação coletiva.

Nota-se, portanto, que o dispositivo mencionado disciplina tanto o direito de imagem quanto o direito de arena, que diz respeito à imagem coletiva dos jogadores.

A autora supra mencionada afirma ser frequente a cessão de imagens dos jogadores de futebol para terceiros, inclusive sindicatos, em razão do alto preço que estas são comercializadas, seja em jornais, revistas ou por meio de álbuns de figurinhas.

Nesse caso específico, o Tribunal Português ressaltou a previsão doutrinária no tocante à impossibilidade de se ceder a própria imagem, mas sim os direitos ao uso comercial dessa, e fez questão de enfatizar não só a necessidade do prévio consentimento do atleta, mas também a necessidade de uma delimitação espe-

---

(117) In: *Revista Jurídica do Desporto*, ano VI, p. 303/320, jan./abr. 2009.

cífica no que se refere a comercialização das imagens, não podendo haver uma reprodução indiscriminada e *ad eternum*, valendo reproduzir os seguintes trechos citados pela autora[118]. *Verbis*:

> "Como refere o Tribunal da Relação de Lisboa, *através do contrato* sub judice *os autores jogadores profissionais não alienaram o direito à sua imagem, mas apenas concederam a terceiro, por um período limitado no tempo, um determinado aproveitamento da sua imagem, da qual continuam a ser os titulares e da qual continuam a gozar e fruir, para além da limitação, socialmente adequada constante do negócio.* Nesse sentido, salienta-se, ainda, o entendimento já anteriormente manifestado pelo Supremo Tribunal de Justiça, designadamente, no âmbito do Acórdão de 25 de Outubro de 2005, e a propósito da validade de um contrato de cedência de exploração comercial da imagem de um jogador de futebol profissional, no sentido de que, *o que está em causa, não é o poder de dispor em geral da imagem da pessoa para fins comerciais, o poder de lançar no comércio todos e quaisquer retratos de que alguém, não titular do respectivo direito de imagem, disponha, mas (apenas e tão-somente) a exploração comercial, durante um período determinado e com proveito econômico para o próprio praticante desportivo, da respectiva imagem enquanto praticante desportivo profissional — à qual a própria lei reconhece valor econômico —, por meio dos retratos, filmes, desenhos ou outras formas de exibição que, apenas nessa qualidade e durante esse período, sejam produzidos com base na sua imagem , e não no que possa respeitar a todo e qualquer aspecto da sua vida íntima e privada.*
>
> Face ao acima exposto subscreve-se o entendimento manifestado pelo Tribunal da Relação de Lisboa no supra referido Acórdão ao referir que *Embora o direito de imagem seja irrenunciável e inalienável, não estão proibidas limitações ao exercício desse direito, nomeadamente a cedência a terceiros por futebolistas, do direito à exploração comercial da sua imagem de desportistas profissionais.* Desse modo, e no caso objecto de análise, o Sindicato (em representação dos jogadores de futebol) e a empresa P..., Ltda, celebraram validamente entre si um contrato cujo objecto consistiu na cedência temporária, em regime de exclusividade, e em conformidade com os termos acordados e determinados de forma precisa e clara no teor daquele contrato, da utilização e exploração comercial das imagens daqueles jogadores de futebol, mediante uma contrapartida."

Interessante destacar a preocupação daquela Corte, inclusive manifestada em outras decisões, no tocante a necessidade de que o consentimento do atleta

---

(118) *Op. cit.*, p. 308/309.

(ou titular do direito de imagem) seja manifestado em cada caso em que a imagem seja utilizada, divulgada ou reproduzida, considerando o fato de que havendo a autorização de divulgação de um determinado retrato, tal direito não autoriza a reprodução indiscriminada da imagem do cedente nem a intromissão em sua vida privada, prevalecendo a tese de que para a captação, divulgação e reprodução de sua imagem o jogador profissional deve consentir voluntariamente, para cada caso, de forma clara, precisa e delimitada.

Na situação em apreço um fato foi determinante para o deslinde da controvérsia, no caso a prova de que a empresa que explorou as imagens em figurinhas não obteve o consentimento prévio dos jogadores, nem do sindicato respectivo e tampouco da empresa que havia firmado contrato específico com o sindicato.

A empresa que comercializou as imagens alegava em sua defesa que os fotografados eram pessoas públicas e que as imagens foram captadas em local público, contudo, entendeu o Tribunal que estes fatos não dispensam a necessidade de autorização prévia dos jogadores ou daqueles que estejam legitimados a fazê-lo.

Além da necessidade do prévio consentimento, outro fator foi destacado. O princípio do interesse público informativo e o da ampla liberdade de informação nem sempre podem prevalecer sobre os direitos da personalidade. O fato do jogador de futebol ser uma figura pública não autoriza, por si só, a renúncia antecipada aos seus direitos da personalidade, dentre eles o direito à imagem.

A Dr.ª Sofia B. Carvalhosa[119] ressalta que a Constituição de Portugal estabelece a prevalência do direito à informação em detrimento aos direitos da personalidade apenas no caso da referida informação ter por objeto matéria que contemple interesse público e não apenas o interesse do público, sendo que no caso discutido ficou provado (além da ausência do prévio consentimento), que a empresa que comercializou as imagens por meio das figurinhas não poderia se valer da tese na qual a divulgação das imagens tinha caráter informativo, pois restou caracterizado que sua real intenção era a de obter lucro com o aumento de vendas das revistas cujas figurinhas estavam vinculadas.

Outro caso similar ocorreu na Espanha em razão da exploração comercial de imagens de jogadores quando da realização da Copa do Mundo da França em 1998. A já referida autora portuguesa cita a sentença da Audiência Provincial das Astúrias n. 538/2000, de 29 de setembro.

No caso espanhol também se discutia a distribuição de figurinhas por uma determinada empresa referente a outra publicação realizada por outra empresa que adquirira previamente os direitos sobre a utilização e exploração comercial do logotipo, mascote, troféu do campeonato e os direitos de imagem dos diversos jogadores de futebol integrantes de cada uma das seleções participantes.

---

(119) *Op. cit.*, p. 317/318.

O Tribunal espanhol entendeu que a atitude da empresa que explorou as imagens sem ter o prévio consentimento das partes envolvidas, importou em verdadeira situação de intromissão e violação ilegítima do direito de imagem, concluindo aquela Corte, que o caráter público dos participantes não teria o condão de autorizar a reprodução de suas imagens sem o consentimento prévio para a comercialização das imagens.

Daí a importância e a necessidade do consentimento prévio dos envolvidos, como um dos fatores necessários para se viabilizar a comercialização de imagens dos atletas, pouco importando, nesses casos, a condição de figuras públicas desses.

Na Argentina também existe disciplina específica no tocante a exploração da imagem do atleta.

Ensina o advogado José R. Balmaceda[120] que em razão da propagação mundial do futebol, as grandes estrelas futebolísticas assinam contratos milionários de cessão do uso de imagem com empresas de material desportivo como Nike, Adidas, dentre outras.

O referido autor destaca que este direito possui dois aspectos: um positivo e outro negativo. O positivo se refere a faculdade que o jogador tem de autorizar, mediante a celebração de um contrato, a reprodução de sua imagem através de toda forma gráfica com fins publicitários. Já o aspecto negativo consiste na possibilidade do atleta se negar à captação ou reprodução de sua imagem, por se tratar de um direito personalíssimo, sendo destacada a decisão da Câmara Nacional de Apelações Argentina, Sala K. *Verbis*:

> "Toda persona tiene sobre su imagem y sobre su utilización un derecho exclusivo y ...el consentimento de la persona es indispensable no solamente en relación a la toma de la fotografia, sino también a la utilización de ella..."

Esse direito da personalidade pode ser violado quando não observados quatro requisitos: uma utilização não consentida de seu titular, da identidade da pessoa, com fins comerciais e análogos, sem que houver um dano.

Para ilustrar o tema o advogado argentino apresenta como exemplo o processo movido pelo jogador da seleção de rugby daquele país, Pablo J. Camerlinckx, cujas imagens foram veiculadas em campanha publicitária sem a sua prévia autorização, tendo a Câmara Nacional Civil de Apelações majorado a indenização de $ 8.000 para $ 14.000.

O aumento do valor da indenização foi justificado pelos julgadores, em razão do prejuízo comprovadamente causado ao atleta. *Verbis*:

---

(120) *El contrato de trabajo deportivo* – análisis de la Ley 20.160, p. 127/128.

"varios testestimonios rendidos em autos demuestran la inquietud y pesadumbre sufrida por el actor, al ver involucrada su imagen en una campaña publicitaria de un diário deportivo, cuando por su condición de deportista amateur no hubiera podido prestarse a ello, bajo el riesgo de ser sancionado por los órganos disciplinarios de la federación deportiva (véase test. de fs. 397, 394/5, 392, 453/455, 518; infs. De fs. 283. 297 y 494/495)"

Se tal fato tivesse ocorrido no Brasil, envolvendo atleta praticante de esporte largamente difundido no país, o valor da indenização, nessas condições, seria fixado em patamar bem mais elevado.

Deve ser ressaltada a importância no tocante ao consentimento formal do atleta a fim de possibilitar a exploração da imagem para fins comerciais, do contrário haverá um dano passível de reparação.

5.6. A QUESTÃO DA COMPETÊNCIA EM RAZÃO DA MATÉRIA

Qual será a Justiça competente para dirimir controvérsia quando o atleta (ou ex-jogador) postula o pagamento de indenização por danos morais em razão da veiculação de sua imagem em álbum de figurinhas, sem o seu consentimento?

A princípio seria da Justiça Comum, conforme os exemplos trazidos no item 2.3. Contudo, a questão não é tão simples quanto parece.

Ao julgar Conflito Negativo de Competência entre a Justiça Trabalhista e a Justiça Comum, decidiu o Superior Tribunal de Justiça, em recente decisão, que cabe a Justiça do Trabalho processar e julgar o pedido formulado pelo ex-jogador, que alegava ter sofrido um dano em razão da veiculação, sem autorização, de sua imagem em álbum de figurinhas quando era jogador do Fluminense Football Club[121].

Ocorre que naquele caso havia uma peculiaridade: é que a editora ré denunciou à lide o clube no qual o autor estava vinculado à época dos fatos, sob o argumento de que o contrato para cessão e utilização da imagem do atleta foi firmado entre a editora ré e a agremiação desportiva.

Por sua vez, o clube alegou que quando da celebração do contrato de trabalho com o autor, o instrumento contratual de cessão de direitos de imagem celebrado com a editora já estava em vigor e que o atleta teria concordado expressamente em publicar e divulgar sua foto.

A relatora do conflito, Ministra Nancy Andrighi, entendeu que esse fato foi determinante para a fixação da competência da Justiça do Trabalho, na medida

(121) CC 113.220 — MG. DJ 31.8.2011 – Rel. Min. Fátima Nancy Andrighi.

em que, segundo o entendimento daquela Seção, o pedido e causa de pedir são fatores determinantes para a definição da natureza da demanda levada em juízo.

Nesse caso, o objetivo do autor foi a reparação do dano pelo uso indevido e desautorizado de sua imagem, pois o clube não poderia ceder direitos sem a autorização do autor, razão pela qual essa seria a causa de pedir remota, diretamente ligada a relação de emprego mantida entre jogador e clube, nada obstante o fato da ação ter sido ajuizada somente em face da editora.

Dessa forma, foi fixada a competência da Justiça Trabalhista, tendo sido entendido pelos julgadores que a titularidade do direito ao uso da imagem do atleta por parte do clube empregador antecede ao contrato de cessão entre a editora e o clube.

Pode se dizer que foi de extrema felicidade a decisão proferida naqueles autos, pois demonstra a sensibilidade dos julgadores em se perquirir as origens do pedido formulado pelo autor que, indubitavelmente, estão visceralmente ligados ao contrato celebrado entre o ex-atleta e a agremiação esportiva.

5.7. OCORRÊNCIA DE FRAUDES. ASPECTOS PRÁTICOS

A entidade de prática desportiva pode celebrar um contrato de natureza civil com o atleta, seu empregado, para cessão do direito do uso da imagem deste. Nesse caso, a utilização individual da imagem do atleta é fora da jornada de trabalho, fora dos gramados. Esse contrato, em razão de sua natureza, não repercutirá nas verbas contratuais do jogador. Porém, tal fato em hipótese alguma poderá servir de pretexto para escamotear o pagamento de salários, o que significaria burlar normas elementares do Direito do Trabalho.

A previsão contida no art. 87-A da Lei n. 9.615/1998, transcrita no item 2.2, propõe inibir a tentativa de fraude ao estabelecer critérios que deverão constar do contrato de cessão da imagem do atleta. A saber**: a fixação de direitos**, **deveres** e **condições inconfundíveis com o contrato especial de trabalho desportivo**.

Não há dúvidas de que o contrato de cessão do direito de imagem do jogador possui natureza civil, mas desde que se trate de um contrato genuíno. Contundentes são as palavras de Álvaro Melo Filho[122] ao discorrer acerca da natureza jurídica do direito de imagem e afirmar sua natureza civil "não se prestando para fins de registro na entidade de administração desportiva, despido, portanto, sem qualquer repercussão na relação laboral-desportiva, **desde que não tenha utilização distorcida**".

Tem sido frequente entre clubes e atletas a constituição de pessoa jurídica para a celebração de contrato de cessão de direito de imagem, o que vem sendo repelido pela Jurisprudência quando restar comprovada a fraude a direitos trabalhistas.

(122) *Nova Lei Pelé*: avanços e impactos. 1. ed. 2011. p. 128.

Nesse caso, podem ser exemplificadas as seguintes situações: *a)* jogador sem notoriedade que recebe um salário mínimo anotado em CTPS e "direito de imagem" em valor dez vezes superior ao salário; *b)* jogador que vem ganhando notoriedade com o passar do tempo e tem o seu salário contratual estagnado, porém o valor do contrato de cessão de imagem aumenta de forma constante.

Nas hipóteses mencionadas há indício de fraude, pois diante da natureza civil do direito de imagem esta rubrica possui natureza indenizatória, não havendo que se falar em repercussão nas verbas contratuais como férias, 13º salário, FGTS e previdência social.

Cabe ser ressaltado que o simples fato de haver um contrato celebrado entre o clube empregador e a pessoa jurídica do atleta-empregado, por si só, não desnatura a natureza jurídica do contrato de cessão do uso da imagem do atleta, ao contrário do que afirmam determinados juristas, devendo haver uma criteriosa análise antes de se generalizar a modalidade escolhida pelas partes.

Se for atleta de renome internacional que possui empresa, mesmo que unipessoal, será mais vantajoso para ele celebrar o contrato por meio de sua empresa em razão da incidência dos tributos inerentes à negociação, sem que tal fato, por si só, seja taxado de fraudulento.

O contrato de cessão de uso de imagem celebrado etre atleta e clube pode se constituir em considerável fonte de renda, lícita, para o clube empregador, valendo destacar o exemplo do contrato firmado entre o Santos e o jogador Neymar, que conforme noticiado pela mídia, o referido pacto prevê que as receitas decorrentes da imagem do atleta serão dividas entre as partes, exceto quando a receita for proveniente do contrato celebrado entre o referido jogador e a empresa Nike, em razão de especificidades constantes naquela previsão contratual.

A princípio, não há nenhuma mácula existente no contrato mencionado que foi objeto de livre estipulação entre as partes contratantes, em sintonia com a disposição contida no art. 444 da CLT[(123)].

Mas nem sempre a boa-fé sobressai no momento da celebração desse tipo de contrato.

Álvaro Melo Filho[(124)] alerta que "este instituto jusdesportivo que integra o direito do atleta de explorar ou, como ocorre na maioria das vezes, de ceder economicamente o uso da própria imagem ao clube empregador por intermédio de uma pessoa jurídica, em geral constituída pelo próprio atleta, tem sido utilizado, muitas vezes, distorcidamente, para dissimular a remuneração salarial decorren-

---

(123) Art. 444. As relações contratuais de trabalho podem ser objeto de livre estipulação das partes interessadas em tudo quanto não contravenha às disposições de proteção ao trabalho, aos contratos coletivos que lhes sejam aplicáveis e às decisões das autoridades competentes.
(124) *Op. cit.*, p. 129.

te do conluio ou da conivência do atleta, sua empresa e seu clube, reduzindo, substancialmente, as obrigações fiscais, previdenciárias e sociais das partes contratantes, beneficiando tanto os atletas, quanto os clubes, no cálculo de alguns. Com efeito, esta estratégia de pagamento, plausível e lícita para uns, fraudulenta e desvirtuante para outros, gera uma economia significativa para os contratantes, posto que, não houvesse vantagens recíprocas, tais pactos não seriam firmados".

Quando a Justiça do Trabalho reconhece que houve fraude em contrato de cessão do uso de imagem entre o jogador e o seu clube empregador e consequentemente reconhece a natureza salarial daquela parcela — que seria indenizatória —, com repercussão nas verbas contratuais e rescisórias, não se está descaracterizando o instituto, mas sim reconhecendo um mecanismo utilizado como subterfúgio para mascarar o pagamento de verdadeiro salário na forma de parcela de natureza civil.

Em outras palavras, não se está dizendo que o direito de imagem tem natureza salarial, mas sim que naquela hipótese não há que se falar em direito de imagem, mas sim de uma forma ilegal para viabilizar o pagamento de verdadeiro salário.

À guisa de exemplo pode ser citado o julgamento ocorrido nos autos do RR 1447/2002-012-01-00.0, no qual a 7ª Turma do Tribunal Superior do Trabalho entendeu, por maioria, que os valores pagos à título de direito de imagem deveriam compor a remuneração do atleta, nos termos do art. 457 da CLT, com reflexos em FGTS, 13º salário e férias acrescidas de 1/3.

Apesar de constar no referido voto invocação ao direito de arena e precedentes acerca daquela rubrica, naquele caso a discussão gravitava em torno do contrato para cessão do uso da imagem do atleta.

O atleta alegava que havia firmado 3 contratos com o clube, o primeiro com salário de R$ 60.000,00, o segundo com salário de R$ 70.000,00 e no terceiro contrato, apesar do salário ter caído para R$ 20.000,00, foi firmado um contrato de imagem de R$ 65.000,00. A simples análise da evolução salarial do atleta induz a existência de fraude, tendo em vista o princípio sagrado e constitucional da irredutibilidade salarial.

Contudo, o acórdão proferido pelo Tribunal Regional do Trabalho entendeu que o contrato de licença de uso de imagem tem caráter mercantil e, por esta razão, não integra a remuneração.

Cabe aqui fazer um parênteses.

Ninguém duvida que o contrato de cessão do uso de imagem tem natureza indenizatória, entretanto, não pode ser utilizado como forma de reduzir encargos trabalhistas como subterfúgio para pagamento de salário.

Ocorre que o TRT entendeu, neste caso, que o jogador compactuou com a fraude perpetrada na medida em que o referido contrato seria utilizado como forma de evasão fiscal, prática essa que beneficiou ambos os envolvidos, que se eximiram de pagar impostos, sendo que o atleta teria sido conivente com a mencionada fraude e portanto, não poderia se beneficiar da sua própria torpeza.

Conforme visto acima, o TST teve entendimento distinto e reconheceu a natureza salarial da rubrica.

Insta destacar, nesse caso, que as normas mínimas que regulam o direito do trabalho servem para proteger o funcionário, parte frágil da relação com seu empregador, mas também proteger o empregado dele próprio, pois em várias oportunidades poderá cair na tentação de renunciar direitos para auferir uma remuneração imediata mais elevada.

Tal princípio também deve ser aplicado ao atleta profissional.

6

DIREITO DE ARENA

6.1. CONCEITO DO DIREITO DE ARENA

O vocábulo *arena* é de origem latina e significa parte do palco, piso do anfiteatro, coberto de areia, no qual os gladiadores faziam o seu espetáculo, enfrentando-se entre si ou contra animais.

Atualmente trata-se de instituto jurídico específico aplicável às atividades esportivas.

O Direito de Arena teve sua origem na lei de Direitos Autorais.

Conforme mencionado anteriormente, o Direito de Imagem é um dos componentes do direito da personalidade. O Direito de Arena é uma espécie de direito de imagem (e neste está compreendido), consistindo na veiculação da imagem do atleta enquanto participante do espetáculo em jogos televisionados.

É decorrente da participação do profissional de futebol em jogos e eventos desportivos e está diretamente relacionado com a prestação do trabalho do atleta no período em que está em campo, apresentando-se na "arena", e não apenas ao uso de sua imagem.

Pela divulgação de sua imagem na "arena", os atletas integrantes do espetáculo, têm o direito de participar do rateio extraído do percentual que, por imperativo legal, lhe é devido.

O instituto é definido por De Plácido e Silva(125) como "a faculdade da entidade a que estiver vinculado o atleta de autorizar ou proibir a fixação, transmissão ou retransmissão de espetáculo desportivo público, com entrada paga."

Por outro lado, o direito de arena limita-se a fixação, transmissão e retransmissão do espetáculo desportivo, mas não compreende o uso da imagem dos jogadores fora da situação específica do espetáculo.

---

(125) *Vocabulário jurídico*. 28. ed. 2010. p. 471.

6.2. A INTERPRETAÇÃO CONFERIDA À ANTIGA REDAÇÃO DO ART. 42 DA LEI N. 9.615/1998 E A JURISPRUDÊNCIA

O art. 42 da Lei n. 9.615/1998 continha a seguinte redação:

Art. 42. Às entidades de prática desportiva pertence o direito de negociar, autorizar e proibir a fixação, a transmissão ou retransmissão de imagem de espetáculo ou eventos desportivos de que participem.

§ 1º Salvo convenção em contrário, vinte por cento do preço total da autorização, como mínimo, será distribuído, em partes iguais, aos atletas profissionais participantes do espetáculo ou evento.

§ 2º O disposto neste artigo não se aplica a flagrantes de espetáculo ou evento desportivo para fins, exclusivamente, jornalísticos ou educativos, cuja duração, no conjunto, não exceda de três por cento do total do tempo previsto para o espetáculo.

A Jurisprudência se posicionou no sentido de que o direito de arena detinha natureza salarial e que por se pago por terceiros se equiparava às gorjetas (Súmula n. 354/TST) e integravam o salário do atleta para fins de cálculo de férias, 13º salário, INSS e FGTS.

Nesse sentido são as seguintes decisões. *Verbis*:

RECURSO DE REVISTA. DIREITO DE ARENA. À luz do art. 42, § 1º, da Lei n. 6.915/98, a parcela — direito de arena — é decorrente da participação do profissional de futebol em jogos e eventos esportivos, estando diretamente relacionada à própria prestação laboral do atleta e não apenas ao uso de sua imagem. Com efeito, referido direito é vinculado ao trabalho prestado pelo autor, ao longo dos 90 minutos do jogo, momento em que desempenha a sua atividade específica de profissional jogador de futebol. Observe-se, por relevante, que o mencionado art. 42 é flexível somente no que se refere à percentagem a ser ajustada — e ainda assim, garantindo ao trabalhador atleta um limite de 20 por cento. Entende-se, portanto, devida a contraprestação, a qual deverá ser previamente ajustada, respeitando-se aquele percentual mínimo, o que não significa retirar-se sua natureza salarial, como entendeu o eg. TRT. Recurso de revista conhecido e provido.

(TST — 2ª T. — Rel. Min. Renato de Lacerda Paiva — RR-130400-49.2003.5.04.0006, — DEJT: 1º.10.2010 — Recorrente: ANDERSON CORRÊA POLGA e Recorrido GRÊMIO FOOT-BALL PORTO ALEGRENSE.)

RECURSO DE REVISTA. DIREITO DE ARENA. NATUREZA JURÍDICA. Aplicável, por analogia, ao direito de arena, o entendimento jurisprudencial consagrado na Súmula n. 354/TST ("as gorjetas cobradas pelo empregador na nota de serviço ou oferecidas espontaneamente pelos clientes, integram a remuneração do empregado, não servindo de base de cálculo para as parcelas de aviso-prévio, adicional noturno, horas extras e repouso semanal remunerado", merece ser mantido o acórdão regional que, reconhecendo a verba como integrante da remuneração do atleta profissional, deferiu-lhe os reflexos em férias, natalinas e FGTS.

(TST — 3ª T. — Rel. Min. Rosa Maria Weber — RR-1049/2002-093-15-00.2, DEJT: 22.5.2009 — Recorrente GUARANI FUTEBOL CLUBE e Recorrido MARCELO TOMÉ DE SOUZA.)

6.3. ALTERAÇÕES ADVINDAS COM A NOVA REDAÇÃO

A atual redação do art. 42 da Lei n. 9.615/1998 contempla as seguintes mudanças. *Verbis*:

Art. 42. Pertence às entidades de prática desportiva o direito de arena, consistente na prerrogativa exclusiva de negociar, autorizar ou proibir a captação, a fixação, a emissão, a transmissão, a retransmissão ou a reprodução de imagens, por qualquer meio ou processo, de espetáculo desportivo de que participem.

§ 1º Salvo convenção coletiva de trabalho em contrário, 5% (cinco por cento) da receita proveniente da exploração de direitos desportivos audiovisuais serão repassados aos sindicatos de atletas profissionais, e estes distribuirão, em partes iguais, aos atletas profissionais participantes do espetáculo, como parcela de natureza civil.

§ 2º O disposto neste artigo não se aplica à exibição de flagrantes de espetáculo ou evento desportivo para fins exclusivamente jornalísticos, desportivos ou educativos, respeitadas as seguintes condições:

I — a captação das imagens para exibição de flagrante de espetáculo ou evento desportivo dar-se-á em locais reservados, nos estádios e ginásios, para não detentores de direitos ou, caso não disponíveis, mediante o fornecimento das imagens pelo detentor de direitos locais para a respectiva mídia;

II — a duração de todas as imagens do flagrante do espetáculo ou evento desportivo exibidas não poderá exceder a 3% (três por cento) do total do tempo de espetáculo ou evento;

III — é proibida a associação das imagens exibidas com base neste artigo a qualquer forma de patrocínio, propaganda ou promoção comercial.

§ 3º O espectador pagante, por qualquer meio, de espetáculo ou evento desportivo equipara-se, para todos os efeitos legais, ao consumidor, nos termos do art. 2º da Lei n. 8.078/1990.

A nova redação do diploma legal em destaque contemplou relevantes alterações, dentre elas:

3.2.1. Fala expressamente no Direito de Arena, enquanto que a previsão anterior se limitava a tratar de "imagem" de uma forma geral;

3.2.2. Afirma ser **exclusividade** das entidades de prática desportiva a prerrogativa de negociar e dispor a imagem do espetáculo desportivo;

3.2.3. Diminui de 20 para 5 por cento o percentual mínimo a ser rateado entre os participantes do espetáculo, auferido da receita da exploração dos direitos desportivos audiovisuais;

3.2.4. Somente Convenção Coletiva de Trabalho poderá aumentar o percentual mínimo. Antes, o acordo individual poderia ser válido;

3.2.5. Transfere das entidades de prática desportiva para os sindicatos de atletas profissionais o repasse do valor obtido com a exploração do espetáculo desportivo;

3.2.6. Utiliza a expressão "receita obtida" — ao invés do "preço total" — a ser repassada para os participantes do espetáculo;

3.2.7. Define, expressamente, que o valor recebido a título de direito de arena possui natureza civil, razão pela qual não poderá integrar para o cálculo de verbas trabalhistas, contratuais e rescisórias;

3.2.8. Estabelece condições e requisitos de não aplicação do dispositivo legal quando tiver fins jornalísticos, desportivos ou educativos;

Por fim, a regulamentação da Lei Pelé também trouxe novidade acerca do Direito de Arena, na medida em que o art. 46 do Decreto n. 7.984, de 8 de abril de 2013 assim dispõe. *Verbis*:

> **Art. 46.** Para fins do disposto no § 1º do art. 42 da Lei n. 9.615, de 1998, a respeito do direito de arena, o percentual de cinco por cento devido aos atletas profissionais será repassado pela emissora detentora dos direitos de transmissão diretamente às entidades sindicais de âmbito nacional da modalidade, regularmente constituídas.
>
> **Parágrafo único.** O repasse pela entidade sindical aos atletas profissionais participantes do espetáculo deverá ocorrer no prazo de sessenta dias.

Nota-se que o decreto regulamentador passa a se referir à "entidade sindical de âmbito nacional", como a beneficiária do repasse dos direitos de transmissão das partidas.

A possibilidade de fixação de um percentual diferente daqueles 5% previstos na legislação através de convenção coletiva de trabalho tem gerado discussão.

Em que pese o fato de ter havido recente alteração legislativa, a questão não é nova, lembrando Álvaro Melo Filho[126] que a "inspiração de tal norma há de ser buscada no acordo coletivo entre o Sport Clube Ulbra e o Sindicato dos Atletas Profissionais do Rio Grande do Sul, datado de dezembro de 2003, com validade até novembro de 2005".

A redação do referido dispositivo convencional previa no item 4.6.1. que: "Fica convencionado que o direito de arena previsto no art. 42 e § 1º da Lei n. 9.615/98 relativo à autorização para negociar e autorizar a transmissão ou retransmissão de imagem de espetáculo ou eventos esportivos será pago através do sindicato, na ordem de 10% (dez por cento). O pagamento efetuado através do sindicato não é integrativo da remuneração salarial para todos os efeitos legais".

Deve ser ressaltado que este acordo foi feito quando o art. 42 da Lei Pelé estabelecia que o percentual devido a título de direito de arena seria de 20% (vinte por cento). Ou seja, foi convencionado o pagamento de um percentual inferior àquele previsto na legislação.

Não há dúvidas de que as partes podem pactuar percentuais em patamares superiores do que o previsto em lei, sendo que para a concretização deste ato, sequer há necessidade de negociação coletiva, razão pela qual quando a lei fala em *salvo convenção coletiva de trabalho em contrário,* a referida redação deve ser interpretada como a possibilidade das partes pactuarem, livremente, a redução daquele percentual mínimo assegurado pela lei, hoje estabelecido em 5% (cinco por cento).

---

(126) Op. cit., p. 141.

A negociação coletiva pressupõe o estabelecimento de concessões recíprocas acordadas entre as partes. Diante de uma determinada conjuntura, pode ser interessante para os atletas abrir mão de parte do percentual devido a título de direito de arena, em troca de outros benefícios, conforme permissivo contido no art. 7º XXVI da C.R.F.B.

Mesmo antes da alteração legislativa, já havia quem defendesse que o direito de arena não detinha natureza remuneratória e nem sequer poderia ser equiparado às gorjetas para o cálculo de repercussões nas verbas trabalhistas.

Assim já profetizava o ex-atleta e advogado Rinaldo José Martorelli[(127)] ao discordar da corrente majoritária por entender que "o pagamento não decorre de nenhuma contraprestação de serviço, mas somente do uso de sua imagem. Depois, o pagamento do direito de arena tem de ser efetuado por aquele que o negociou".

Com efeito, o fato da entidade de prática desportiva negociar a imagem do atleta (quando esta for referente ao coletivo dos atletas), por si só, não tem o condão de estabelecer a natureza remuneratória desta rubrica. Afinal, é o clube que negocia a referida verba com as emissoras, não sendo razoável que o atleta tivesse que ir reivindicar o pagamento do direito de arena correspondente com o clube empregador.

Para evitar esse tipo de discussão, a nova redação do já citado art. 42 afirma expressamente que o valor referente ao direito de arena será repassado aos sindicatos de atletas profissionais, e estes distribuirão, em partes iguais, aos atletas profissionais participantes do espetáculo.

Portanto, não é mais o clube empregador o responsável pelo repasse da referida rubrica ao atleta, mas sim o sindicato respectivo. Dessa forma, afastada por completo a figura do empregador não há como se falar em natureza remuneratória da referida parcela, nem mesmo sua equiparação às gorjetas.

Nada obstante, o legislador foi ainda mais cauteloso e contundente, pois afirmou de forma expressa e categórica que o direito de arena possui natureza civil nos termos estabelecidos no art. 42, § 1º da Lei n. 9.615/1998.

Nesse sentido, é bem lançada decisão proferida nos autos do Recurso Ordinário n. 11-26.2010.5.15.0005, oriundo do Tribunal Regional do Trabalho de Campinas, da lavra do ilustre desembargador Francisco Alberto da Motta Peixoto Giordani. *Verbis*:

> "Cabe, ainda, consignar que, quanto ao direito de arena, a jurisprudência vinha reconhecendo sua natureza remuneratória, entendendo

(127) O direito de arena como direito de personalidade. In: *Curso de direito desportivo sistêmico.* V. II, p. 620.

que decorria do contrato de trabalho firmado com o clube, já que este paga ao atleta um percentual do preço estipulado para a transmissão do evento de que aquele participa, em decorrência do aludido contrato, quadro que mudou, em certa medida, com a alteração feita pela Lei n. 12.395/2011, ao art. 42, § 1º, à Lei Pelé, embora remanesça o debate se a mera dicção legal pode alterar a natureza de algo, embora, de todo modo, a alteração que se vem de referir seja posterior à ruptura do vínculo de emprego, não interferindo, pois, diretamente, na solução a ser dada a questão posta à julgamento."

Ainda como reforço à natureza indenizatória do direito de arena, deve ser relembrado que este é uma espécie do direito de imagem, na medida em que o fato gerador é comum. Logo, se o gênero (direito de imagem) possui natureza civil, mesma sorte deve seguir o acessório.

6.4. A QUESTÃO DOS JOGADORES QUE ESTÃO NO BANCO DE RESERVAS

A estipulação contida na legislação menciona, expressamente, que a receita obtida com a exploração da imagem durante o espetáculo, será distribuída, em partes iguais, aos atletas profissionais participantes do espetáculo.

Temos manifestado entendimento de que os jogadores que estão no banco de reservas também fazem jus ao recebimento da parcela referente ao direito de arena, pois, caso houvesse alguma restrição nesse sentido, a lei deveria excluir expressamente os atletas que não entraram em campo. Todavia, tal menção não está inserida no dispositivo legal. Além disso, destaco os seguintes elementos:

— O jogador que está no banco de reservas é um participante do espetáculo;

— Sua imagem é transmitida mesmo quando ele não entra em campo;

— Ele pode ser expulso pelo árbitro mesmo sem ter entrado em campo;

— O art. 250 do CBJD[128] estabelece a mesma pena para jogadores titulares ou reservas que praticarem ato desleal ou hostil durante a partida.

Por essas razões é que firmamos convencimento nesse sentido.

Contudo, não se trata de um entendimento pacífico, pois, em sentido contrário, leciona Sérgio Pinto Martins[129], ao afirmar que "quem foi relacionado para a partida, mas não participou dela, não faz jus ao pagamento do direito de arena, pois não houve exposição do atleta no jogo".

---

(128) Art. 250. Praticar ato desleal ou hostil durante a partida, prova ou equivalente.
PENA: suspensão de uma a três partidas, provas ou equivalentes, se praticada por atleta, mesmo se suplente, treinador, médico ou membro da comissão técnica, e suspensão pelo prazo de quinze a sessenta dias, se praticada por qualquer outra pessoa natural submetida a este Código. (AC).

(129) MARTINS. *Direitos trabalhistas do atleta profissional de futebol*. 2011. p. 71.

Data vênia dos respeitáveis posicionamentos em sentido contrário, entendemos que apesar de não ter entrado em campo, a imagem do jogador efetivamente foi exposta, nem que seja brevemente durante a apresentação da equipe.

6.5. O DIREITO DE ARENA E O ÁRBITRO DE FUTEBOL

O objetivo do item é o de trazer elementos característicos da atividade desempenhada pelo árbitro de futebol, bem como demonstrar, por meio de elementos objetivos, as razões pelas quais este partícipe do evento esportivo não faz jus ao recebimento dos valores referentes ao direito de arena.

A noção e compreensão do direito de arena já foi comentado à luz da jurisprudência e da legislação desportiva, em especial a Lei Pelé, que foi alterada pela Lei n. 12.395/2011 e do Decreto n. 7.984/2013, que regulamenta a Lei Pelé e que está em vigor desde 8 de maio de 2013.

Não se pode duvidar da importância do árbitro para a realização de uma partida de futebol. Interpretações equivocadas, aplicação rigorosa ou complacente da regra, enfim, variadas circunstâncias influenciam no resultado de uma competição, a demonstrar a importância de uma arbitragem qualificada, nada obstante a frequente utilização da tecnologia no esporte, como, por exemplo, o "desafio" no tênis, que possibilita que a jogada seja revista no intuito de se assegurar o acerto da marcação. É bem verdade que no futebol a utilização da tecnologia ainda é um tabu, mas que certamente se fará presente, em futuro breve.

Em muitas ocasiões a arbitragem é decisiva para o resultado da competição, razão pela qual a exigência que recai sobre o árbitro é enorme. Trata-se de um partícipe do evento desportivo, cuja função é a de assegurar a regularidade da competição na medida em que sua meta é a de garantir o cumprimento das regras técnicas e disciplinares da modalidade.

Por esta razão é o que Estatuto do Torcedor (Lei n. 12.299/2010) é categórico ao afirmar em seu art. 30 que "É direito do torcedor que a arbitragem das competições desportivas seja independente, imparcial, previamente remunerada e isenta de pressões".

Nota-se, portanto, que a atividade do árbitro é precedida de inúmeras exigências, que englobam aspectos morais, intelectuais, físicos, dentre outros.

Em Portugal, a Lei n. 50/2007, define o árbitro desportivo como sendo *quem, a qualquer título, principal ou auxiliar, aprecia, julga, decide, observa ou avalia a aplicação das regras técnicas e disciplinares próprias da modalidade desportiva*. Todavia, conforme contundente afirmação de Nuno Barbosa[130], essa definição

(130) BARBOSA, Nuno. O estatuto jurídico do árbitro no direito português. p. 48. In: AMADO, João Leal; COSTA, Ricardo (coord.). Direito do desporto profissional. Almedina.

não seria adequada na medida em que o árbitro tem que estar habilitado pela federação para exercer o seu ofício e este credenciamento é certificado por um órgão federativo designado conselho de arbitragem, o que revela que não basta a simples intenção de se exercer a função.

Assim como outras atividades tão importantes quanto a do árbitro de futebol, a profissionalização e a regulamentação da profissão, a partir de um estatuto próprio é fundamental para o regular funcionamento das partidas e das competições, devendo ser lembrado que trata-se de uma atividade específica onde não existe vínculo empregatício (conforme farta jurisprudência do Tribunal Superior do Trabalho), mas sim uma prestação de serviços.

Os requisitos dos arts. 2º e 3º da CLT estão ausentes para a configuração do vínculo de emprego entre o árbitro e a federação de futebol, sendo que os direitos do árbitro de futebol se restringem ao pagamento da remuneração em relação a cada jogo que participar[131].

O Projeto de Lei n. 6.405/2002 até tentou assegurar a relação de emprego ao árbitro, mas diante da incompatibilidade do vínculo com a atividade desempenhada, não empolgou a discussão.

Com efeito, não existe a subordinação do árbitro de futebol com os clubes e nem com as entidades de administração do desporto, tendo em vista a inexistência do poder disciplinar (é até salutar que assim permaneça). Outrossim, as penalidades impostas pelos Tribunais de Justiça Desportiva decorrem de infração às regras do futebol, enumeradas no Código Brasileiro de Justiça Desportiva[132].

O maior beneficiário da profissionalização da atividade do árbitro é o consumidor, devidamente amparado pelo Estatuto do Torcedor, que poderá se assegurar da lisura da arbitragem e da adoção de critérios técnicos que serão ministrados em escolas de arbitragem.

Conforme já restou demonstrado no presente capítulo, a previsão constitucional assegura a proteção à imagem de todo e qualquer cidadão sem distinção, razão pela qual a imagem do árbitro poderá ser objeto de exploração financeira, mediante celebração de contrato de cessão para este fim, que poderá ser avençado entre o próprio árbitro (ou empresa por ele constituída) e empresa que pretenda veicular a imagem do contratado para fins de propaganda.

Portanto, pode se dizer que a previsão constitucional no tocante à proteção da imagem, se aplica árbitro de futebol, pois trata-se de direito individual deste, de maneira pessoal e dissociada da imagem e transmissão do espetáculo

---

(131) MARTINS, Sérgio Pinto. *Direitos trabalhistas do atleta profissional de futebol*. Atlas, p. 154.

(132) CASTELO, Jorge Pinheiro. Árbitro de futebol x relação de emprego x profissionalização x direito de arena. *Revista LTr*. 77-01/43, jan. 2013.

Em que pese o fato do árbitro ser essencial para a realização da partida, tal situação não lhe assegura o direito de receber valor referente ao direito de arena, na medida em que este, conforme definição legal é assegurado exclusivamente aos atletas, conforme firme previsão do parágrafo primeiro do art. 42 da Lei Pelé que apresenta como destinatários, exclusivamente, *atletas profissionais participantes do espetáculo*.

Apesar da indispensabilidade de ostentar considerado preparo físico, o árbitro não pode ser equiparado ao atleta para fins de recebimento da parcela em comento.

E nem se argumente que sem a sua presença a partida de futebol sequer tem início, pois na hipótese de não haver policiamento, por exemplo, a partida também não será iniciada e tal fato não assegura o recebimento do direito de arena por parte dos policiais que, assim como os árbitros, são indispensáveis à realização do espetáculo e também terão suas imagens televisionadas durante o evento desportivo[133].

De igual sorte, com muita frequência, os torcedores que comparecem aos estádios e lotam as arquibancadas para ver o espetáculo, costumam ter suas imagens captadas pelas câmeras, geralmente segurando cartazes ou fazendo gestos para chamar a atenção da imprensa.

Ao citar Santos Cifuentes, o advogado Felipe Legrazie Ezabella[134] diz que há limitação ao direito de imagem, podendo ser catada e divulgada, quando se trata de fatos ou acontecimentos públicos que ocorreram em público, como tumultos, inaugurações de monumentos, desfiles militares, cortejos fúnebres de homens célebres, dentre outros. Assim, a partida de futebol que é divulgada em toda a mídia para atrair público pode e deve ser considerada como um evento destinado ao público.

Nesta hipótese, também estamos diante de divulgação de imagem durante a partida, mas que por razões óbvias não asseguram ao torcedor o direito de receber o direito de arena, pois, repita-se, trata-se de verba devida exclusivamente ao atleta profissional que participou do espetáculo.

Apoiado na doutrina e na prática desportiva, afirma Ezabella[135] que o técnico, o massagista e o preparador físico "não são aptos a receberem participação no

---

(133) Código Brasileiro de Justiça Desportiva (CBJD). **Art. 267.** Deixar de solicitar às autoridades competentes as providências necessárias à segurança individual de atletas e auxiliares ou deixar de interromper a partida, caso venham a faltar essas garantias.

PENA: suspensão de trinta a trezentos e sessenta dias, cumulada ou não com multa, de R$ 100,00 (cem reais) a R$ 1.000,00 (mil reais).

Estatuto do Torcedor. **Art. 31**. A entidade detentora do mando do jogo e seus dirigentes deverão convocar agentes públicos de segurança visando a garantia da integridade física do árbitro e de seus auxiliares.

(134) EZABELLA, Felipe Legrazie. *O direito desportivo e a imagem do atleta*. Thomson, p. 112.

(135) *Op. cit.*, p.166.

valor a ser partilhado do direito de arena, bem como suas aparições nos meios audiovisuais decorrem de suas atividades laborais".

Segundo Sérgio Ventura Engelberg[136], o direito de arena "garante ao atleta participante do espetáculo ou evento esportivo um percentual dos valores obtidos pela entidade esportiva com a venda da transmissão dos jogos em que o atleta efetivamente participa".

É interessante destacar que o projeto original da Lei de Direitos Autorais de 1973 assegurava a prerrogativa "aos outros participantes figurantes do espetáculo e técnicos" da participação na importância recebida a ser dividida proporcionalmente na forma que fosse determinada pelo Conselho Nacional de Desportos. Caso esta previsão tivesse prevalecido, poderia, sim, se defender a garantia do direito de arena aos árbitros. Porém, não é esta a previsão legal vigente em nosso ordenamento jurídico.

Um dos primeiros defensores da tese de que o árbitro fazia jus ao direito de arena foi o ilustre jurista Antônio Chaves que afirmava ser uma grande injustiça não conceder esta rubrica ao árbitro de futebol, pois nem mesmo o vínculo de emprego lhe era assegurado (entendimento que prevalece até os dias atuais), sendo que o direito de arena seria devido não apenas aos desportistas profissionais, mas deveria amparar todos aqueles que atuam em um espetáculo, exteriorizando suas particularidades e habilidades, cujo valor econômico teriam o direito de reivindicar quando suas atuações fossem exploradas economicamente[137].

Além disso, mencionava o autor, que, algumas vezes, os árbitros se apresentavam com performance mais espetacular do que a grande maioria dos atletas participantes do espetáculo, fato este que os consagravam como verdadeiros artistas em suas especialidades.

De fato, no Brasil, já houve um folclórico árbitro que, em razão de seus trejeitos no momento de apitar uma falta ou aplicar um cartão à um jogador, se comportava como um artista.

Porém, nada obstante o aspecto social levantado pelo festejado jurista, na medida em que a previsão legal contempla de forma específica quem são os beneficiários da parcela referente ao direito de arena, não há respaldo jurídico para se defender o pagamento da referida rubrica aos árbitros de futebol, mesmo levando-se em consideração o importante papel desempenhado por este profissional que tem o condão de influenciar no resultado das partidas.

---

(136) ENGELBERG, Sérgio Ventura. Análise comparativa dos direitos à imagem e arena dos atletas profissionais – Lei Pelé antiga e atual. *Revista Brasileira de Direito Desportivo*, ano 11 – 21; p. 290.
(137) CHAVES, Antônio. *Direito de arena*. 1. ed. Julex Livros, 1988. p. 62/63.

Entendimento contrário poderia, inclusive, provocar situações prejudiciais aos campeonatos e competições, pois a sabedoria popular diz que o bom árbitro é aquele que não "aparece".

Portanto, são dois os requisitos enumerados na legislação que asseguram o pagamento do direito de arena: (*i*) ser atleta profissional e (*ii*) ter participado do espetáculo.

Essa não é uma questão nova, devendo ser ressaltado que no ano de 2006 houve uma tentativa de se cobrar o direito de arena para os árbitros, mediante o ajuizamento de ação judicial, cujo desfecho não poderia ser outro, senão a improcedência.

Naquela oportunidade a juíza Kátia Torres, da 30ª Vara Cível do Rio de Janeiro, negou o pedido de indenização do SAFERJ (Sindicato dos Árbitros Profissionais do Estado do Rio de Janeiro) e do SAFESP (Sindicato dos Árbitros do Estado de São Paulo) pelo uso das imagens dos seus árbitros associados, em campeonatos de futebol transmitidos na programação da TV Globo, Globosat, Rádio e TV Record, tendo asseverado que "o árbitro e o assistente que se propõem a atuar em uma partida de futebol já sabem, de antemão, que suas imagens serão exibidas".

De acordo com o órgão judicante, os sindicatos alegavam que as emissoras obtêm lucros com as transmissões das partidas sem jamais remunerarem os árbitros e que houve utilização das imagens dos seus associados para fins comerciais, nos últimos vinte anos, sem o devido consentimento, razão pela qual os autores daquela ação pediram a condenação das emissoras, caso fossem exibidas transmissões de jogos sem prévio aviso.

A referida magistrada entendeu que não houve violação dos direitos do indivíduo e da própria imagem e, tampouco, intromissões na vida privada dos árbitros, tendo constado na decisão a seguinte assertiva. *Verbis*: "Sabemos que os eventos esportivos, principalmente de futebol, despertam paixões e atraem os torcedores, criando interesse pelos espetáculos transmitidos pelas redes de televisão. O árbitro e o assistente que se propõem a atuar em uma partida de futebol já sabem, de antemão, que suas imagens serão exibidas".

Por fim, resta trazer à baila a contundente previsão contida no art. 88 da Lei Pelé, que de forma inconteste prevê. *Verbis*:

> **Art. 88.** Os árbitros e auxiliares de arbitragem poderão constituir entidades nacionais, estaduais e do Distrito Federal, por modalidade desportiva ou grupo de modalidades, objetivando o recrutamento, a formação e a prestação de serviços às entidades de administração do desporto. *(Redação dada pela Lei n. 12.395, de 2011).*
>
> **Parágrafo único.** Independentemente da constituição de sociedade ou entidades, os árbitros e seus auxiliares não terão qualquer vínculo empregatício com as entidades desportivas diretivas onde atuarem, e sua remuneração como autônomos exonera tais entidades de quaisquer outras responsabilidades trabalhistas, securitárias e previdenciárias.

Desta forma, é possível se concluir que a divulgação da imagem do árbitro durante a partida de futebol é inerente aos serviços por ele prestados que sequer se revestem dos requisitos inerentes ao vínculo empregatício.

Diante das considerações acima expostas, apresentamos as seguintes conclusões:

a) A atividade do árbitro de futebol merece o devido respeito e o reconhecimento público, na medida em que trata-se de figura indispensável para a realização do espetáculo, no caso, a partida de futebol e que por força do Estatuto do Torcedor, a arbitragem deve ser independente, imparcial, previamente remunerada e livre de pressões;

b) A Constituição Federal assegura a proteção às participações individuais em obras coletivas e à reprodução da imagem e voz humanas, inclusive nas atividades desportivas, razão pela qual a imagem do árbitro poderá ser objeto de exploração financeira, assim como a de qualquer outro cidadão;

c) O direito de arena é espécie de direito de imagem (e neste está compreendido), consistindo na veiculação da imagem do atleta enquanto participante do espetáculo em jogos televisionados;

d) A presença do árbitro é fundamental para a realização da partida. Contudo, a presença de policiais no estádio de futebol também é requisito essencial para a realização desta e nem por isso os policiais fazem jus ao direito de arena.

e) A legislação apresenta dois requisitos para se fazer jus ao direito de arena: (*i*) ser atleta profissional e (*ii*) ter participado do espetáculo.

f) Além do fato da legislação não contemplar o árbitro com o direito de receber valor equivalente ao direito de arena, não existe qualquer dispositivo legal que permita esta interpretação, cabendo ao árbitro o direito de receber da entidade de administração do desporto remuneração digna e compatível para cada partida em que atuar.

Diante de todas as considerações apresentadas, conclui-se que o árbitro de futebol desempenha papel de grande relevância para as partidas e para a própria competição e em contrapartida terá direito ao pagamento correspondente à partida na qual atuou. Contudo, em razão de ausência de previsão legal, não fará jus à parcela denominada direito de arena que é exclusiva dos jogadores profissionais que tenham participado do espetáculo.

6.6. NOVOS RUMOS — MODULAÇÃO

Diante das profundas alterações advindas com a Lei n. 12.395/2011, algumas dúvidas vêm à tona, cabendo o seguinte questionamento:

A aplicação das alterações introduzidas pela nova legislação vigoram de imediato nos processos judiciais já em curso, ou terá aplicação restrita aos contratos firmados a partir de 16.3.2011, início de vigência do diploma legal?

Ou seja, em uma discussão já em curso acerca da natureza jurídica do Direito de Imagem, será aplicado o entendimento que o Tribunal Superior do Trabalho vinha aplicando (natureza salarial com reflexo em determinadas verbas assim como a gorjeta), ou deverá ser reconhecida, imediatamente a natureza indenizatória da referida rubrica?

São questões que somente o tempo será capaz de delimitar, havendo a necessidade de provocação por parte dos operadores do direito.

Com efeito, as normas que disciplinam a atividade do atleta profissional passaram por grandes mudanças nos últimos tempos. O mais recente diploma legal alterou mais da metade da Lei Pelé, cujo texto original de 1998 já havia sido alterado.

A regulamentação da atividade desse profissional é algo ainda em ebulição e muito nova em comparação com outras atividades especiais e já regulamentadas. Mas apesar de toda esta matéria ser muito recente em termos de legislação, há muito se reivindicava a existência de normas que dispusessem acerca de critérios para o desenvolvimento das atividades do jogador de futebol, valendo trazer o magistério de J. Antero de Carvalho[138] que em 1950 já pregava que a regulamentação das atividades do jogador de futebol "não tem escopo de acarretar encargos aos clubes. Visa, precipuamente, a estabelecer um equilíbrio legal, o reconhecimento expresso de vantagens e também de obrigações de forma afastar, de uma vez por todas, as dúvidas que os juízes dos Tribunais Trabalhistas têm admitido a respeito dos direitos dos atletas em face da atual legislação especializada".

Essas dúvidas mencionadas pelo ilustre autor supramencionado persistem até os dias atuais, nada obstante a vigência de normas que regulamentam esta atividade, sendo que o direito de arena e o direito de imagem se enquadram nos dispositivos que ainda geram dúvidas e incertezas, seja perante os operadores de direito, seja nos tribunais trabalhistas.

O direito à imagem é composto de elemento *moral* e de elemento *material*.

O moral diz respeito à proteção do interesse da pessoa que deseja impedir a divulgação de sua imagem. Já o elemento material confere ao titular do direito a possibilidade de exploração econômica de sua própria imagem.

Por se tratar de uma espécie de Direito da Personalidade, o direito à imagem pode ser classificado como essencial, sem o qual a própria noção de pessoa estaria ameaçada.

---

(138) *Direito do trabalho interpretado*. 1. ed. Editorial Sul Americana S/A. 1951. p. 259.

Diante das considerações trazidas pela doutrina e pela jurisprudência, constata-se a existência de uma verificação de convivência entre o princípio da proteção da intimidade da pessoa e o direito ao acesso à informação e da liberdade de imprensa.

Daí porque a proteção à imagem deve ser ponderada com outros interesses constitucionalmente tutelados, especialmente em face do direito ao amplo acesso à informação e da liberdade de imprensa. Em caso de colisão desses princípios, deverá ser levada em consideração a notoriedade do retratado e dos fatos abordados, bem como a veracidade destes e, ainda, características de sua utilização (comercial, informativa, biográfica), privilegiando-se medidas que não restrinjam a divulgação das informações.

Tal preocupação não está limitada ao âmbito nacional, pois em Portugal[139] o Tribunal da Relação de Lisboa, através do Acórdão de 28 de janeiro de 1999, manifestou-se acerca do conflito entre a liberdade de expressão e de informação e o bem jurídico da imagem, tendo decidido que "a reprodução do retrato justificada pela notoriedade das pessoas, pressupõe um interesse público de informação, sendo ilícita, quando desviada para fins alheios à atividade pública dos retratados ou aos interesses públicos de informação, como para a **exploração comercial** não autorizada dessa notoriedade".(grifo nosso)

É importante se ter em mente que quando da celebração de um contrato de cessão de uso do direito de imagem é essencial que haja o expresso e voluntário consentimento do atleta sob pena de contaminar o próprio contrato, sendo que neste deverá constar, de forma clara e objetiva, a especificação da imagem cuja comercialização está sendo autorizada, âmbito territorial de sua divulgação, prazo de vigência, dentre outros elementos que possam complementar a especificação.

Tanto o Direito de Imagem quanto o Direito de Arena possuem um fato gerador em comum, no caso, a **veiculação da imagem do atleta**.

---

(139) CARVALHOSA, Sofia B. *Op. cit.*, p. 318.

7

LUVAS

Para a compreensão da parcela denominada "luvas", é necessário um breve e sucinto exame do instituto à luz da doutrina e legislação atinentes ao Direito Comercial.

As luvas estão intrinsicamente vinculadas ao "ponto comercial", originário do contrato de locação. Segundo Fábio Ulhoa Coelho[(140)]:

> "Dentre os elementos do estabelecimento empresarial, figura o chamado "ponto", que compreende o local específico em que ele se encontra. Em função do ramo da atividade explorado pelo empresário, a localização do estabelecimento empresarial pode importar acréscimo, por vezes substantivo, no seu valor. Se o empresário se encontra estabelecido em imóvel de sua propriedade, a proteção jurídica deste valor se faz pelas normas ordinárias de tutela da propriedade imobiliária do direito civil. Já, se está estabelecendo em imóvel alheio, que locou, a proteção jurídica do valor agregado pelo estabelecimento seguirá a disciplina da locação não-residencial caracterizada pelo art. 51 da Lei n. 8.245/91."

O "ponto", portanto, é composto por fatores intangíveis, que a ajudam a obter lucros, tais como reputação, localização, fidelidade de sua clientela, contratos de exclusividade, tecnologia de produção, venda ou distribuição, marca, etc.

O atleta profissional também possui ativos intangíveis que influenciam diretamente em sua contratação, tanto os relacionados ao desempenho técnico quanto aos afetos à sua personalidade.

Daí decorre forte concorrência pela sua contratação, cabendo aos clubes interessados mensurar os ativos intangíveis e oferecer importâncias pecuniárias e/ou outros benefícios que entenderem suficientes ao convencimento do profissional em assinar o contrato.

Portanto, as luvas são importes pagos pelo clube aos jogadores como forma de incentivo para assinatura do contrato de trabalho, em virtude da qualidade e eficiência do próprio jogador antes mesmo de ser contratado.

---

(140) COELHO, Fábio Ulhoa. *Curso de direito comercial*. v.1. São Paulo: Saraiva, 2005. p. 109-110.

O art. 12, da 6.354/1976 traz uma definição para luvas:

Art. 12. Entende-se por luvas a importância paga pelo empregador ao atleta, na forma do que for convencionado, pela assinatura do contrato.

No âmbito da Justiça do Trabalho, a controvérsia instaurou-se em definir a natureza salarial das luvas conforme ilustram as decisões abaixo transcritas:

EMENTA: RECURSO ORDINÁRIO DO RECLAMANTE. LUVAS. INTEGRAÇÕES. As luvas pagas ao atleta profissional de futebol pela assinatura do contrato (art. 12 da Lei 6354/76), **não possuem natureza salarial**, razão pela qual descabida a integração dos valores respectivos nos 13º salários, férias, repousos semanais remunerados e FGTS. Recurso ordinário do reclamante desprovido.

(TRT 4ª Região — RO 0112600-53.1995.5.04.0017 — Relator: Carlos Alberto Robinson — Data: 27.7.2000) (grifou-se)

EMENTA: "LUVAS" — BANCO SAFRA E SAFRA DE EMPREGADOS ALTAMENTE QUALIFICADOS, "TOP DE LINHA", RECRUTADOS NO MERCADO MEDIANTE PROMESSA DE PAGAMENTO DE DETERMINADA IMPORTÂNCIA PECUNIÁRIA — "LUVA(S)" E "MÃO(S)" — METÁFORA, HIPÉRBOLE, EUFEMISMO, ANALOGIA E ETIMOLOGIA — NATUREZA JURÍDICA DA PARCELA — PROMESSA DE PAGAMENTO — QUITAÇÃO PARCIAL — PROVA INDICIÁRIA E A SUA IMPORTÂNCIA NA PÓS-MODERNIDADE — O acervo probatório, em seus claros e escuros, certezas e dúvidas, com grande margem de segurança, revelou que o Banco Safra recrutava alguns profissionais mais qualificados e em destaque no mercado financeiro, para atuar em setores importantes, oferecendo vantagem pecuniária para a celebração de contrato de trabalho, pagando uma espécie de "luvas" para que o profissional rescindisse o contrato de trabalho com a instituição financeira para a qual prestava serviços, e ajustasse nova avença empregatícia, assumindo o compromisso de manter o novo vínculo por, no mínimo, quatro anos. Para o recebimento das "luvas", o empregado tinha de assinar um contrato fictício de abertura de crédito e emitir uma nota promissória, logo após a admissão, deixando entrever um simulacro de transação comercial, com o fito de descaracterizar a verdadeira natureza jurídico-trabalhista da parcela. Mais se robustece a configuração da simulação, passível de conversão substancial, quando se verifica que uma pessoa altamente qualificada, ligada ao setor econômico-financeiro, contraiu um empréstimo para aplicar o respectivo valor em um fundo de investimento que rendeu valores inferiores àqueles gastos com os juros e os demais encargos do negócio. Ademais, não há nenhuma referência nos recibos salariais acerca de parcelas do aludido empréstimo, adensando ainda mais a nuvem de verossimilhança sobre a fraude trabalhista, que se caracteriza pelo simples desvirtuamento quanto à aplicação dos preceitos constantes da CLT, consoante art. 9º. A prova indiciária, que a cada dia ganha maior importância, tendo em vista a complexidade das relações sociais e jurídicas, aliada aos avanços tecnológicos e ao comportamento das pessoas, cujos valores morais já não têm a importância do passado, compreende todo e qualquer rastro, vestígio ou circunstância relacionada com um fato devidamente comprovado, suscetível de levar, por inferência, ao conhecimento de outro fato, até então ligeira ou profundamente obscuro. A inferência indiciária, simples ou complexa, é um raciocínio lógico-formal, apoiado em uma operação mental, que, em elos sequenciais ou intermitentes, nos permite encontrar vínculo, semelhança, diferença, causalidade, sucessão ou coexistência entre os fatos que circundam a lide, em seus pontos de controvérsia, a fim de formar a convicção do julgador, que, antes de magistrado, é uma pessoa comum, atento ao que ordinariamente ocorre. **As "luvas" foram introduzidas em nosso ordenamento jurídico pelo Decreto n. 24.150/34 para disciplinar as relações de locação comercial e, com o passar dos anos, a expressão se estendeu para outros setores, em especial para os atletas profissionais de futebol**, nada impedindo, por metáfora, hipérbole, ou eufemismo que a expressão seja apropriada, pelo Direito do Trabalho, aplicando-se-lhe os princípios para todo e qualquer empregado, inclusive por analogia. A palavra "luva", no singular, significa peça de vestuário para proteção ou enfeite e, segundo se sabe, um tapa de luva de pelica simboliza, sutilmente, uma falta [...] No plural, a sua acepção é bem diferente; é jurídica; é um pouco menos figurativa, mais real, ainda que marcada por leve eufemismo, já que o respectivo valor é pago em dinheiro, na palma da mão, assim como ocorre até hoje com as gorjetas espontâneas, também abonadas em palma ou em salva. Sob a ótica contratual, o "aperto" de mãos representa a conclusão de uma avença, que acarreta consequências jurídicas, independentemente da vontade do dador, apesar de, em certas ocasiões, ainda se pretender que a luva seja "uma sociedade secreta que ajuda a esconder a mão" [...] (Murilo Mendes). O simbolismo em torno destas duas palavras é tão grande que Machado de Assis escreveu deliciosa novela, segundo o autor para ser lida "de um trago", intitulada "A Mão e a Luva". Seja como for, por simbolismo, por metáfora, por etimologia, por metáfora, por hipérbole, por eufemismo, ou por analogia, juridicamente não há outra saída: o valor pecuniário recebido pelo empregado, às claras ou por subterfúgios contábeis, em mãos ou em conta corrente bancária (nunca, porém, em meias ou em peças íntimas, sob pena de configuração de proprina) a título de "luvas", para que o trabalhador se desligue da empregadora para a qual presta serviços, celebrando contrato de trabalho com outra empresa, **possui inegável natureza justrabalhista, de cunho salarial.**

(TRT 3ª Região — RO 01542-2008-113-03-00-3 — 4ª Turma — Relator: Des. Luiz Otavio Linhares Renault — fonte: DEJT 1º.2.2010) (grifou-se)

Maurício Godinho Delgado classifica as parcelas de natureza indenizatória em dois tipos, as decorrentes do ressarcimento de despesas reais (diárias para viagem, ajuda de custo, etc.) e as originárias da reparação de direitos trabalhistas não honrados em sua integralidade (férias não gozadas, aviso prévio, etc.).

Em sendo as luvas a importância paga pelo empregador ao atleta, na forma do que for convencionado, pela assinatura do contrato, não nos parece que se enquadre no conceito de parcela indenizatória, sem em razão de não configurar ressarcimento de despesa, seja em razão do momento do ajuste da parcela afastar qualquer possibilidade de adimplir eventual descumprimento de direito trabalhista.

Alice Monteiro de Barros[141] também comunga do entendimento de que as luvas pagas aos atletas profissionais possuem natureza salarial:

> "As luvas traduzem importância paga ao atleta pelo seu empregador, "na forma que for convencionada, pela assinatura do contrato"; compõem a sua remuneração para todos os efeitos legais (art. 12 da Lei n. 6.354, de 1976 e art. 31, § 1º da Lei n. 9.615, de 1998)."

Em que pese não tratar expressamente das "luvas", o mesmo raciocínio pode ser extraído do art. 31,§1º da Lei Pelé:

Art. 31. A entidade de prática desportiva empregadora que estiver com pagamento de salário de atleta profissional em atraso, no todo ou em parte, por período igual ou superior a 3 (três) meses, terá o contrato especial de trabalho desportivo daquele atleta rescindido, ficando o

(141) BARROS, Alice Monteiro de. *Contratos e regulamentações especiais de trabalho*: peculiaridades, aspectos controvertidos e tendências. São Paulo: LTr, 2001. p. 68.

atleta livre para se transferir para qualquer outra entidade de prática desportiva de mesma modalidade, nacional ou internacional, e exigir a cláusula compensatória desportiva e os haveres devidos.

§ 1º São entendidos como salário, para efeitos do previsto no *caput*, o abono de férias, o décimo terceiro salário, as gratificações, **os prêmios e demais verbas inclusas no contrato de trabalho**.(grifou-se)

§ 2º A mora contumaz será considerada também pelo não recolhimento do FGTS e das contribuições previdenciárias.

No mesmo diapasão o magistério de Domingos Sávio Zainaghi(142), com o destaque para o fato de que as luvas não necessariamente são pagas em pecúnia:

> "Têm, portanto, as "luvas" um caráter de complemento da remuneração. Podem ser pagas de uma só vez, ou em parcelas semestrais, e, também em cotas mensais junto com o salário.
>
> Podem as "luvas" ser pagas in natura, o que é até muito comum nos meios futebolísticos. O clube por ocasião da assinatura do contrato oferece ao atleta um veículo, por exemplo.
>
> Trata-se de parcela de natureza remuneratória, obrigatória se prevista no contrato, e que deverá refletir em todas as verbas trabalhistas (FGTS, férias, décimo terceiro salário)."

No âmbito do Tribunal Superior do Trabalho, é pacífico o entendimento no sentido do reconhecimento da natureza salarial das luvas:

ATLETA PROFISSIONAL. CONTRATO DE TRABALHO. PRAZO DETERMINADO. PRORROGAÇÃO. REDUÇÃO SALARIAL. O contrato de trabalho celebrado entre o clube e o atleta profissional é sempre por prazo determinado, consoante exigência do art. 30, parágrafo único, da Lei n. 9.615/1998, que revogou o disposto no art. 3º, II, da Lei n. 6.354/76, e, por isso, ainda que celebrados vários contratos sucessivamente, não podem ser tomados de forma unificada. Os arts. 451 e 452 da Consolidação das Leis do Trabalho não se aplicam ao atleta profissional do futebol, porquanto incompatíveis com as disposições especiais previstas para esse trabalhador. Não há falar, tampouco, em redução salarial, porquanto não fora configurada a hipótese de unicidade contratual. Recurso de revista não conhecido. **LUVAS DESPORTIVAS. NATUREZA JURÍDICA. Nos termos do art. 12 da Lei n. 6.354/76, entende-se por 'luvas' a importância paga pelo empregador ao atleta, na forma do que for convencionado, pela assinatura do contrato. As -luvas- são pagas em razão do contrato de trabalho, levando-se em consideração o desempenho do atleta ao longo de sua carreira. Reveste-se, portanto, a parcela, de natureza salarial. Recurso de revista conhecido e provido**. (RR — 660130-20.2000.5.03.5555 , Relator Ministro: Lelio Bentes Corrêa, Data de Julgamento: 8.11.2006, 1ª Turma, Data de Publicação: 24.11.2006) (grifo nosso)

EMENTA: I. RECURSO DE REVISTA DO RECLAMANTE. ATLETA PROFISSIONAL DE FUTEBOL. BICHOS DESPORTIVOS. REFLEXOS NA REMUNERAÇÃO DOS REPOUSOS SEMANAIS E FERIADOS. DIVERGÊNCIA JURISPRUDENCIAL. INESPECIFICIDADE DOS ARESTOS PARADIGMAS.

(142) ZAINAGHI, Domingos Sávio. *Os atletas profissionais de futebol no direito do trabalho*. São Paulo: LTr, 1998. p. 74.

ADMISSIBILIDADE INVIÁVEL. Não se conhece do recurso de revista calcado em divergência jurisprudencial, quando os arestos trazidos ao cotejo não evidenciam a existência de teses divergentes a respeito do tema controvertido. Inteligência do Enunciado n. 296. **LUVAS DESPORTIVAS. NATUREZA JURÍDICA. INTEGRAÇÃO SALARIAL. CONHECIMENTO. Nos termos do art. 12 da Lei n. 6.354/1976, as luvas desportivas_são pagas em razão do contrato de trabalho, tomando-se em consideração o desempenho do atleta profissional de futebol ao longo de sua carreira, consoante prelecionam JOSÉ MARTINS CATHARINO e ALICE MONTEIRO DE BARROS. Trata-se, portanto, de verba de natureza eminentemente salarial na medida em que caracteriza uma modalidade de contraprestação paga pelo empregador ao empregado. Robustece esta convicção o fato de o art. 3º, inciso III, da Lei n. 6.354/1976 incluir as luvas desportivas no rol de parcelas que compõem a remuneração do atleta profissional de futebol, estabelecendo, inclusive, que tal valor deve estar expressamente especificado no contrato de trabalho, se previamente convencionado. Recurso conhecido, por divergência jurisprudencial, e parcialmente provido.** (...) (RR — 467125-74.1998.5.04.5555, Relator Juiz Convocado: Altino Pedrozo dos Santos, Data de Julgamento: 2.6.2004, 1ª Turma, Data de Publicação: 9.7.2004) (grifo nosso)

CONTRATO DESPORTIVO. ATLETA PROFISSIONAL DE FUTEBOL. LUVAS. NATUREZA JURÍDICA. As luvas, cujo termo em sentido figurado não é exclusivo do direito desportivo, mas também do Direito Comercial — locação comercial —, instituto com o qual também guarda semelhança inclusive no tocante à sua finalidade, pois nesta o valor do ponto; (fundo de comércio) aproxima-se do valor da propriedade do imóvel, implica em dizer que em certo sentido, as luvas desportivas importam reconhecimento de um fundo de trabalho, isto é, o valor do trabalho desportivo já demonstrado pelo atleta que determinada associação contratar, tudo consoante lição do mestre José Martins Catharino. A verba luvas, portanto, não se reveste de natureza indenizatória, porquanto é sabido que a indenização tem como pressuposto básico o ressarcimento, a reparação ou a compensação de um direito lesado, em síntese, compensa uma perda, de que na hipótese não se trata, na medida em que a verba recebida a título de luvas tem origem justamente na aquisição de um direito em face do desempenho personalíssimo do atleta, ou seja, o seu valor é previamente convencionado na assinatura do contrato, tendo por base a atuação do atleta na sua modalidade desportiva. Recurso de Revista conhecido e provido. (E-RR — 418392-77.1998.5.04.5555, Relator Juiz Convocado: Luiz Philippe Vieira de Mello Filho, Data de Julgamento: 26.6.2002, 1ª Turma, Data de Publicação: 9.8.2002)

RECURSO DE EMBARGOS. ATLETA PROFISSIONAL. NATUREZA JURÍDICA DAS LUVAS. LEI DE DESPORTOS. O art. 12 da Lei n. 6.354/76 conceitua as luvas como a importância paga pelo empregador ao atleta, na forma do que for convencionado, pela assinatura do contrato. Não viola a literalidade do dispositivo indicado decisão que reconhece a natureza salarial das luvas, matéria que demanda discussão doutrinária e jurisprudencial. Inexistente indicação de dissenso jurisprudencial sobre o tema, inviável o conhecimento dos embargos. RECURSO DE EMBARGOS ADESIVO DO RECLAMANTE. Recurso de embargos adesivo de que não se conhece, em face do não conhecimento do recurso principal, nos termos do art. 500 do CPC. (E-RR — 418392-77.1998.5.04.5555, Relator Ministro: Aloysio Corrêa da Veiga, Data de Julgamento: 28.5.2007, Subseção I Especializada em Dissídios Individuais, Data de Publicação: 15.6.2007)

8

BICHO

A parcela denominada "bicho" revela um incentivo concedido ao atleta face ao alcance de uma condição previamente estabelecida, uma vitória, um campeonato ou até mesmo uma derrota ou empate.

Encontra sua origem pela conduta dos torcedores do Clube de Regatas Vasco da Gama — RJ. Em 1923, o Vasco da Gama estreou e foi campeão da Liga Metropolitana, o campeonato carioca da época. Os torcedores, eufóricos com o time, tinham o hábito de apostar na vitória do Vasco. E, como quase sempre ganhavam, começaram a dividir o lucro com os jogadores[143].

Todavia, os jogadores de futebol eram amadores, o que os impedia de receber remuneração pela prática do esporte. Para ilustrar o cenário em que inseridos os atletas, destaca-se abaixo trecho do livro de Floriano Peixoto (*Grandezas e misérias do nosso futebol, 1193, p. 137)* citado por Jorge Miguel Acosta Soares[144]:

> "Durante meses os dirigentes contrários e a favor trocaram farpas e impropérios pessoalmente e pela imprensa. Caldas, *op. cit.*, p. 74, citando novamente Floriano Peixoto (*Grandezas e misérias do nosso futebol*, 1193. p. 137), transcreve uma declaração do presidente do Clube de Regatas do Flamengo, José Bastos Padilha: 'Eu considero o jogador que quer se profissionalizar como o gigolô que explora prostituta. O Clube lhe dá todo o material necessário para jogar e se divertir com a pelota e ainda quer dinheiro? Isso eu não permitirei no Flamengo. O profissionalismo avilta o homem".

Criou-se então uma espécie de tabela do bicho. De acordo com a importância do adversários, os jogadores recebiam um animal. Ia desde um coelho até uma vaca. Uma vitória contra o América, campeão do ano anterior, valia uma vaca. Já ganhar do Fluminense resultava em duas ovelhas e um porco. Criou-se então o bicho[145].

---

(143) Disponível em: <http://wp.clicrbs.com.br/protofutebol/2011/10/13/vasco-instituiu-o-bicho-no-futebol-brasileiro/?topo=2,1,1,,,2>. Acesso em: 28 out. 2011.

(144) SOARES, Jorge Miguel Acosta. *Direito de imagem e direito de arena no contrato de trabalho do atleta profissional.* São Paulo: LTr, 2008. p. 34.

(145) Disponível em: <http://wp.clicrbs.com.br/protofutebol/2011/10/13/vasco-instituiu-o-bicho-no-futebol-brasileiro/?topo=2,1,1,,,2>. Acesso em: 28 out. 2011.

A profissionalização do futebol não acarretou na extinção do pagamento do "bicho". Recentemente, na Copa do Mundo de Futebol de 2014, a Confederação Brasileira de Futebol declarou reserva de R$24.000.000,00(146) (vinte e quatro milhões de reais — R$1.000.000,00 para cada jogador e para o treinador) para premiação dos atletas na hipótese de conquista do título.

No mesmo diapasão, em explanação sobre o tema, José Martins Catharino(147) destaca à evolução das formas de pagamento do prêmio:

> "Também, às vezes, o bicho assume formas complexas, intensificando-se sua finalidade de estimular a produção atlética, mais atraente e espetacular. Seu valor passa a ser intrinsecamente variável, em função do saldo de tentos, obtido entre os feitos e os tomados.
>
> Essa variabilidade, aliás, é comum, mas descontínua. Os prêmios são fixos e proporcionais, por vitórias e por empates. Excepcionalmente, maiores em função de resultados importantes e decisivos (jogos-chaves); por campeonato, etc., verdadeiros 'super-bichos'".

Constatada a manutenção da prática pelos clubes, surge o questionamento inerente à natureza jurídica da parcela, se salarial ou indenizatória.

O art. 457, § 1º, da CLT preceitua que integram a remuneração do empregado as comissões, percentagens, gratificações ajustadas, diárias para viagens e abonos pagos pelo empregador.

Valentin Carrion, em obra atualizada por Eduardo Carrion(148), ao comentar o referido preceito consolidado, elucida que a gratificação ajustada é autêntico salário, enquanto o prêmio, vantagem paga, em dinheiro ou não, caso certo empregado ou qualquer um dos que compõem um grupo atinja certo nível de produção ou observe determinada conduta, só integrará o salário se pago habitualmente, ou seja, o prêmio esporádico não integra a remuneração do empregado.

A Lei n. 9.615/1998 não trata expressamente da parcela, porém, em seu art. 31, § 1º, preceitua:

> "Art. 31. A entidade de prática desportiva empregadora que estiver com pagamento de salário de atleta profissional em atraso, no todo ou em parte, por período igual ou superior a três (3) meses, terá o contrato especial de trabalho desportivo daquele atleta rescindido, ficando o atleta livre para se transferir para qualquer outra entidade de prática desportiva de mesma modalidade, nacional ou internacional, e exigir a cláusula compensatória desportiva e os haveres devidos.

---

(146) Disponível em: <http://www.estadao.com.br/noticias/esportes,cbf-define-premio-de-r-1-milhao-pelo-titulo-da-copa,558028,0.htm>. Acesso em: 22.out.2011.

(147) "Aspectos relevantes sobre o contrato de trabalho do atleta profissional" por Itatiara Meurilly Santos Silva — extraído de <http://jusvi.com/artigos/33778/3>. Acesso em: 25.10.2011.

(148) CARRION, Valentin. *Comentários à consolidação das leis do trabalho.* 34. ed. atual. por Eduardo Carrion. São Paulo: Saraiva, 2009. p. 313.

§1º São entendidos como salário, para efeitos do previsto no *caput*, o abono de férias, o décimo terceiro salário, as gratificações, os prêmios e demais verbas inclusas no contrato de trabalho.

O preceito legal, a nosso ver, corrobora a doutrina de Valentin Carrion. A previsão contratual do prêmio retira o caráter eventual e/ou aleatório necessário para afastar a natureza salarial da parcela.

Logo, a natureza jurídica do "bicho" pago aos atletas profissionais está condicionada à forma em que estabelecido. Nesse particular destacamos decisão proferida pela 8ª Turma do Tribunal Regional do Trabalho da 4ª Região:

EMENTA: DO RECURSO ADESIVO DO RECLAMANTE. ATLETA PROFISSIONAL DE FUTEBOL. NATUREZA JURÍDICA E REPERCUSSÃO DOS PRÊMIOS ("BICHOS") PAGOS NO MÊS DE JULHO DE 1999. No âmbito diferenciado do contrato de trabalho do atleta profissional, "bicho" trata-se de uma espécie de prêmio *sui generis* condicionado ao êxito em partidas de futebol — vitórias ou empates —, representando recompensa ao jogador por cumprir satisfatoriamente as obrigações para as quais foi contratado. Os "bichos" possuem natureza salarial somente quando forem estipulados expressamente entre as partes nesse contrato de trabalho especial, na inteligência do inciso VI do § 3º do art. 32 do Decreto n. 2.574/98, Regulamento da Lei n. 9.615/98 (Lei Pelé). Desse modo, não há que se falar em ajuste tácito ou presumido. Recurso não provido.

(TRT 4ª Região — 0055100-04.2001.5.04.0022 — RO — Redatora: Des. Beatriz Brun Goldschmidt — 8ª Turma — Data: 11.9.2002)

Todavia, cumpre-nos esclarecer que a maioria das decisões sobre o tema declaram o caráter salarial da parcela paga a título de "bicho", independente da previsão contratual:

EMENTA: ATLETA PROFISSIONAL. BICHOS. NATUREZA JURÍDICA. Em geral, o salário do atleta profissional de futebol compõe-se de inúmeras parcelas, com denominações variadas. Aquela denominada Bicho, pela sua natureza retributiva, possui índole salarial, a teor do disposto no § 1º do art. 457, da CLT. Na sua origem, os Bichos, que constituem uma das espécies do gênero prêmios, são pagos pela entidade de prática desportiva empregadora, em decorrência do contrato de trabalho e tem por objetivo estimular e incentivar o atleta individualmente e a equipe como um todo a obter determinado resultado que seja positivo para o clube. No seu âmago e essência, os Bichos se inserem no estuário contraprestacional dos serviços prestados pelo atleta, por isso compõem o salário para todos os efeitos legais.

(TRT 3ª Região — RO 01285-2001-019-03-00-3 — 4ª Turma — Relator: Des. Luiz Otavio Linhares Renault — fonte: DJMG 20.4.2002)

EMENTA: DA NATUREZA SALARIAL DOS BICHOS E LUVAS. ATLETA DE FUTEBOL. Os denominados bichos e luvas constituem-se em importâncias pagas pelo empregador ao atleta de futebol de modo que possuem nítida natureza salarial, integrando a remuneração para todos os efeitos legais. Recurso provido

(TRT 4ª Região — RO 0105200-07.1998.5.04.0009 — Redatora: Des. Carmen Gonzales — 8ª Turma — Data: 2.4.2003)

EMENTA — BICHO — NATUREZA JURÍDICA SALARIAL — A parcela "bicho" paga aos atletas, por ocasião das vitórias ou empates, com o objetivo de compensá-los e estimulá-los nas competições, possui natureza jurídica de prêmio individual retributivo, decorrente do esforço coletivo da equipe e, em razão da habitualidade e periodicidade em que é paga, assume caráter salarial, ante o caráter sinalagmático e comutativo do contrato de trabalho, integrando a remuneração do atleta profissional (art. 31, § 1º, da Lei Pelé e 457, § 1º, da CLT).

(TRT 9ª Região — 16077-2007-001-09-00-3-ACO-07881-2009 — 2ª TURMA — Relator: ROSEMARIE DIEDRICHS PIMPÃO — Publicado no DJPR em 20.3.2009)

Há uma modalidade peculiar de "bicho" popularmente denominada de "mala preta". Trata-se de importância financeira paga por terceiro, entidade desportiva ou não (torcedor e/ou patrocinador de outra entidade desportiva, por exemplo), como incentivo para o alcance de determinado resultado, seja para o alcance do título pelo Clube do interessado, seja para que tal conquista não seja alcançada pelo Clube rival.

Sem adentrar na polêmica ética e moral que envolve o tema, é possível adentrar ao exame da natureza jurídica de tal parcela.

Destaca-se, preliminarmente, a impossibilidade de previsão contratual, dado ser a fonte pagadora terceiro estranho à relação empregatícia.

No mesmo diapasão, em não sendo tal parcela paga pelo empregador, não aplicáveis ao caso concreto os arts. 457, § 1º, da CLT e 31, § 1º, da Lei n. 9.615/1998.

Em adição, irrefutável o caráter aleatório e extraordinário de sua ocorrência, o que a nosso ver, afasta eventual comparação com as denominadas "gueltas", cuja natureza jurídica foi equiparada à da gorjeta pelo Tribunal Superior do Trabalho:

> RECURSO DE REVISTA DA RECLAMADA. GUELTAS. NATUREZA JURÍDICA. INTEGRAÇÃO. REFLEXOS. 1. A parcela denominada guelta, paga por terceiros — fornecedores — em decorrência da venda de seus produtos pelo empregado, durante a execução do seu contrato de trabalho com o empregador, tem natureza jurídica salarial, semelhante às gorjetas, e, como tal, deve integrar a remuneração para todos os efeitos legais, nos termos do art. 457 da CLT, aplicando-lhes, por analogia, o entendimento da Súmula n. 354, não servindo de base apenas para cálculo do aviso-prévio, do adicional noturno, das horas extras e do repouso semanal remunerado. Precedentes" (RR-923/2006-043-03-00.7, Ac. 7ª Turma, Relator Ministro Guilherme Augusto Caputo Bastos, data de publicação 15.5.2009).

9

O PASSE

9.1. CONCEITUAÇÃO E NATUREZA JURÍDICA

Em que pese o passe não mais vigorar no ordenamento jurídico desportivo brasileiro, seu estudo permanece de extrema relevância.

Isso porque, preliminarmente, é indispensável para a compreensão dos fundamentos que nortearam a criação da cláusula compensatória e da cláusula indenizatória desportiva, frutos da extinção do passe.

Não menos relevante é a constatação inequívoca de que o Passe foi a mola propulsora das alterações na legislação esportiva, permeadas pelo intenso debate entre clubes e atletas.

O leitor deve recordar do episódio dos jogadores do Vasco da Gama, negro Fausto e mulato Jaguaré que não retornaram ao Brasil após amistoso com o Barcelona, em 1931. Desde então, os clubes Europeus já assediavam os jogadores sulamericanos, com propostas generosas e ambiente mais profissionalizado.

Para evitar tal fenômeno e garantir a manutenção do futebol brasileiro, os clubes valeram-se do instituto do Passe, que abrangia não apenas uma compensação financeira pela transação dos jogadores, mas, principalmente, a perenidade da atividade de formação de atletas.

Para conceituar o fenômeno jurídico desportivo denominado Passe, destacamos o art. 11 da Lei n. 6.354/1976, também conhecida como Lei do Passe, que assim preceitua:

> Art. 11 Entende-se por passe a importância devida por um empregador a outro, pela cessão do atleta durante a vigência do contrato ou depois de seu término, observadas as normas desportivas pertinentes.

A fixação dos parâmetros definidores do "passe" foi delegada, pelo art. 13 do mesmo diploma legal[149], ao Conselho Nacional de Desportos, que editou a Resolu-

---

(149) Lei n. 6.354/1976 — Art. 13. Na cessão do atleta, poderá o empregador cedente exigir do empregador cessionário o pagamento do passe estipulado de acordo com as normas desportivas, segundo os limites e as condições estabelecidas pelo Conselho Nacional de Desportos.

ção n. 10/1986, que no art. 2º, complementa à conceituação do passe, fixando-o como "indenização pelos investimentos efetuados na formação dos atletas".

Portanto, Passe é a importância devida por um empregador a outro, pela cessão do atleta durante a vigência do contrato ou depois do seu término, reparadora dos investimentos efetuados na formação do atleta partícipe da transação.

O pagamento do Passe só era dispensado nas hipóteses de encerramento das atividades do clube ou quando o atleta, que tivesse prestado 10 (dez) anos de serviço efetivo ao clube, atingisse 32 (trinta e dois) anos de idade(150).

Por força dessa natureza indenizatória, a Resolução n. 10/1986 atribuiu aos clubes empregadores à autonomia para fixação do valor do passe(151). Para tal, vinculou a fixação do Passe à negociação do reajuste salarial, ofertando ao empregador mais uma ferramenta para a manutenção do atleta no clube. É o que se extrai do art. 21:

> Toma-se por base a média aritmética mensal dos valores da proposta e da contra-proposta e multiplica-se o resultado obtido pelos seguintes fatores: I — o fator 36 (trinta e seis), se média mensal obtida situar-se entre 1 (um) e 5 (cinco) salários mínimos; II — 48 (quarenta e oito), se a média mensal obtida situar-se entre mais de 5 (cinco) e 10 (dez) salários mínimos; III — fator 60 (sessenta), se a média mensal obtida situar-se entre mais de 10 (dez) e 20 (vinte) salários mínimos; IV- fator 72 (setenta e dois), se a média mensal situar-se acima de 20 (vinte) salários mínimos.

Ao atleta foi garantida participação no valor do Passe de, no mínimo, 15%, desde que não tivesse motivado à rescisão contratual e não tivesse recebido qualquer importância à título de participação no passe nos últimos quatro anos(152). Também foi fixada regra de redução gradativa do valor do passe a partir dos 28 anos de idade completos(153).

O Passe revela a existência de dois vínculos distintos entre clube e atleta, o trabalhista e o esportivo. Essa é a razão para que o legislador fixasse a exigência do Passe mesmo após o término do contrato de trabalho. Daí resultava a possibilidade do atleta permanecer vinculado ao clube mesmo sem vigorar um contrato de trabalho. No mesmo diapasão, obviamente, o profissional era proibido de formalizar contrato de trabalho com clube diverso, já que pendente o pagamento do Passe, condição *sine qua non* para a dissolução do vínculo esportivo.

---

(150) Lei n. 6.354/1976 — Art. 17. Ocorrendo, por qualquer motivo, previsto em lei, a dissolução do empregador, o contrato será considerado extinto, considerando-se o atleta com passe livre.
Lei n. 6.354/1976 — Art. 26. Terá passe livre, ao fim do contrato, o atleta que, ao atingir 32 (trinta e dois) anos de idade, tiver prestado 10 (dez) anos de serviço efetivo ao seu último empregador. *(Revogado pela Lei n. 9.615, de 1998)*

(151) Resolução CND n. 1086 — Art. 5º, parágrafo único

(152) Lei n. 6.354/76 — Art. 13. (...)
§ 2º O atleta terá direito a parcela de, no mínimo, 15% (quinze por cento) do montante do passe, devidos e pagos pelo empregador cedente. *(Revogado pela Lei n. 9.615, de 1998)*

(153) Resolução CND n. 1086 — Art. 23.

9.2. FIM DO PASSE

Inúmeros foram os debates após a edição da Lei do Passe. Os clubes reuniam esforços pela sua manutenção, consubstanciados, em sua maioria, pela defesa da atividade esportiva, inviável sem a existência dos times de futebol. Os jogadores, por sua vez, lutavam pela extinção do Passe, não raras vezes bradando serem escravos, acorrentados aos clubes e tratados como mercadoria, principalmente diante da manutenção do vínculo esportivo com o clube mesmo após o encerramento do vínculo trabalhista, hipótese verificada quando o clube interessado ou próprio jogador não pagavam o valor do Passe.

Tal cenário ensejou calorosas discussões jurídicas. O Consultor Legislativo da Câmara dos Deputados Emile Boudens(154), em excelente síntese da tese dos defensores da extinção do Passe, classificava-o como ferramenta de pressão e retaliação, uma vez que a Resolução CND n. 10/1986 estabelecia à obrigatoriedade da fixação do valor da indenização, por parte do clube, vinculando-o à negociação do reajuste salarial, caso o jogador não concorde com a proposta remuneratória ofertada. Tal circunstância propiciava ao clube fixar o patamar do passe em valor superior aos preços ordinariamente aplicados pelo mercado do trabalho, forçando o jogador a aceitar as cláusulas contratuais impostas pelo empregador, sob pena de ficar sem contrato.

No mesmo diapasão, para Marco Antônio Betine de Almeida(155), o Passe reduzia o jogador a condição de coisa, tal como qualquer outro bem material do patrimônio do empregador.

A crítica que se fez é a condição de res (coisa) que o jogador se submete. O direito do passe ou direito de transferência unilateral coloca o atleta sob as deliberações soberanas do empregador, que decide a seu respeito como decide a respeito das coisas de sua propriedade.

Prossegue citando artigo de L. C. Guerra(156) que, por força de ser o Passe a compensação financeira que um clube pagava a outro para transferir determinado jogador, os clubes faziam do passe verdadeiro capital ativo, fonte principal de renda.

(154) BOUDENS. Emile. Relações de Trabalho no Futebol Brasileiro II: valor, critérios e condições para o pagamento do passe segundo a Resolução/ INDESP n 1/96. Disponível em: <http://www2.camara.gov.br/documentos-e-pesquisa/publicacoes/estnottec/tema11/estudos/estudo34.html>. Acesso em: 4 out. 2011.

(155) ALMEIDA. Marco Antônio Betine. *Discussão sobre as mudanças na legislação desportiva brasileira*: caso do futebol e Lei do Passe. Artigo Disponível em: <http://www.efdeportes.com/efd111/legislacao-desportiva-brasileira-caso-do-futebol-e-a-lei-do-passe.htm>. Acesso em: 6 out. 2011.

(156) ALMEIDA. Marco Antônio Betine. *Discussão sobre as mudanças na legislação desportiva brasileira*: caso do futebol e Lei do Passe. Artigo Disponível em: <http://www.efdeportes.com/efd111/legislacao-desportiva-brasileira-caso-do-futebol-e-a-lei-do-passe.htm cita GUERRA, L. B. Consectários da extinção do passe no futebol brasileiro. *Jus Navigandi*, Teresina, ano 8, n. 147, 30 nov. 2003. Disponível em: <http://jus2.uol.com.br/doutrina/texto.asp?id=4434>.

Corroborando tal compreensão, destacamos decisão do Tribunal Regional do Trabalho da 3ª Região que autorizou a penhora do Passe:

EMENTA: PENHORA — PASSE — VALIDADE — Tendo em vista ser o contrato do jogador anterior à Lei Pelé, a penhora efetuada, sobre o passe do mesmo, deve ser considerada válida, posto não ser o referido passe, livre (TRT 3 Região — Processo: AP 00250-2001-008-03-00-3 — Órgão Julgador: Terceira Turma — fonte: DJMG 15.11.2003)

Não se pode olvidar a forte influência do caso Bosman, que aboliu o sistema do passe na Europa, em 1990. Conforme magistério de Domingos Sávio Zainaghi[157], o jogador valeu-se das regras da Comunidade Europeia sobre a livre circulação de trabalhadores para transferir de um clube a outro dentro do Velho Continente sem o pagamento do Passe.

Entretanto, tais argumentos não foram suficientes para que o Passe fosse extinto com o advento da Lei n. 8.672/1993, a denominada Lei Zico. Prevaleceu o entendimento defendido por Evaristo de Morais Filho, citado por Álvaro Melo Filho[158]:

> "Não raro é o clube que faz a fama do atleta, educando-o, burilando as suas virtudes praticamente inatas e sua própria personalidade. Tudo isso pode e deve ter uma correspondência patrimonial, que se traduz afinal de contas, no direito, que ambos os contratantes possuem, de plena certeza da segurança do vínculo que os prende, manifestado num contrato por prazo determinado."

Interessante notar que em que pese denominada Lei Zico, o jogador não concordava com a manutenção do Passe, conforme se afere do estudo de Emile Boudens[159]:

> "É importante assinalar que a Resolução/CND n. 10/86 reflete a filosofia básica da Lei n. 6.354/76: 'praticar o futebol *sob a subordinação* de empregador', mediante '*qualquer modalidade* de remuneração". No Correio Braziliense de 22.9.96, o Zico registrou que o trabalho do jogador de futebol profissional é a única atividade que estabelece, através do passe, 'um vínculo poderoso acima do controle e da própria vontade de uma das partes — o atleta'. Muitos entendiam que o passe é até mesmo inconstitucional, na medida em que priva o atleta do direito de livre locomoção e do direito de livre exercício do trabalho, além de discordar de vários princípios que fundamentam a legislação trabalhista.

---

(157) ZAINAGHI, Domingos Savio. *Rescisao do contrato de trabalho de atleta de futebol*. Unilateralidade da Clausula Penal. Artigo inserido no livro editado por forca do II Encontro Nacional sobre Legislação Esportivo-Trabalhista – TST. p. 89.

(158) MELO FILHO, Álvaro. *O desporto na ordem jurídico-constitucional brasileira*. São Paulo: Malheiros Editores, 1995. p. 153.

(159) BOUDENS. Emile. *Relações de Trabalho no Futebol Brasileiro II:* valor, critérios e condições para o pagamento do passe segundo a Resolução/ INDESP n 1/96. Disponível em: <http://www2.camara.gov.br/documentos-e-pesquisa/publicacoes/estnottec/tema11/estudos/estudo34.html>. Acesso em: 4 out. 2011.

Por óbvio, a Lei Zico não diminuiu a controvérsia sobre o Passe. Em 24 de março de 1998 sancionou-se a Lei n. 9.615, conhecida como "Lei Pelé", com substancial alteração do Passe.

Excelente contribuição sobre o tema ofertou o Ministro Ives Gandra Martins Filho[160] ao compilar os pronunciamentos realizados no "I Encontro Nacional sobre Legislação Esportivo-Trabalhista", evento realizado no TST em 5 de dezembro de 2000, meses antes do advento da denominada Lei Pelé[161]:

> "O objetivo do encontro, na concepção de seu idealizador, Min. Almir Pazzianotto, foi o de colher subsídios das partes interessadas, para que a magistratura trabalhista possa familiarizar-se melhor com os problemas que envolvem a liberação do passe e outras reivindicações dos atletas profissionais de futebol, quando está prestes a entrar em vigor o novo regime. [...]
>
> O problema central enfrentado foi o pertinente ao art. 28, § 2º, da Lei Pelé (Lei n. 9.615/98), que entrará em vigor a partir de 26 de março de 2001, prevendo o sistema do passe livre, segundo o qual, havendo 2 vínculos na contratação de um jogador, o trabalhista e o desportivo, este último é acessório do primeiro. Assim, cessado o contrato de trabalho, cessa também o vínculo desportivo, que é acessório do vínculo trabalhista. Pelos §§ 3º a 6º desse mesmo dispositivo, o regime do passe é substituído pelo da cláusula penal, que prevê uma multa a ser paga ao time se o jogador sair do clube antes de findo o contrato.
>
> Assim, foram iniciados os vários painéis, no primeiro dos quais Jaime Eduardo Machado, do Clube dos 13, defendeu que os arts. 93 e 96 da Lei Pelé garantiriam o direito adquirido dos clubes ao passe dos jogadores com contratos em curso em março de 2001. No entanto, o problema persistiria, pois na medida em que forem sendo firmados novos contratos, o novo regime se irá generalizando. Interessa, pois, saber se o novo sistema será melhor do que o anterior.
>
> Rubens Aprobatto Machado, presidente da OAB-SP, tratando da questão delicada relativa ao conflito entre a jurisdição desportiva e a jurisdição comum, em que a FIFA ameaça com a desfiliação de clubes ou atletas que recorram aos tribunais da Justiça Comum antes de esgotarem as instâncias da Justiça do Trabalho, traçou um paralelismo com a pena de excomunhão: não há possibilidade de um Tribunal nacional determinar a reintegração na Igreja, de quem for excomungado. No caso da FIFA, a filiação é voluntária: se se quiser permanecer filiado, deve-se seguir suas

(160) FILHO. Ives Gandra da Silva Martins. *A Lei Pelé e os problemas do passe livre*. Disponível em: <http://www.planalto.gov.br/ccivil_03/revista/Rev_19/artigos/IvesGandra_rev19.htm>.
(161) Lei n. 9.615/1998.

regras. No entanto, verifica-se que muitas das questões entre atletas e clubes dizem respeito a lesões trabalhistas, e a Constituição Brasileira de 1988, em seu art. 5º, XXXV, proíbe a exclusão de qualquer lesão de direito, da apreciação pelo Poder Judiciário. Ora, a Constituição de 1967 admitia a tramitação prévia nas instâncias administrativas, o que foi afastado pela nova Carta Política. Se, por um lado, é possível a instância administrativa prévia quando o prazo de solução é curto e determinado (como nas comissões de conciliação prévia, de 10 dias), o que não se admite é a indeterminação no prazo de composição administrativa do litígio.

Carlos Miguel Aidar, ex-presidente do São Paulo, defendeu que não se poderia desconsiderar a soberania nacional com a imposição das regras das entidades internacionais, no que foi contestado pelo presidente do Clube dos 13, Fábio Koff, que, em seu veemente pronunciamento, explicou que o Clube dos 13 nasceu de uma contestação à autoridade da CBF na organização dos campeonatos nacionais, mas que uma contestação internacional não é viável. Criticou severamente a **Lei Pelé, dizendo que retirar o passe dos clubes seria confisco**, não se podendo obrigar os clubes a se tornarem empresa por decreto. Assim, a Lei Pelé teria sido uma cópia mal feita da legislação esportiva espanhola.

O novo Secretário Nacional dos Esportes, José Otávio Germano, aventou a hipótese de o governo adiar o prazo de entrada em vigor do passe livre, por 6 meses a um ano, mas adiantou que isso não bastaria, pois o que se quer é solucionar o problema e os impasses que se criaram.

O presidente da Federação Carioca de Futebol, Eduardo Viana (o "Caixa d'Água"), buscou fazer uma análise sociológica do fenômeno futebolístico, sendo contundente sua visão hegeliana do futebol: "O que existe é o clube"; o atleta é mero momento da realidade permanente que é o time. Partindo dessa postura, fez críticas acerbas à extinção do passe: "Os clubes não podem ser assassinados com o passe livre". Ademais, a seu ver, havendo mais de 75% dos atletas com renda inferior a 3 salários-mínimos, a ausência de passe faria com que os clubes não quisessem mais investir nos atletas. Assim, a Lei Pelé estaria criando o proletariado esportivo, sendo uma falsa lei áurea do futebol.

Álvaro Melo Filho, autor de livro sobre o Direito Desportivo lançado na ocasião, traçou, em 3 etapas, a história da mentalidade esportiva: do ideário olímpico em que "o importante é competir", passando pelas tensões da guerra fria em que "o importante é vencer", chegou-se finalmente à visão atual do esporte como lazer e negócio, em que "o importante é lucrar". Entende que essa imposição legal de os clubes se tornarem empresa seria inconstitucional, pois fere a autonomia desportiva.

Por isso, considerou que o fim do passe irá gerar desemprego e a concorrência desleal dos clubes, em que os internacionais acabarão suplantando os brasileiros. Por isso, recordou o que teria dito o goleiro Gilmar, das seleções de 58 e 62: "O passe é um mal necessário". O fim do passe seria uma desapropriação desportiva sem direito a indenização.

A visão dos atletas pode ser resumida no pronunciamento emocionado do jogador da seleção tri-campeã do mundo, Wilson Piazza, atual presidente da Associação Nacional dos Atletas, que disse ser o futebol um bem social a ser protegido e os atletas e dirigentes serem profissionais que devem adquirir maior responsabilidade de suas funções. A Lei Pelé teria as suas vantagens e os seus defeitos, por ter sido gerada em gabinete, sem um verdadeiro conhecimento da realidade. Numa auto-crítica de sua categoria, reconheceu que muitos dos problemas legais não se devem apenas à intransigência dos dirigentes, mas ao desinteresse dos atletas por seus direitos. **No entanto, se a atual legislação do passe fosse boa, os times nacionais deveriam estar economicamente bem, o que não ocorre na prática.**

Jorge Ivo da Silva, ex-goleiro do Grêmio, procurou mostrar a realidade trágica dos jogadores medianos e dos que atuam nos times pequenos, que são a imensa maioria da categoria: **a prisão do passe faz, muitas vezes, com que o jogador, ao terminar o campeonato regional e enquanto seu clube não disputar outro, fique sem fonte de renda por quase 6 meses, quando não liberados por seus clubes.** Considerou ser possível e justa a postulação de horas extras e de adicional noturno para os jogadores profissionais, mormente de clubes pequenos, que ganham muito mal.

Em suma, o que se viu foi a presença maciça dos dirigentes (entre eles os presidentes de clubes e da CBF, Ricardo Teixeira) para defenderem a manutenção da Lei do Passe (Lei n. 6.354/76, arts. 11 e 13), enquanto os atletas acabaram se omitindo, talvez por desconhecerem que seus problemas desembocam, em última instância, na Justiça, necessitada de esclarecimentos sobre as questões jurídicas e a realidade fática do mundo desportivo. **Assim, a visão que se obteve desse I Encontro Nacional pode ter sido um pouco parcial, mas contribuiu sobremaneira para verificar que a questão do passe livre não é simples, nem está próxima de uma solução**. Lançada a semente de um Simpósio Ibero-Americano sobre o Direito Desportivo-Trabalhista para o primeiro semestre do próximo ano, esperamos que o novo evento propicie novas idéias e soluções para as questões que foram levantadas nessa ocasião." (grifou-se)

Com o advento da Lei Pelé, desaparece a distinção entre os vínculos esportivo e trabalhista, vigorando apenas o último. Cria-se, em contrapartida à extinção do Passe, a cláusula penal, imposta ao jogador que rescindir seu contrato antecipadamente. Tal alteração é ilustrada pela decisão abaixo:

> EMENTA: ATLETA PROFISSIONAL. RESCISÃO DO CONTRATO DE TRABALHO. CLÁUSULA PENAL. A cláusula penal, prevista no art. 28 da Lei n. 9.615/98 (Lei Pelé), tem como objetivo compensar os clubes pelo fim do instituto do "passe", que visava resguardar a entidade desportiva quanto aos investimentos realizados na contratação do atleta, conflitando com o direito do trabalhador ao livre exercício da profissão, uma vez que o jogador ficava obrigatoriamente vinculado ao titular do passe, ou seja, a agremiação desportiva, e somente poderia se transferir para outro clube mediante a negociação do seu passe, independentemente da vigência, ou não, do contrato de trabalho. Assim, o *caput* do art. 28 da Lei n. 9.615/98, ao estabelecer a cláusula penal para os casos de descumprimento, rompimento ou rescisão contratual, dirige-se somente ao atleta profissional, eis que sua finalidade é resguardar a entidade desportiva no caso de ruptura antecipada do contrato de trabalho, em virtude dos elevados investimentos que são efetuados para a prática dos esportes profissionais competitivos. Portanto tal penalidade é direcionada apenas ao atleta, não se confundindo com as hipóteses de rompimento ou rescisão unilateral e indireta do contrato de trabalho, em razão de mora salarial ou da ausência de recolhimento do FGTS pela entidade desportiva, que fica obrigada apenas ao pagamento do disposto no art. 479 da CLT, conforme disciplina o art. 31 da Lei Pelé. Recurso desprovido no aspecto (TRT 3 Região — Processo: 00573-2009-091-03-00-5 — RO — Órgão Julgador: Quinta Turma — fonte: DEJT 9.11.2009)

O fim do Passe no futebol brasileiro não diminuiu o embate entre clubes e jogadores. O resultado foram as mudanças introduzidas pela Lei n. 9.981/2000, pela Medida Provisória n. 2.141/2001, pela Lei n. 10.672/2003 e, por último, pela Lei n. 12.395/2011.

A Lei n. 9.981/2000 fixou o livre ajuste da cláusula penal pelos contratantes, observado o limite máximo de cem vezes o montante da remuneração anual pactuada(162), com exceção dos atletas com remuneração mensal de até dez salários mínimos, hipótese em que o montante da cláusula penal fica limitado a dez vezes o valor da remuneração anual pactuada ou a metade do valor restante do contrato, aplicando-se o que for menor(163).

O montante ajustado a título de cláusula penal passou a sofrer reduções anuais ao longo do contrato de trabalho, salvo na hipótese de transferência internacional(164).

---

(162) O art. 28, § 3º, da Lei n. 9.615/1998 passou a vigorar com a seguinte redação: O valor da cláusula penal a que se refere o *caput* deste artigo será livremente estabelecido pelos contratantes até o limite máximo de cem vezes o montante da remuneração anual pactuada."

(163) O art. 28, § 6º, da Lei n. 9.615/1998 passou a vigorar com a seguinte redação: Na hipótese prevista no § 3º, quando se tratar de atletas profissionais que recebam até dez salários mínimos mensais, o montante da cláusula penal fica limitado a dez vezes o valor da remuneração anual pactuada ou a metade do valor restante do contrato, aplicando-se o que for menor.

(164) O art. 28, §§ 4º, e 5º, da Lei n. 9.615/1998 passou a vigorar com a seguinte redação: "§ 4º Em quaisquer das hipóteses previstas no § 3º, deste artigo, haverá a redução automática do valor da

Merece destaque o marco temporal para à extinção do passe fixada pela lei 9.981/2000. A Lei n. 9.615/1998, em seu art. 96, estabelece que a revogação dos artigos da lei anterior (Lei do Passe) somente se implementariam a partir da vigência do § 2º, de seu art. 28.

A Lei n. 9.981/2000 previu em seu art. 93, que o disposto no art. 28, § 2º *somente produziria efeitos jurídicos a partir de 26 de março de 2001*. Logo, o "passe livre" só passou a vigorar nos contratos firmados à partir de 26 de março de 2001. A decisão da 8 Turma do TRT da 4 Região abaixo destacada ilustra com bastante propriedade tal particularidade:

> **2. DA LIBERAÇÃO DO PASSE. ATLETA PROFISSIONAL DE FUTEBOL.**
>
> O Juízo de origem indeferiu o pedido de liberação do passe do autor, sob o fundamento de que ao contrato de trabalho de atleta profissional de futebol, firmado em 22.3.2001 a 21.3.2004, deve ser aplicado o disposto nos arts. 11 e 13, da Lei n. 6.354/76. Entendeu, ainda, a julgadora *a quo* que a aplicação da norma legal referida não significa que o reclamante está impedido de jogar, mantendo os efeitos da antecipação da tutela que deferiu a "condição de jogo".
>
> Contra a decisão volta-se o reclamante. Argumenta, em síntese, que a assinatura do contrato em 22.3.2001 se deu sob a égide da Lei n. 9.615/98 (publicada em 26.3.1998), cujo art. 93 revoga os dispositivos da Lei anterior, n. 6.354/76. Refere que § 2º, do art. 28, da Lei n. 9.615/98 *"determina que vínculo desportivo do atleta com as entidades contratantes tem natureza acessória ao respectivo vínculo empregatício, dissolvendo-se, para todos os efeitos legais com o término da vigência do contrato de trabalho"*, estando, assim, seu passe liberado após vencido o contrato com o réu. Informa que a Lei n. 9.615/98 (conhecida como Lei "Pelé") sofreu um alteração introduzida pela Lei n. 9.981/2000, que remeteu os efeitos jurídicos do § 2º, do art. 28 para o período posterior a 26.3.2001. Pondera que, se o legislador pretendia colocar o passe como acessório do contrato de trabalho e não como instituto independente da relação empregatícia, não traria normas que prolongassem a existência deste instituto. Por fim, alega que o reclamado igualmente deixou de cumprir com requisitos exigidos na lei anterior para garantir o vínculo.
>
> O reclamado, por sua vez, destaca que somente em 26.3.2001 entrou em vigor o § 2º, do art. 28, da Lei n. 9.615/98, que transformou o vínculo desportivo dos jogadores em acessório dos contratos de trabalho. Salienta que a extinção do contrato de trabalho não tem como consequência a liberação do vínculo desportivo.
>
> Sem razão.
>
> A liberação do "passe", na senda da sentença de primeiro grau, remete a controvérsia à definição de qual a norma legal aplicada ao caso concreto, se a Lei n. 6.354/76 ou a Lei n. 9.615/98.

---

cláusula penal apurada, aplicando-se, para cada ano integralizado do vigente contrato de trabalho desportivo, os seguintes percentuais progressivos e não-cumulativos:" (AC)
"a) dez por cento após o primeiro ano;" (AC)
"b) vinte por cento após o segundo ano;" (AC)
"c) quarenta por cento após o terceiro ano;" (AC)
"d) oitenta por cento após o quarto ano." (AC)
"§ 5º Quando se tratar de transferência internacional, a cláusula penal não será objeto de qualquer limitação, desde que esteja expresso no respectivo contrato de trabalho desportivo." (AC)

Consoante se depreende das razões expostas na inicial (fl. 03) e defesa (fl. 192) as partes firmaram contrato de trabalho de atleta profissional de futebol em 22.3.2001, com término previsto para 21.3.2004 (fls. 44/47).

A redação do art. 96 da Lei n. 9.615/98 estabelece que a revogação dos artigos da Lei anterior somente se implementariam a partir da vigência do § 2º, de seu art. 28:

"Art. 96. *São revogados, a partir da vigência do disposto no § 2º do art. 28 desta Lei,* os incisos II e V e os §§ 1º, e 3º do art. 3º, os arts. 4º, 6º, 11 e 13, o § 2º do art. 15, o parágrafo único do art. 16 e os arts. 23 e 26 da Lei n. 6.354, de 02 de setembro de 1976; são revogadas, a partir da data de publicação desta Lei, as Leis ns. 8.672, de 6 de julho de 1993, e 8.946, de 5 de dezembro de 1994."

A Lei n. 9.615/98 foi alterada pela Lei n. 9.981/2000, que assim previu:

"Art. 93. O disposto no art. 28, § 2º desta Lei *somente produzirá efeitos jurídicos a partir de 26 de março de 2001, respeitados os direitos adquiridos decorrentes dos contratos e vínculo desportivos de atletas profissionais pactuados com base na legislação anterior." (grifamos)*

Ora, o art. 28, cujo início da vigência foi remetida para data de 26.03.2001 é exatamente o que fundamenta o pedido de "passe livre do autor", nos seguintes termos:

"Art. 28, § 2º "O vínculo desportivo do atleta com as entidades contratantes tem natureza acessória ao respectivo vínculo empregatício, dissolvendo-se, para todos os efeitos legais com o término da vigência do contrato de trabalho.".

Assim, na data da assinatura do contrato entre as partes, em 22.3.2001, o disposto no artigo antes mencionado ainda não tinha entrado em vigência, portanto, a tal relação jurídica se aplica a Lei anterior até então vigente, qual seja a de n. 6.534/76 que ainda não tinha sido revogada.

Por sua vez, a Lei n. 6.534/76, assim estabelece em seus arts. 11 e 13:

"Art. 11. Entende-se por passe a importância devida por um empregador a outro, pela cessão do atleta durante a vigência do contrato ou depois e se término, observadas desportivas pertinentes."

"Art. 13. Na cessão da atleta, poderá o empregador cedente exigir o empregador cessionário o pagamento do passe estipulado de acordo com as normas desportivas, segundo os limites e as condições estabelecidas pelo Conselho Nacional de Desportos."

Destarte, o vínculo desportivo do reclamante com o reclamado permaneceu inalterado independente da extinção do vínculo de trabalho em virtude da liberação da "condição de jogo" e transferência para outra instituição esportiva, no caso o Grêmio Foot Ball Porto Alegrense.

Quanto aos procedimentos exigidos em RDI (Resoluções de Diretoria da CBF), o documento de fl. 70, assinado por duas testemunhas contra as quais não há prova da inidoneidade aventada, dá conta que o reclamado cumpriu com o prazo de 7 (sete) dias previsto no art. 1º, da RDI 10/92 (fl.73), mesmo porque o encontro do autor com o réu no sindicato respectivo não leva à conclusão de que quando da notificação, em momento distinto, o reclamante estivesse presente em sua residência.

Dessa forma, nega-se provimento ao recurso, no aspecto.

A Medida Provisória n. 2.141/2001 criou as denominadas indenizações de formação e de promoção, conforme nova redação do art. 28, § 2º, e art. 29, § 3º, incisos I e II da Lei Pelé:

"Art. 28. [...]

§ 2º O vínculo desportivo do atleta com a entidade contratante tem natureza acessória ao respectivo vínculo empregatício, dissolvendo-se, para todos os efeitos legais, com o término da vigência do contrato de trabalho, salvo na hipótese prevista no § 3º, inciso II, do art. 29 desta Lei.

[...] (NR)

"Art. 29. A entidade de prática desportiva formadora do atleta terá o direito de assinar com este, a partir de dezesseis anos de idade, o primeiro contrato de trabalho profissional, cujo prazo não poderá ser superior a cinco anos.

§ 3º Apenas a entidade de prática desportiva formadora que, comprovadamente, firmar o primeiro contrato de trabalho com o atleta por ela profissionalizado, terá direito de exigir, do novo empregador, indenização de:

I — formação, quando da cessão do atleta durante a vigência do primeiro contrato, que não poderá exceder a duzentas vezes o montante da remuneração anual, vedada a cobrança cumulativa de cláusula penal;

II — promoção, quando de nova contratação do atleta, no prazo de seis meses após o término do primeiro contrato, que não poderá exceder a cento e cinquenta vezes o montante da remuneração anual, desde que a entidade formadora permaneça pagando salários ao atleta enquanto não firmado o novo vínculo contratual.

A Lei n. 10.672/2003 alterou a redação do art. 29 da Lei n. 9.615/1998 para acrescer a indenização por formação de atletas não profissionais menores de vinte e um anos[(165)].

---

(165) "Art. 29. A entidade de prática desportiva formadora do atleta terá o direito de assinar com esse, a partir de dezesseis anos de idade, o primeiro contrato de trabalho profissional, cujo prazo não poderá ser superior a cinco anos.
[...]
§ 3º A entidade de prática desportiva formadora detentora do primeiro contrato de trabalho com o atleta por ela profissionalizado terá o direito de preferência para a primeira renovação deste contrato, cujo prazo não poderá ser superior a dois anos.
§ 4º O atleta não profissional em formação, maior de quatorze e menor de vinte anos de idade, poderá receber auxílio financeiro da entidade de prática desportiva formadora, sob a forma de bolsa de aprendizagem livremente pactuada mediante contrato formal, sem que seja gerado vínculo empregatício entre as partes.
§ 5º É assegurado o direito ao ressarcimento dos custos de formação de atleta não profissional menor de vinte anos de idade à entidade de prática de desporto formadora sempre que, sem a expressa anuência dessa, aquele participar de competição desportiva representando outra entidade de prática desportiva.
§ 6º Os custos de formação serão ressarcidos pela entidade de prática desportiva usufruidora de atleta por ela não formado pelos seguintes valores:
I — quinze vezes o valor anual da bolsa de aprendizagem comprovadamente paga na hipótese de o atleta não profissional ser maior de dezesseis e menor de dezessete anos de idade;
II — vinte vezes o valor anual da bolsa de aprendizagem comprovadamente paga na hipótese de o atleta não profissional ser maior de dezessete e menor de dezoito anos de idade;
III — vinte e cinco vezes o valor anual da bolsa de aprendizagem comprovadamente paga na hipótese de o atleta não profissional ser maior de dezoito e menor de dezenove anos de idade;
IV — trinta vezes o valor anual da bolsa de aprendizagem comprovadamente paga na hipótese de o atleta não profissional ser maior de dezenove e menor de vinte anos de idade.

As alterações da Lei n. 12.395/2011 serão objeto de análise nos capítulos seguintes.

O Consultor Legislativo da Câmara dos Deputados Emile Boudens, em texto elaborado em 1996[(166)], propunha a seguinte indagação: "'É possível compensar a extinção do passe mediante a inclusão, nos contratos de trabalho, de outras cláusulas de proteção ao trabalho formativo que os clubes desenvolvem?". Os avanços legislativos acima descritos, bem como os proporcionados pela Lei n. 12.395/2011, examinados à seguir, confirmam tal hipótese.

(166) BOUDENS. Emile. *Relações de Trabalho no futebol brasileiro:* a lei do passe, a tentativa de sua extinção (PL. N 1.159/95) e a Proposta de Regulamentação do INDESP. Disponível em: <http://www2.camara.gov.br/documentos-e-pesquisa/publicacoes/estnottec/tema11/pdf/200500.pdf>. Acesso em: 2 out. 2011.

10

CLÁUSULA INDENIZATÓRIA DESPORTIVA

Necessário esclarecer, de imediato, que o presente capítulo tratará também denominada cláusula penal.

Não recebeu tal denominação, por comungarmos do entendimento do Prof. Álvaro Melo Filho(167), para quem é insustentável a utilização da cláusula penal no Direito Desportivo, face à incompatibilidade entre o caráter bilateral e a limitação do seu montante ao valor da obrigação principal, características ausentes no instituto jurídico desportivo. Acrescenta ainda o magistério de Limon Luque, para quem a "indenização" é consequência da extinção do contrato, não do seu incumprimento", logo, não resulta em sanção, o que a descaracteriza como cláusula penal.

Tal como exposto no capítulo anterior, a cláusula indenizatória desportiva encontra sua origem na extinção do Passe. Com o advento da natureza acessória do vínculo desportivo, automaticamente extinto quando da rescisão e/ou término do contrato de trabalho, a cláusula indenizatória desportiva confere ao empregador a certeza de ser ressarcido dos investimentos realizados em favor do atleta.

Nesse particular, destaca-se a lição de Zainaghi(168), citado por Álvaro Melo, no sentido de que "com a extinção do passe, buscou-se um mecanismo jurídico de valorização dos clubes, sob pena de uma verdadeira e irreversível falência destes e com a consequente exterminação do futebol brasileiro."

Os atletas também foram atendidos em suas reivindicações. Com o advento da cláusula indenizatória, gozam de liberdade para rescindir seu contrato de trabalho desportivo a qualquer momento.

---

(167) MELO FILHO, Álvaro. *Nova Lei Pelé:* avanços e impactos. Rio de Janeiro: Maquinária, 2011. p. 111 e 112. "Aliás, é insustentável a utilização do instituto jurídico cláusula penal no plano do Direito Desportivo por duas razões básicas: a) tem um caráter bilateral, na dicção do Código Civil, obrigando-o o devedor (qualquer das partes) que não cumpre o contrato, ao passo que, na legislação desportiva tem um caráter unilateral, ou seja, é devida pelo atleta ou seu futuro clube empregador em face da ruptura injustificada do vigente contrato de trabalho profissional desportivo com seu clube empregador; b) na esfera da *Lex civil* a cláusula penal está limitada ao valor da obrigação principal, enquanto na Lex sportiva a cláusula indenizatória desportiva excede, em muito, o valor da obrigação principal."

(168) MELO FILHO, Álvaro. *Nova Lei Pelé:* avanços e impactos. Rio de Janeiro: Maquinária, 2011. p. 111.

Esse equilíbrio pretendido pelo legislador foi bem ilustrado pelo acórdão do TST proferido nos autos E-ED-RR 552/02, veiculado no Diário de Justiça do dia 24.10.2008:

> **RECURSO DE EMBARGOS DO RECLAMADO — CLÁUSULA PENAL — ART. 28 DA LEI N. 9.615/98 (LEI PELÉ) — OBRIGAÇÃO IMPOSTA APENAS AO ATLETA PROFISSIONAL QUE ROMPE O CONTRATO DE TRABALHO ANTECIPADAMENTE.** A *mens legis* do novo regramento legal, instituído pela Lei Pelé, visou solucionar os inúmeros problemas jurídicos causados pelo antigo instituto do passe que, a par de garantir os altos investimentos efetuados pelas agremiações desportivas, acabava por vincular o atleta ao titular do passe, independentemente da existência, ou não, de contrato de trabalho em curso. O direito ao passe conflitava com o livre exercício da profissão, na medida em que estava desvinculado do contrato de trabalho, de modo que o prestador dos serviços, o atleta profissional, somente poderia transferir-se para outra agremiação esportiva mediante a negociação do seu passe, independentemente da vigência, ou não, do contrato de trabalho. O *caput* do art. 28 da Lei n. 9.615/98, ao estabelecer a cláusula penal para os casos de descumprimento, rompimento ou rescisão contratual, dirige-se somente ao atleta profissional, pois sua finalidade é resguardar a entidade desportiva em caso de ruptura antecipada do contrato de trabalho, em decorrência dos elevados investimentos que são efetuados para a prática dos esportes profissionais competitivos. Tal penalidade não se confunde com as hipóteses de rescisão indireta ou voluntária e antecipada do contrato de trabalho por parte do empregador, cuja indenização devida ao empregado, atleta de qualquer modalidade desportiva, é aquela estabelecida no § 3º do art. 31 da Lei n. 9.615/98. Tal entendimento é confirmado pela gradação regressiva da cláusula penal, na forma prevista no § 4º do art. 28 desse diploma legal, em que a cada ano do contrato de trabalho cumprido pelo atleta profissional vai se amortizando o investimento efetuado pela entidade desportiva, de modo que, ao final do prazo máximo de sua vigência, que é de cinco anos, o vínculo desportivo do atleta, acessório do contrato de trabalho, dissolve-se, nos exatos termos do inciso I do § 2º do art. 28 da Lei Pelé. Essa é a teleologia não apenas da cláusula penal, mas da própria Lei Pelé, cujas disposições procuram equilibrar as obrigações e os direitos das partes envolvidas e estimular os investimentos necessários ao constante desenvolvimento das práticas desportivas, tão caras ao país.

O inciso I do art. 28 da Lei n. 12.395/2011 fixa a obrigatoriedade do contrato de trabalho do atleta profissional conter a referida cláusula:

> Art.28. A atividade do atleta profissional é caracterizada por remuneração pactuada em contrato especial de trabalho desportivo, firmado com a entidade de prática desportiva, no qual deverá constar, obrigatoriamente:
>
> I — cláusula indenizatória desportiva, devida exclusivamente à entidade de prática desportiva à qual está vinculado o atleta profissional, nas seguintes hipóteses:
>
> a) transferência do atleta para outra entidade, nacional ou estrangeira, durante a vigência do contrato especial de trabalho desportivo profissional; ou
>
> b) por ocasião do retorno do atleta profissional às atividades profissionais em outra entidade de prática desportiva no prazo de até (30) meses.

Portanto, a cláusula indenizatória desportiva é a quantia devida ao empregador do atleta quando este pretende desvincular-se do clube no curso do contrato. A Lei n. 12.395/11 foi expressa em tal sentido propositadamente. Isso porque a jurisprudência trabalhista revelava-se conflitante sobre o tema, fixando a responsabilidade pelo pagamento ao responsável pela rescisão contratual. Os arestos seguintes ilustram tal posicionamento:

Ementa: [...]

ATLETA PROFISSIONAL DE FUTEBOL — CLÁUSULA PENAL — RESCISÃO ANTECIPADA DO CONTRATO DE TRABALHO — INICIATIVA DA ENTIDADE DESPORTIVA. Se por um lado, o desempenho do clube, com a ajuda do atleta, será de fundamental importância para o alcance de receitas, dentre elas bilheteria de jogos, prêmios em competições, direitos de transmissão, direitos de *marketing* e licenciamentos e, notadamente, a negociação dos próprios atletas; por outro lado, a atuação desses atletas, em parceria com determinada entidade desportiva, poderá proporcionar ao atleta melhores contratos de trabalho, contratos de publicidade, o interesse de outras entidades e, muitas vezes, um percentual do próprio valor atribuído à cláusula penal, negociado com o clube empregador por meio de um contrato de cessão de direitos. Diante, portanto, dessa perspectiva de lucro por ambas as partes contratantes, é que a legislação especial prevê, além de um contrato formal de trabalho, a obrigatoriedade da cláusula penal para as hipóteses de descumprimento, rompimento ou rescisão unilateral, como forma de indenização pelos prejuízos e lucros cessantes que uma das partes sofrerá, em decorrência do rompimento antecipado do contrato pela outra. Recurso de Revista conhecido e não provido.

[...]

(Processo: RR — 141300-66.2004.5.03.0109 Data de Julgamento: 2.9.2009, Redator Ministro: José Simpliciano Fontes de F. Fernandes, 2ª Turma, Data de Publicação: DEJT 4.12.2009.)

Ementa: ATLETA PROFISSIONAL DE FUTEBOL — LEI PELÉ (ART. 28 DA LEI N. 9.615/98) — RESCISÃO CONTRATUAL — CLÁUSULA PENAL — RESPONSABILIDADE. Pelo art. 28 da Lei n. 9.615/98 (Lei Pelé), o contrato de trabalho do atleta profissional de futebol deve conter obrigatoriamente cláusula penal pela rescisão unilateral do contrato, do que se infere ser o sujeito passivo da multa rescisória quem deu azo à rescisão, e beneficiário aquele que com ela sofreu prejuízo. *In casu*, restou assentada a iniciativa do Reclamado na ruptura contratual, o que atrai sobre ele, portanto, a responsabilidade pelo pagamento da multa rescisória preconizada na cláusula penal firmada no contrato celebrado entre as Partes.

Recurso de revista provido.

(Processo: ED-RR — 145700-14.2004.5.04.0201 Data de Julgamento: 25.4.2007, Relator Ministro: Ives Gandra Martins Filho, 4ª Turma, Data de Publicação: DJ 18.5.2007)

O valor da cláusula indenizatória desportiva observa os critérios autoexplicativos do § 1º da Lei n. 12.395/2011:

§1º O valor da cláusula indenizatória desportiva a que se refere o inciso I do *caput* será livremente pactuado pelas partes e expressamente quantificado no instrumento contratual:

a)até o limite máximo de duas mil (2.000) vezes o valor médio do salário contratual para as transferências nacionais; e

b) sem qualquer limitação para as transferências internacionais.

Houve substancial alteração dos parâmetros fixados na Lei n. 9.981/2000, que, conforme já destacado no capítulo anterior, estipulou o limite máximo de cem vezes o montante da remuneração anual pactuada e excetuou atletas com remuneração mensal de até dez salários-mínimos, hipótese em que o montante da cláusula penal fica limitado a dez vezes o valor da remuneração anual pactuada ou a metade do valor restante do contrato, aplicando-se o que for menor.

Para compreensão de tal alteração, inevitável analisar o ambiente econômico do mercado do futebol. Segundo artigo de Marco Antônio Bettine de Almeida(169), citando a obra J. S. de Assis Neto(170), quando da certeza da extinção do passe, três hipóteses foram levantadas:

> **Conjectura (a):** perspectiva de vermos cada vez mais cedo nossos melhores atletas deixarem os clubes que os revelaram e partirem para o exterior.
>
> *Consequência*: nunca na história do futebol brasileiro tivemos tantos jogadores (bons e ruins) indo ao estrangeiro, houve uma avalanche desenfreada dos clubes europeus, asiáticos e africanos que fizeram suas propostas irrecusáveis aos jovens atletas, dentro de cada perspectiva do jogador.
>
> **Conjectura (b):** sangria que pode se desencadear nos clubes de futebol que investiram anos em suas categorias de base para formarem alguns poucos jogadores.
>
> *Consequência*: as pequenas agremiações tiveram que fechar por não conseguir se manter, porém os clubes que tinham melhores estruturas, inclusive básicas para atender o atleta, mantiveram-se.
>
> **Conjectura (c):** diminuição das categorias de base.
>
> *Consequência*: o Brasil continua revelando atletas, porque a demanda de jogadores novos é crescente, muitos clubes se especializam em vender jogadores para países com pouca tradição no futebol.

Prossegue Marco Antônio oferecendo sua visão do mercado da bola em meados de 2007:

> Com a nova lei do passe ocorreram dois tipos de exportação de jogadores, o primeiro, muito controlado, são os profissionais (selecionadíssimos) que vão para a Europa, e, o segundo, são as exportações para centros periféricos do futebol, sem regras claras. Segundo dados da própria CBF (Confederação Brasileira de Futebol), 70% dos jogadores profissionais recebem menos de dois salários mínimos, o que revela a profunda necessidade de proteção a esses trabalhadores. São os casos destes atletas que se concentram os gargalos da saída desmesurada de jogadores para o futebol internacional.
>
> A Lei Pelé buscava a trilha que levasse à extinção do passe. Em contrapartida, os "cartolas" e os empresários do futebol acreditavam que o

(169) ALMEIDA. Marco Antônio Betine. *Discussão sobre as mudanças na legislação desportiva brasileira*: caso do futebol e Lei do Passe. Artigo — Disponível em: <http://www.efdeportes.com/efd111/legislacao-desportiva-brasileira-caso-do-futebol-e-a-lei-do-passe.htm>. Acesso em: 6 out. 2011.

(170) NETO, J. S. de Assis. *O desporto do direito*. 1. ed. São Paulo: Bestbook, 1998.

fim do passe provocaria a ruína dos clubes, na medida em que constituía um patrimônio considerável dos mesmos, e que ocasionaria o fim do investimento nas categorias de base, o que não ocorreu. Tal argumento foi defendido por Valed Perry (1998), um dos mais conceituados juristas esportivos do Brasil, afirmando que "acabará a renovação do futebol brasileiro". Carlos Augusto Montenegro, presidente do Ibope e do Botafogo, também rejeita o fim do passe, alegando que isso significará a bancarrota dos clubes. O que acontece no Brasil é ao contrário do que afirmou Perry e Montenegro, a renovação está tão rápida que mal conhecemos os jogadores que atuam nos clubes.

Atualmente, a tendência analisada por Marco Antônio ganhou proporções ainda maiores. Cotidianamente os jornais noticiam o assédio dos grandes clubes europeus aos craques que jogam no país. Entre 1994 e 2010, foram transferidos para o exterior 12.365 jogadores — sendo que deste total 67% do êxodo ocorreu entre 2003 e 2010, conforme informações divulgadas pela CBF(171).

No mesmo diapasão, os centros periféricos reforçam as estratégias de fortalecimento do esporte. Nesse particular, destaca-se a recente contratação do jogador Conca, do Fluminense/RJ, pelo clube chinês Guangzouh, transação que envolveu 60 milhões em salários por 2 anos e meio de contrato, terceira maior cifra no futebol mundial(172).

Os clubes brasileiros, ainda que inseridos num especial momento econômico, não conseguem competir em tal nível. O legislador ordinário, sensível a tal realidade, majorou de cem (100) para duas mil (2000) vezes o valor médio do salário contratual para transações realizadas no mercado interno e manteve a ausência de limitação para as transferências internacionais.

Tal alteração também impacta na receita dos clubes. A cláusula não apenas garante a certeza da efetividade do investimento direcionado ao atleta, como também, na hipótese de consumada a transação, capitaliza o clube para a realização de novos investimentos, tanto na estrutura do clube quanto na formação e/ou contratação de novos jogadores. No mesmo compasso, diminui a inferioridade dos clubes pobres em relação aos clubes ricos, uma vez que inibe a competição financeira.

O torcedor também foi abrangido pelas inovações nos parâmetros da cláusula indenizatória. Isso porque o reflexo na receita dos clubes propicia elencos com maior qualidade, resultando em torneios de maior competitividade e nível técnico, fortalecendo o futebol brasileiro.

---

(171) MELO FILHO, Álvaro. *Nova lei Pelé:* avanços e impactos. Rio de Janeiro: Maquinária, 2011. p. 111.
(172) Disponível em: <http://globoesporte.globo.com/futebol/times/fluminense/noticia/2011/07/salario-de-conca-na-china-sera-o-terceiro-maior-do-futebol-mundial.html>. Acesso em:

A responsabilidade pelo pagamento do valor estipulado na cláusula é solidária(173), podendo ser honrada pelo atleta ou pelo clube pretendente à sua contratação, o que na pratica era honrada pelos clubes, ratificando a semelhança do instituto com o antigo passe.

A ausência de limitação dos valores da cláusula indenizatória, nas transações internacionais, motivou a criação de "clubes laranjas", criados para forjar uma transferência interna e com isso reduzir substancialmente os valores da cláusula indenizatória, concretizando a transferência internacional logo em seguida. Exatamente em razão desta particularidade, o legislador ordinário fixou regras complementares para evitar fraudes. É o que se extrai do parágrafo segundo do art. 40 da Lei n. 12.395/2011:

> "Art. 40. [...]
>
> § 2º O valor da cláusula indenizatória desportiva internacional originalmente pactuada entre o atleta e a entidade de prática desportiva cedente, independentemente do pagamento da cláusula indenizatória desportiva nacional, será devido a esta pela entidade de prática desportiva cessionária caso esta venha a concretizar transferência internacional do mesmo atleta, em prazo inferior a 3 (três) meses, caracterizando o conluio com a entidade de prática desportiva estrangeira." (NR)

Por derradeiro, em que pese não haver limitação para a fixação do valor da cláusula no âmbito de transações internacionais, os clubes devem observar parâmetros de proporcionalidade e razoabilidade e, principalmente, pautar-se nos padrões internacionais já chancelados pela FIFA. Exemplo de tal limitação indireta pode ser ilustrado no caso envolvendo o jogador Ronaldinho Gaúcho, o Grêmio de Porto Alegre e o PSG da França, oportunidade em que a pretensão do clube gaúcho de 85 milhões de dólares foi reduzida para 5 milhões de dólares pela FIFA(174).

João Leal Amado, professor de Direito do Trabalho, na Faculdade de Direito na Universidade de Coimbra, também defende a observância da proporcionalidade e da razoabilidade na fixação do valor da cláusula, porque "muitas vezes é desproporcionado e não tem relação nem com o montante que o clube despendeu para contratar o jogador, nem os salários ou o período de contrato". Cita, como exemplo, que "em Espanha já houve casos de cláusulas de rescisão de 30 milhões de euros que foram baixadas em tribunal para os cinco milhões"(175).

---

(173) Esta é a regra fixada no § 2º do art. 28 da Lei n. 12.395/2011: #2 São solidariamente responsáveis pelo pagamento da cláusula indenizatória desportiva de que trata o inciso I do *caput* deste artigo o atleta e a nova entidade de prática desportiva empregadora.

(174) MELO FILHO, Álvaro. *Nova Lei Pelé:* avanços e impactos. Rio de Janeiro: Maquinária, 2011. p. 119.

(175) Disponível em: <http://www.jn.pt/PaginaInicial/Desporto/Interior.aspx?content_id=1886760>. Acesso em: 9 out. 2011.

11

CLÁUSULA COMPENSATÓRIA DESPORTIVA

A Cláusula Compensatória Desportiva é regulamentada pelo inciso II e § 3º do art. 28 da Lei n. 12.395/2001 que assim preceituam:

> Art. 28. A atividade do atleta profissional é caracterizada por remuneração pactuada em contrato especial de trabalho desportivo, firmado com a entidade de prática desportiva, no qual deverá constar, obrigatoriamente:
>
> II — clausula compensatória desportiva, devida pela entidade de pratica desportiva ao atleta profissional, nas hipóteses dos incisos III a V do § 5º.
>
> § 3º O valor da cláusula compensatória desportiva a que se refere o inciso II do *caput* deste artigo será livremente pactuado entre as partes e formalizado no contrato especial de trabalho desportivo, observando-se, como limite máximo, 400 (quatrocentas) vezes o valor do salário mensal no momento da rescisão e, como limite mínimo, o valor total de salários mensais a que teria direito o atleta até o término do referido contrato.

A indenização fixada na cláusula compensatória desportiva será devida ao atleta nas hipóteses de dispensa imotivada e rescisão indireta do contrato de trabalho, conforme expressa fixado nos incisos III a V do § 5º do art. 28:

> § 5º O vínculo desportivo do atleta com a entidade de prática desportiva contratante constitui-se com o registro do contrato especial de trabalho desportivo na entidade de administração do desporto, tendo natureza acessória ao respectivo vínculo empregatício, dissolvendo-se, para todos os efeitos legais:
>
> III — com a rescisão decorrente do inadimplemento salarial, de responsabilidade da entidade de prática desportiva empregadora, nos termos desta Lei;
>
> IV — com a rescisão indireta, nas demais hipóteses previstas na legislação trabalhista; e
>
> V — com a dispensa imotivada do atleta.

Por ser o contrato de trabalho desportivo por prazo determinado, inevitável comparar a cláusula compensatória com o que preceitua o art. 479 da CLT. A legislação específica aplicada ao atleta profissional é manifestamente mais favorável, seja em razão da hipótese de pagamento de 400 vezes o salário no momento da rescisão, seja em razão do pagamento integral dos salários devidos até o término do contrato de trabalho, quando o texto consolidado fixa apenas 50%.

A garantia mínima de pagamento integral dos salários faltantes impede eventual pressão dos clubes quando da assinatura dos contratos pela fixação de baixos valores a título de cláusula compensatória, bem como confere tranquilidade aos jogadores quanto a garantia de sua subsistência no período avençado no contrato.

Inevitável não comparar o limite de 400 salários devidos pelo empregador ao atleta na cláusula compensatória em contraste com o limite de 2000 salários médios devidos pelo atleta ao clube na cláusula indenizatória.

Não nos parece concretizada quebra de isonomia ou tratamento desproporcional entre clube e atleta.

Destaca-se, preliminarmente, a desproporcionalidade entre os custos dos clubes e jogadores. Estes, além de sua subsistência, sofrem com os impostos incidentes sobre os valores recebidos por forca do contrato firmado. Já os gastos dos clubes envolvem despesas para manutenção de sua estrutura física (estádio, centro de treinamento, etc.), pessoal (excluídos jogadores e comissão técnica), viagens e concentrações e impostos em quantidade e alíquotas superiores aos dos jogadores.

A rescisão antecipada por iniciativa do jogador, em que pese ressarcir financeiramente o clube, desfalca-o tecnicamente, e a reposição qualitativa nunca poderá ser atingida. Já a rescisão antecipada por iniciativa do clube, além de propiciar liberdade ao jogador para firmar contrato com qualquer clube, sendo que o sucesso de tal empreitada só depende da qualificação do próprio jogador, ainda aumenta a possibilidade de incremento do valor pago a título de luvas, uma vez que o novo empregador não terá de indenizar o antigo.

Não se pode olvidar, outrossim, que o jogador, no mínimo, será ressarcido da integralidade dos salários devidos no período contratual, o que afasta qualquer prejuízo financeiro. Já o clube, que não mais contará com o jogador em seu elenco, pode se ver privado de títulos, contratos de patrocínio e renda de bilheteria.

Daí decorre a certeza de observância estrita ao Princípio da Isonomia, conforme os mais diversos expoentes, compilados por Álvaro Melo Filho ao tratar do tema[176]:

> "Observe-se que a jurisprudência do Supremo Tribunal Federal é cediça no sentido de que 'o Legislativo *não pode* atuar de maneira imoderada, *nem formular* regras legais cujo conteúdo revele deliberação *absolutamente divorciada* dos padrões de razoabilidade' (MCHC 96.715-9-SP, Min. Celso de Mello). Seabra Fagundes, com percuciência, observa que o legislador 'ao elaborar a lei, deve reger, com iguais disposições — os mesmos ônus e as mesmas vantagens — situações idênticas e, reciprocamente, distinguir, na repartição de encargos e benefícios, as situações que sejam entre si distintas, de sorte a quinhoa-las ou grava-las em proporção as suas diversidades'. Pondere-se, por oportuno, que a própria CLT é rica em normas que levam em conta as posições das

(176) MELO FILHO, Álvaro. *Nova Lei Pelé:* avanços e impactos. Rio de Janeiro: Maquinária, 2011. p. 126.

partes na relação juslaboral, exatamente por não serem simétricas, como ocorre com atletas e clubes. Nessa vertente, a adoção do elemento discriminador entre as mencionadas clausulas indenizatória e compensatória, ambas de sede jusdesportiva, não contempla qualquer injuricidade, ate porque há uma justificativa racional em harmonia com as especificidades da *Lex sportiva*, alem do que o critério utilizado na diferenciação é, induvidosamente, objetivo, razoável e proporcional. Ademais, fazer uma distinção nítida é uma prerrogativa exclusiva do legislador e não do interprete, pois 'onde a lei não distingue não cabe ao interprete faze-lo', na dicção do aforismo latino. Ou, como assevera o Ministro Eros Grau, em excerto de voto na ADI 3324/DF, 'O direito deve distinguir pessoas e situações distintas entre si, a fim de conferir tratamentos normativos diversos a pessoas e situações que não sejam iguais'. Disso não discrepa Alexy para quem se há uma razão suficiente para impor um tratamento desigual, então um tratamento desigual impõe-se. E não é diversa a doutrina inglesa quando assinala que: *'Differences made by legal rules are valid insofar there exists a warranted reason that justifies this break in the equality.'* Mais direta e contundente é a assertiva do Ministro Gilmar Mendes ao realçar que 'a proteção igual das diferenças impõe um tratamento desigual por parte da lei', donde se dessume que os tratamentos desiguais são plenamente justificáveis, se jungidos a motivações legitimas, razoáveis e lógicas."

12

ANEXO

LEI N. 9.615, DE 24 DE MARÇO DE 1998

O PRESIDENTE DA REPÚBLICA Faço saber que o Congresso Nacional decreta e eu sanciono a seguinte Lei:

CAPÍTULO I
DISPOSIÇÕES INICIAIS

Art. 1º O desporto brasileiro abrange práticas formais e não-formais e obedece às normas gerais desta Lei, inspirado nos fundamentos constitucionais do Estado Democrático de Direito.

§ 1º A prática desportiva formal é regulada por normas nacionais e internacionais e pelas regras de prática desportiva de cada modalidade, aceitas pelas respectivas entidades nacionais de administração do desporto.

§ 2º A prática desportiva não-formal é caracterizada pela liberdade lúdica de seus praticantes.

CAPÍTULO II
DOS PRINCÍPIOS FUNDAMENTAIS

Art. 2º O desporto, como direito individual, tem como base os princípios:

I — da soberania, caracterizado pela supremacia nacional na organização da prática desportiva;

II — da autonomia, definido pela faculdade e liberdade de pessoas físicas e jurídicas organizarem-se para a prática desportiva;

III — da democratização, garantido em condições de acesso às atividades desportivas sem quaisquer distinções ou formas de discriminação;

IV — da liberdade, expresso pela livre prática do desporto, de acordo com a capacidade e interesse de cada um, associando-se ou não a entidade do setor;

V — do direito social, caracterizado pelo dever do Estado em fomentar as práticas desportivas formais e não-formais;

VI — da diferenciação, consubstanciado no tratamento específico dado ao desporto profissional e não-profissional;

VII — da identidade nacional, refletido na proteção e incentivo às manifestações desportivas de criação nacional;

VIII — da educação, voltado para o desenvolvimento integral do homem como ser autônomo e participante, e fomentado por meio da prioridade dos recursos públicos ao desporto educacional;

IX — da qualidade, assegurado pela valorização dos resultados desportivos, educativos e dos relacionados à cidadania e ao desenvolvimento físico e moral;

X — da descentralização, consubstanciado na organização e funcionamento harmônicos de sistemas desportivos diferenciados e autônomos para os níveis federal, estadual, distrital e municipal;

XI — da segurança, propiciado ao praticante de qualquer modalidade desportiva, quanto a sua integridade física, mental ou sensorial;

XII — da eficiência, obtido por meio do estímulo à competência desportiva e administrativa.

Parágrafo único. A exploração e a gestão do desporto profissional constituem exercício de atividade econômica sujeitando-se, especificamente, à observância dos princípios: *(Incluído pela Lei n. 10.672, de 2003)*

I — da transparência financeira e administrativa; *(Incluído pela Lei n. 10.672, de 2003)*

II — da moralidade na gestão desportiva; *(Incluído pela Lei n. 10.672, de 2003)*

III — da responsabilidade social de seus dirigentes; *(Incluído pela Lei n. 10.672, de 2003)*

IV — do tratamento diferenciado em relação ao desporto não profissional; e *(Incluído pela Lei n. 10.672, de 2003)*

V — da participação na organização desportiva do País. *(Incluído pela Lei n. 10.672, de 2003)*

CAPÍTULO III
DA NATUREZA E DAS FINALIDADES DO DESPORTO

Art. 3º O desporto pode ser reconhecido em qualquer das seguintes manifestações:

I — desporto educacional, praticado nos sistemas de ensino e em formas assistemáticas de educação, evitando-se a seletividade, a hipercompetitividade de seus praticantes, com a finalidade de alcançar o desenvolvimento integral do indivíduo e a sua formação para o exercício da cidadania e a prática do lazer;

II — desporto de participação, de modo voluntário, compreendendo as modalidades desportivas praticadas com a finalidade de contribuir para a integração dos praticantes na plenitude da vida social, na promoção da saúde e educação e na preservação do meio ambiente;

III — desporto de rendimento, praticado segundo normas gerais desta Lei e regras de prática desportiva, nacionais e internacionais, com a finalidade de obter resultados e integrar pessoas e comunidades do País e estas com as de outras nações.

Parágrafo único. O desporto de rendimento pode ser organizado e praticado:

I — de modo profissional, caracterizado pela remuneração pactuada em contrato formal de trabalho entre o atleta e a entidade de prática desportiva;

II — de modo não-profissional, identificado pela liberdade de prática e pela inexistência de contrato de trabalho, sendo permitido o recebimento de incentivos materiais e de patrocínio. *(Redação dada pela Lei n. 9.981, de 2000)*

a) (revogada); *(Redação dada pela Lei n. 9.981, de 2000)*

b) (revogada). *(Redação dada pela Lei n. 9.981, de 2000)*

CAPÍTULO IV
DO SISTEMA BRASILEIRO DO DESPORTO

Seção I
Da composição e dos objetivos

Art. 4º O Sistema Brasileiro do Desporto compreende:

I — o Ministério do Esporte; *(Redação dada pela Lei n. 10.672, de 2003)*

II — *(Revogado pela Lei n. 10.672, de 2003)*

III — o Conselho Nacional do Esporte — CNE; *(Redação dada pela Lei n. 10.672, de 2003)*

IV — o sistema nacional do desporto e os sistemas de desporto dos Estados, do Distrito Federal e dos Municípios, organizados de forma autônoma e em regime de colaboração, integrados por vínculos de natureza técnica específicos de cada modalidade desportiva.

§ 1º O Sistema Brasileiro do Desporto tem por objetivo garantir a prática desportiva regular e melhorar-lhe o padrão de qualidade.

§ 2º A organização desportiva do País, fundada na liberdade de associação, integra o patrimônio cultural brasileiro e é considerada de elevado interesse social, inclusive para os fins do disposto nos incisos I e III do art. 5º da Lei Complementar n. 75, de 20 de maio de 1993. *(Redação dada pela Lei n. 10.672, de 2003)*

§ 3º Poderão ser incluídas no Sistema Brasileiro de Desporto as pessoas jurídicas que desenvolvam práticas não-formais, promovam a cultura e as ciências do desporto e formem e aprimorem especialistas.

Seção II
Dos Recursos do Ministério do Esporte
(Redação dada pela Lei n. 12.395, de 2011)

Art. 5º Os recursos do Ministério do Esporte serão aplicados conforme dispuser o Plano Nacional do Desporto, observado o disposto nesta Seção. *(Redação dada pela Lei n. 12.395, de 2011).*

§ 3º Caberá ao Ministério do Esporte, ouvido o CNE, nos termos do inciso II do art. 11, propor o Plano Nacional do Desporto, decenal, observado o disposto no art. 217 da Constituição Federal. *(Redação dada pela Lei n. 12.395, de 2011)*

Art. 6º Constituem recursos do Ministério do Esporte: *(Redação dada pela Lei n. 10.672, de 2003)*
I — receitas oriundas de concursos de prognósticos previstos em lei;

II — adicional de quatro e meio por cento incidente sobre cada bilhete, permitido o arredondamento do seu valor feito nos concursos de prognósticos a que se refere o Decreto-Lei n. 594, de 27 de maio de 1969, e a Lei n. 6.717, de 12 de novembro de 1979, destinado ao cumprimento do disposto no art. 7º;

III — doações, legados e patrocínios;

IV — prêmios de concursos de prognósticos da Loteria Esportiva Federal, não reclamados;

V — outras fontes.

§ 1º O valor do adicional previsto no inciso II deste artigo não será computado no montante da arrecadação das apostas para fins de cálculo de prêmios, rateios, tributos de qualquer natureza ou taxas de administração.

§ 2º Do adicional de 4,5% (quatro e meio por cento) de que trata o inciso II deste artigo, 1/3 (um terço) será repassado às Secretarias de Esporte dos Estados e do Distrito Federal ou, na inexistência destas, a órgãos que tenham atribuições semelhantes na área do esporte, proporcionalmente ao montante das apostas efetuadas em cada unidade da Federação, para aplicação prioritária em jogos escolares de esportes olímpicos e paraolímpicos, admitida também sua aplicação nas destinações previstas nos incisos I, VI e VIII do art. 7o desta Lei. *(Redação dada pela Lei n. 12.395, de 2011)*

§ 3º A parcela repassada aos Estados e ao Distrito Federal na forma do § 2º será aplicada integralmente em atividades finalísticas do esporte, sendo pelo menos 50% (cinquenta por cento) investidos em projetos apresentados pelos Municípios ou, na falta de projetos, em ações governamentais em benefício dos Municípios. *(Redação dada pela Lei n. 12.395, de 2011)*

§ 4º Trimestralmente, a Caixa Econômica Federal — CAIXA apresentará balancete ao Ministério do Esporte, com o resultado da receita proveniente do adicional de que trata o inciso II deste artigo. *(Redação dada pela Lei n. 12.395, de 2011)*

Art. 7º Os recursos do Ministério do Esporte terão a seguinte destinação: *(Redação dada pela Lei n. 10.672, de 2003)*

I — desporto educacional;

II — desporto de rendimento, nos casos de participação de entidades nacionais de administração do desporto em competições internacionais, bem como as competições brasileiras dos desportos de criação nacional;

III — desporto de criação nacional;

IV — capacitação de recursos humanos:

a) cientistas desportivos;

b) professores de educação física; e

c) técnicos de desporto;

V — apoio a projeto de pesquisa, documentação e informação;

VI — construção, ampliação e recuperação de instalações esportivas;

VII — apoio supletivo ao sistema de assistência ao atleta profissional com a finalidade de promover sua adaptação ao mercado de trabalho quando deixar a atividade;

VIII — apoio ao desporto para pessoas portadoras de deficiência.

Art. 8º A arrecadação obtida em cada teste da Loteria Esportiva terá a seguinte destinação:

I — quarenta e cinco por cento para pagamento dos prêmios, incluindo o valor correspondente ao imposto sobre a renda;

II — vinte por cento para a Caixa Econômica Federal — CEF, destinados ao custeio total da administração dos recursos e prognósticos desportivos;

III — dez por cento para pagamento, em parcelas iguais, às entidades de práticas desportivas constantes do teste, pelo uso de suas denominações, marcas e símbolos; *(Vide Lei n. 11.118, de 2005)*

IV — quinze por cento para o Ministério do Esporte. *(Redação dada pela Lei n. 10.672, de 2003)*

V — 10% (dez por cento) para a Seguridade Social. *(Incluído pela Lei n. 12.395, de 2011)*

Art. 9º Anualmente, a renda líquida total de um dos testes da Loteria Esportiva Federal será destinada ao Comitê Olímpico Brasileiro-COB, para treinamento e competições preparatórias das equipes olímpicas nacionais.

§ 1º Nos anos de realização dos Jogos Olímpicos e dos Jogos Pan-Americanos, a renda líquida de um segundo teste da Loteria Esportiva Federal será destinada ao Comitê Olímpico Brasileiro-COB, para o atendimento da participação de delegações nacionais nesses eventos.

§ 2º Ao Comitê Paraolímpico Brasileiro serão concedidas as rendas líquidas de testes da Loteria Esportiva Federal nas mesmas condições estabelecidas neste artigo para o Comitê Olímpico Brasileiro-COB.

Art. 10. Os recursos financeiros correspondentes às destinações previstas no inciso III do art. 8º e no *caput* do art. 9º constituem receitas próprias dos beneficiários que lhes serão entregues diretamente pela CAIXA. *(Redação dada pela Lei n. 12.395, de 2011)*

§ 1º O direito da entidade de prática desportiva de resgatar os recursos de que trata o inciso III do art. 8º desta Lei decai em 90 (noventa) dias, a contar da data de sua disponibilização pela Caixa Econômica Federal — CEF. *(Incluído pela Lei n. 11.118, de 2005)*

§ 2º Os recursos que não forem resgatados no prazo estipulado no § 1º deste artigo serão repassados ao Ministério do Esporte para aplicação em programas referentes à política nacional de incentivo e desenvolvimento da prática desportiva. *(Incluído pela Lei n. 11.118, de 2005)*

§ 3º (VETADO) *(Incluído pela Lei n. 11.118, de 2005)*

Seção III
Do Conselho de Desenvolvimento do Desporto Brasileiro — CDDB

Art. 11. O CNE é órgão colegiado de normatização, deliberação e assessoramento, diretamente vinculado ao Ministro de Estado do Esporte, cabendo-lhe: *(Redação dada pela Lei n. 10.672, de 2003)*

I — zelar pela aplicação dos princípios e preceitos desta Lei;

II — oferecer subsídios técnicos à elaboração do Plano Nacional do Desporto;

III — emitir pareceres e recomendações sobre questões desportivas nacionais;

IV — propor prioridades para o plano de aplicação de recursos do Ministério do Esporte; *(Redação dada pela Lei n. 10.672, de 2003)*

V — exercer outras atribuições previstas na legislação em vigor, relativas a questões de natureza desportiva; *(Redação dada pela Lei n. 9.981, de 2000)*

VI — aprovar os Códigos de Justiça Desportiva e suas alterações, com as peculiaridades de cada modalidade; e *(Redação dada pela Lei n. 12.395, de 2011)*

VII — expedir diretrizes para o controle de substâncias e métodos proibidos na prática desportiva. *(Redação dada pela Lei n. 9.981, de 2000)*

Parágrafo único. O Ministério do Esporte dará apoio técnico e administrativo ao CNE. *(Redação dada pela Lei n. 10.672, de 2003)*

Art. 12. (VETADO)

Art. 12-A. O CNE será composto por vinte e dois membros indicados pelo Ministro do Esporte, que o presidirá. *(Redação dada pela Lei n. 10.672, de 2003)*

Parágrafo único. Os membros do Conselho e seus suplentes serão indicados na forma da regulamentação desta Lei, para um mandato de dois anos, permitida uma recondução. *(Incluído pela Lei n. 9.981, de 2000)*

Seção IV
Do Sistema Nacional do Desporto

Art. 13. O Sistema Nacional do Desporto tem por finalidade promover e aprimorar as práticas desportivas de rendimento.

Parágrafo único. O Sistema Nacional do Desporto congrega as pessoas físicas e jurídicas de direito privado, com ou sem fins lucrativos, encarregadas da coordenação, administração, normatização, apoio e prática do desporto, bem como as incumbidas da Justiça Desportiva e, especialmente: *(Redação dada pela Lei n. 12.395, de 2011)*

I — o Comitê Olímpico Brasileiro-COB;

II — o Comitê Paraolímpico Brasileiro;

III — as entidades nacionais de administração do desporto;

IV — as entidades regionais de administração do desporto;

V — as ligas regionais e nacionais;

VI — as entidades de prática desportiva filiadas ou não àquelas referidas nos incisos anteriores.

VII — a Confederação Brasileira de Clubes. *(Incluído pela Lei n. 12.395, de 2011)*

Art. 14. O Comitê Olímpico Brasileiro — COB, o Comitê Paraolímpico Brasileiro — CPB e as entidades nacionais de administração do desporto, que lhes são filiadas ou vinculadas, constituem subsistema específico do Sistema Nacional do Desporto. *(Redação dada pela Lei n. 12.395, de 2011)*

§ 1º Aplica-se aos comitês e às entidades referidas no *caput* o disposto no inciso II do art. 217 da Constituição Federal, desde que seus estatutos estejam plenamente de acordo com as disposições constitucionais e legais aplicáveis. *(Incluído pela Lei n. 12.395, de 2011)*

§ 2º Compete ao Comitê Olímpico Brasileiro — COB e ao Comitê Paraolímpico Brasileiro — CPB o planejamento das atividades do esporte de seus subsistemas específicos. *(Incluído pela Lei n. 12.395, de 2011)*

Art. 15. Ao Comitê Olímpico Brasileiro-COB, entidade jurídica de direito privado, compete representar o País nos eventos olímpicos, pan-americanos e outros de igual natureza, no Comitê Olímpico Internacional e nos movimentos olímpicos internacionais, e fomentar o movimento olímpico no território nacional, em conformidade com as disposições da Constituição Federal, bem como com as disposições estatutárias e regulamentares do Comitê Olímpico Internacional e da Carta Olímpica.

§ 1º Caberá ao Comitê Olímpico Brasileiro-COB representar o olimpismo brasileiro junto aos poderes públicos.

§ 2º É privativo do Comitê Olímpico Brasileiro — COB e do Comitê Paraolímpico Brasileiro — CPOB o uso das bandeiras, lemas, hinos e símbolos olímpicos e paraolímpicos, assim como das denominações "jogos olímpicos", "olimpíadas", "jogos paraolímpicos" e "paraolimpíadas", permitida a utilização destas últimas quando se tratar de eventos vinculados ao desporto educacional e de participação. *(Redação dada pela Lei n. 9.981, de 2000)*

§ 3º Ao Comitê Olímpico Brasileiro-COB são concedidos os direitos e benefícios conferidos em lei às entidades nacionais de administração do desporto.

§ 4º São vedados o registro e uso para qualquer fim de sinal que integre o símbolo olímpico ou que o contenha, bem como do hino e dos lemas olímpicos, exceto mediante prévia autorização do Comitê Olímpico Brasileiro — COB.

§ 5º Aplicam-se ao Comitê Paraolímpico Brasileiro, no que couber, as disposições previstas neste artigo.

Art. 16. As entidades de prática desportiva e as entidades de administração do desporto, bem como as ligas de que trata o art. 20, são pessoas jurídicas de direito privado, com organização e funcionamento autônomo, e terão as competências definidas em seus estatutos. *(Redação dada pela Lei n. 12.395, de 2011)*

§ 1º As entidades nacionais de administração do desporto poderão filiar, nos termos de seus estatutos, entidades regionais de administração e entidades de prática desportiva.

§ 2º As ligas poderão, a seu critério, filiar-se ou vincular-se a entidades nacionais de administração do desporto, vedado a estas, sob qualquer pretexto, exigir tal filiação ou vinculação.

§ 3º É facultada a filiação direta de atletas nos termos previstos nos estatutos das respectivas entidades de administração do desporto.

Art. 17. (VETADO)

Art. 18. Somente serão beneficiadas com isenções fiscais e repasses de recursos públicos federais da administração direta e indireta, nos termos do inciso II do art. 217 da Constituição Federal, as entidades do Sistema Nacional do Desporto que:

I — possuírem viabilidade e autonomia financeiras;

III — atendam aos demais requisitos estabelecidos em lei;

IV — estiverem em situação regular com suas obrigações fiscais e trabalhistas; *(Redação dada pela Lei n. 12.395, de 2011)*

V — demonstrem compatibilidade entre as ações desenvolvidas para a melhoria das respectivas modalidades desportivas e o Plano Nacional do Desporto. *(Redação dada pela Lei n. 12.395, de 2011)*

Parágrafo único. A verificação do cumprimento das exigências contidas nos incisos I a V deste artigo será de responsabilidade do Ministério do Esporte. *(Redação dada pela Lei n. 12.395, de 2011)*

Art. 19. (VETADO)

Art. 20. As entidades de prática desportiva participantes de competições do Sistema Nacional do Desporto poderão organizar ligas regionais ou nacionais. (Regulamento)

§ 1º (VETADO)

§ 2º As entidades de prática desportiva que organizarem ligas, na forma do *caput* deste artigo, comunicarão a criação destas às entidades nacionais de administração do desporto das respectivas modalidades.

§ 3º As ligas integrarão os sistemas das entidades nacionais de administração do desporto que incluírem suas competições nos respectivos calendários anuais de eventos oficiais.

§ 4º Na hipótese prevista no *caput* deste artigo, é facultado às entidades de prática desportiva participarem, também, de campeonatos nas entidades de administração do desporto a que estiverem filiadas.

§ 5º É vedada qualquer intervenção das entidades de administração do desporto nas ligas que se mantiverem independentes.

§ 6º As ligas formadas por entidades de prática desportiva envolvidas em competições de atletas profissionais equiparam-se, para fins do cumprimento do disposto nesta Lei, às entidades de administração do desporto. *(Incluído pela Lei n. 10.672, de 2003)*

§ 7º As entidades nacionais de administração de desporto serão responsáveis pela organização dos calendários anuais de eventos oficiais das respectivas modalidades. *(Incluído pela Lei n. 10.672, de 2003)*

Art. 21. As entidades de prática desportiva poderão filiar-se, em cada modalidade, à entidade de administração do desporto do Sistema Nacional do Desporto, bem como à correspondente entidade de administração do desporto de um dos sistemas regionais.

Art. 22. Os processos eleitorais assegurarão:

I — colégio eleitoral constituído de todos os filiados no gozo de seus direitos, admitida a diferenciação de valor dos seus votos;

II — defesa prévia, em caso de impugnação, do direito de participar da eleição;

III — eleição convocada mediante edital publicado em órgão da imprensa de grande circulação, por três vezes;

IV — sistema de recolhimento dos votos imune a fraude;

V — acompanhamento da apuração pelos candidatos e meios de comunicação.

Parágrafo único. Na hipótese da adoção de critério diferenciado de valoração dos votos, este não poderá exceder à proporção de um para seis entre o de menor e o de maior valor.

Art. 23. Os estatutos das entidades de administração do desporto, elaborados de conformidade com esta Lei, deverão obrigatoriamente regulamentar, no mínimo:

I — instituição do Tribunal de Justiça Desportiva, nos termos desta Lei;

II — inelegibilidade de seus dirigentes para desempenho de cargos e funções eletivas ou de livre nomeação de:

a) condenados por crime doloso em sentença definitiva;

b) inadimplentes na prestação de contas de recursos públicos em decisão administrativa definitiva;

c) inadimplentes na prestação de contas da própria entidade;

d) afastados de cargos eletivos ou de confiança de entidade desportiva ou em virtude de gestão patrimonial ou financeira irregular ou temerária da entidade;

e) inadimplentes das contribuições previdenciárias e trabalhistas;

f) falidos.

Parágrafo único. Independentemente de previsão estatutária é obrigatório o afastamento preventivo e imediato dos dirigentes, eleitos ou nomeados, caso incorram em qualquer das hipóteses do inciso II, assegurado o processo regular e a ampla defesa para a destituição. *(Incluído pela Lei n. 10.672, de 2003)*

Art. 24. As prestações de contas anuais de todas as entidades de administração integrantes do Sistema Nacional do Desporto serão obrigatoriamente submetidas, com parecer dos Conselhos Fiscais, às respectivas assembléias-gerais, para a aprovação final.

Parágrafo único. Todos os integrantes das assembléias-gerais terão acesso irrestrito aos documentos, informações e comprovantes de despesas de contas de que trata este artigo.

Seção V
Dos Sistemas do Desporto dos Estados, do Distrito Federal e dos Municípios
(Redação dada pela Lei n. 12.395, de 2011)

Art. 25. Os Estados e o Distrito Federal constituirão seus próprios sistemas, respeitadas as normas estabelecidas nesta Lei e a observância do processo eleitoral.

Parágrafo único. Aos Municípios é facultado constituir sistemas próprios de desporto, observado o disposto nesta Lei e, no que couber, na legislação do respectivo Estado. *(Redação dada pela Lei n. 12.395, de 2011)*

CAPÍTULO V
DA PRÁTICA DESPORTIVA PROFISSIONAL

Art. 26. Atletas e entidades de prática desportiva são livres para organizar a atividade profissional, qualquer que seja sua modalidade, respeitados os termos desta Lei.

Parágrafo único. Considera-se competição profissional para os efeitos desta Lei aquela promovida para obter renda e disputada por atletas profissionais cuja remuneração decorra de contrato de trabalho desportivo. *(Incluído pela Lei n. 10.672, de 2003)*

Art. 27. As entidades de prática desportiva participantes de competições profissionais e as entidades de administração de desporto ou ligas em que se organizarem, independentemente da forma jurídica adotada, sujeitam os bens particulares de seus dirigentes ao disposto no art. 50 da Lei n. 10.406, de 10 de janeiro de 2002, além das sanções e responsabilidades previstas no *caput* do art. 1.017 da Lei n. 10.406, de 10 de janeiro de 2002, na hipótese de aplicarem créditos ou bens sociais da entidade desportiva em proveito próprio ou de terceiros. *(Redação dada pela Lei n. 10.672, de 2003)*

§ 1º (parágrafo único original) (Revogado). *(Redação dada pela Lei n. 9.981, de 2000)*

§ 2º A entidade a que se refere este artigo não poderá utilizar seus bens patrimoniais, desportivos ou sociais para integralizar sua parcela de capital ou oferecê-los como garantia, salvo com a concordância da maioria absoluta da assembléia-geral dos associados e na conformidade do respectivo estatuto. *(Incluído pela Lei n. 9.981, de 2000)*

§ 5º O disposto no art. 23 aplica-se, no que couber, às entidades a que se refere o *caput* deste artigo. *(Incluído pela Lei n. 10.672, de 2003)*

§ 6º Sem prejuízo de outros requisitos previstos em lei, as entidades de que trata o *caput* deste artigo somente poderão obter financiamento com recursos públicos ou fazer jus a programas de recuperação econômico-financeiros se, cumulativamente, atenderem às seguintes condições: *(Redação dada pela Lei n. 12.395, de 2011)*

I — realizar todos os atos necessários para permitir a identificação exata de sua situação financeira; *(Incluído pela Lei n. 10.672, de 2003)*

II — apresentar plano de resgate e plano de investimento; *(Incluído pela Lei n. 10.672, de 2003)*

III — garantir a independência de seus conselhos de fiscalização e administração, quando houver; *(Incluído pela Lei n. 10.672, de 2003)*

IV — adotar modelo profissional e transparente; e *(Incluído pela Lei n. 10.672, de 2003)*

V — apresentar suas demonstrações financeiras, juntamente com os respectivos relatórios de auditoria, nos termos definidos no inciso I do art. 46-A desta Lei. *(Redação dada pela Lei n. 12.395, de 2011)*

§ 7º Os recursos do financiamento voltados à implementação do plano de resgate serão utilizados: *(Incluído pela Lei n. 10.672, de 2003)*

I — prioritariamente, para quitação de débitos fiscais, previdenciários e trabalhistas; e *(Incluído pela Lei n. 10.672, de 2003)*

II — subsidiariamente, para construção ou melhoria de estádio próprio ou de que se utilizam para mando de seus jogos, com a finalidade de atender a critérios de segurança, saúde e bem estar do torcedor. *(Incluído pela Lei n. 10.672, de 2003)*

§ 8º Na hipótese do inciso II do § 7º, a entidade de prática desportiva deverá apresentar à instituição financiadora o orçamento das obras pretendidas. *(Incluído pela Lei n. 10.672, de 2003)*

§ 9º É facultado às entidades desportivas profissionais constituírem-se regularmente em sociedade empresária, segundo um dos tipos regulados nos arts. 1.039 a 1.092 da Lei n. 10.406, de 10 de janeiro de 2002 — Código Civil. *(Incluído pela Lei n. 10.672, de 2003)*

§ 10. Considera-se entidade desportiva profissional, para fins desta Lei, as entidades de prática desportiva envolvidas em competições de atletas profissionais, as ligas em que se organizarem e as entidades de administração de desporto profissional. *(Incluído pela Lei n. 10.672, de 2003)*

§ 11. Os administradores de entidades desportivas profissionais respondem solidária e ilimitadamente pelos atos ilícitos praticados, de gestão temerária ou contrários ao previsto no contrato social ou estatuto, nos termos da Lei n. 10.406, de 10 de janeiro de 2002 – Código Civil. *(Redação dada pela Lei n. 12.395, de 2011)*

§ 12. (VETADO) *(Incluído pela Lei n. 10.672, de 2003)*

§ 13. Para os fins de fiscalização e controle do disposto nesta Lei, as atividades profissionais das entidades de que trata o *caput* deste artigo, independentemente da forma jurídica sob a qual estejam constituídas, equiparam-se às das sociedades empresárias. *(Redação dada pela Lei n. 12.395, de 2011)*

Art. 27-A. Nenhuma pessoa física ou jurídica que, direta ou indiretamente, seja detentora de parcela do capital com direito a voto ou, de qualquer forma, participe da administração de qualquer entidade de prática desportiva poderá ter participação simultânea no capital social ou na gestão de outra entidade de prática desportiva disputante da mesma competição profissional. *(Incluído pela Lei n. 9.981, de 2000)*

§ 1º É vedado que duas ou mais entidades de prática desportiva disputem a mesma competição profissional das primeiras séries ou divisões das diversas modalidades desportivas quando: *(Incluído pela Lei n. 9.981, de 2000)*

a) uma mesma pessoa física ou jurídica, direta ou indiretamente, através de relação contratual, explore, controle ou administre direitos que integrem seus patrimônios; ou, *(Incluído pela Lei n. 9.981, de 2000)*

b) uma mesma pessoa física ou jurídica, direta ou indiretamente, seja detentora de parcela do capital com direito a voto ou, de qualquer forma, participe da administração de mais de uma sociedade ou associação que explore, controle ou administre direitos que integrem os seus patrimônios. *(Incluído pela Lei n. 9.981, de 2000)*

§ 2º A vedação de que trata este artigo aplica-se: *(Incluído pela Lei n. 9.981, de 2000)*

a) ao cônjuge e aos parentes até o segundo grau das pessoas físicas; e *(Incluído pela Lei n. 9.981, de 2000)*

b) às sociedades controladoras, controladas e coligadas das mencionadas pessoas jurídicas, bem como a fundo de investimento, condomínio de investidores ou outra forma assemelhada que resulte na participação concomitante vedada neste artigo. *(Incluído pela Lei n. 9.981, de 2000)*

§ 3º Excluem-se da vedação de que trata este artigo os contratos de administração e investimentos em estádios, ginásios e praças desportivas, de patrocínio, de licenciamento de uso de marcas e símbolos, de publicidade e de propaganda, desde que não importem na administração direta ou na co-gestão das atividades desportivas profissionais das entidades de prática desportiva, assim como os contratos individuais ou coletivos que sejam celebrados entre as detentoras de concessão, permissão ou autorização para exploração de serviços de radiodifusão sonora e de sons e imagens, bem como de televisão por assinatura, e entidades de prática desportiva para fins de transmissão de eventos desportivos. *(Incluído pela Lei n. 9.981, de 2000)*

§ 4º A infringência a este artigo implicará a inabilitação da entidade de prática desportiva para percepção dos benefícios de que trata o art. 18 desta Lei. *(Redação dada pela Lei n. 10.672, de 2003)*

§ 5º As empresas detentoras de concessão, permissão ou autorização para exploração de serviço de radiodifusão sonora e de sons e imagens, bem como de televisão por assinatura, ficam impedidas de patrocinar ou veicular sua própria marca, bem como a de seus canais e dos títulos de seus programas, nos uniformes de competições das entidades desportivas. *(Redação dada pela Lei n. 10.672, de 2003)*

§ 6º A violação do disposto no § 5º implicará a eliminação da entidade de prática desportiva que lhe deu causa da competição ou do torneio em que aquela se verificou, sem prejuízo das penalidades que venham a ser aplicadas pela Justiça Desportiva. *(Incluído pela Lei n. 10.672, de 2003)*

Art. 27-B. São nulas de pleno direito as cláusulas de contratos firmados entre as entidades de prática desportiva e terceiros, ou entre estes e atletas, que possam intervir ou influenciar nas transferências de atletas ou, ainda, que interfiram no desempenho do atleta ou da entidade de prática desportiva, exceto quando objeto de acordo ou convenção coletiva de trabalho. *(Incluído pela Lei n. 12.395, de 2011)*

Art. 27-C. São nulos de pleno direito os contratos firmados pelo atleta ou por seu representante legal com agente desportivo, pessoa física ou jurídica, bem como as cláusulas contratuais ou de instrumentos procuratórios que: *(Incluído pela Lei n. 12.395, de 2011)*

I — resultem vínculo desportivo; *(Incluído pela Lei n. 12.395, de 2011)*

II — impliquem vinculação ou exigência de receita total ou parcial exclusiva da entidade de prática desportiva, decorrente de transferência nacional ou internacional de atleta, em vista da exclusividade de que trata o inciso I do art. 28; *(Incluído pela Lei n. 12.395, de 2011)*

III — restrinjam a liberdade de trabalho desportivo; *(Incluído pela Lei n. 12.395, de 2011)*

IV — estabeleçam obrigações consideradas abusivas ou desproporcionais; *(Incluído pela Lei n. 12.395, de 2011)*

V — infrinjam os princípios da boa-fé objetiva ou do fim social do contrato; ou *(Incluído pela Lei n. 12.395, de 2011)*

VI — versem sobre o gerenciamento de carreira de atleta em formação com idade inferior a 18 (dezoito) anos. *(Incluído pela Lei n. 12.395, de 2011)*

Art. 28. A atividade do atleta profissional é caracterizada por remuneração pactuada em contrato especial de trabalho desportivo, firmado com entidade de prática desportiva, no qual deverá constar, obrigatoriamente: *(Redação dada pela Lei n. 12.395, de 2011)*

I — cláusula indenizatória desportiva, devida exclusivamente à entidade de prática desportiva à qual está vinculado o atleta, nas seguintes hipóteses: *(Incluído pela Lei n. 12.395, de 2011)*

a) transferência do atleta para outra entidade, nacional ou estrangeira, durante a vigência do contrato especial de trabalho desportivo; ou *(Incluído pela Lei n. 12.395, de 2011)*

b) por ocasião do retorno do atleta às atividades profissionais em outra entidade de prática desportiva, no prazo de até 30 (trinta) meses; e *(Incluído pela Lei n. 12.395, de 2011)*

II — cláusula compensatória desportiva, devida pela entidade de prática desportiva ao atleta, nas hipóteses dos incisos III a V do § 5º. *(Incluído pela Lei n. 12.395, de 2011)*

§ 1º O valor da cláusula indenizatória desportiva a que se refere o inciso I do *caput* deste artigo será livremente pactuado pelas partes e expressamente quantificado no instrumento contratual: *(Redação dada pela Lei n. 12.395, de 2011)*

I — até o limite máximo de 2.000 (duas mil) vezes o valor médio do salário contratual, para as transferências nacionais; e *(Incluído pela Lei n. 12.395, de 2011)*

II — sem qualquer limitação, para as transferências internacionais. *(Incluído pela Lei n. 12.395, de 2011)*

§ 2º São solidariamente responsáveis pelo pagamento da cláusula indenizatória desportiva de que trata o inciso I do *caput* deste artigo o atleta e a nova entidade de prática desportiva empregadora. *(Redação dada pela Lei n. 12.395, de 2011)*

§ 3º O valor da cláusula compensatória desportiva a que se refere o inciso II do *caput* deste artigo será livremente pactuado entre as partes e formalizado no contrato especial de trabalho desportivo, observando-se, como limite máximo, 400 (quatrocentas) vezes o valor do salário mensal no momento da rescisão e, como limite mínimo, o valor total de salários mensais a que teria direito o atleta até o término do referido contrato. *(Redação dada pela Lei n. 12.395, de 2011)*

§ 4º Aplicam-se ao atleta profissional as normas gerais da legislação trabalhista e da Seguridade Social, ressalvadas as peculiaridades constantes desta Lei, especialmente as seguintes: *(Redação dada pela Lei n. 12.395, de 2011)*

I — se conveniente à entidade de prática desportiva, a concentração não poderá ser superior a 3 (três) dias consecutivos por semana, desde que esteja programada qualquer partida, prova ou equivalente, amistosa ou oficial, devendo o atleta ficar à disposição do empregador por ocasião da realização de competição fora da localidade onde tenha sua sede; *(Redação dada pela Lei n. 12.395, de 2011)*

II — o prazo de concentração poderá ser ampliado, independentemente de qualquer pagamento adicional, quando o atleta estiver à disposição da entidade de administração do desporto; *(Redação dada pela Lei n. 12.395, de 2011)*

III — acréscimos remuneratórios em razão de períodos de concentração, viagens, pré-temporada e participação do atleta em partida, prova ou equivalente, conforme previsão contratual; *(Redação dada pela Lei n. 12.395, de 2011)*

IV — repouso semanal remunerado de 24 (vinte e quatro) horas ininterruptas, preferentemente em dia subsequente à participação do atleta na partida, prova ou equivalente, quando realizada no final de semana; *(Redação dada pela Lei n. 12.395, de 2011)*

V — férias anuais remuneradas de 30 (trinta) dias, acrescidas do abono de férias, coincidentes com o recesso das atividades desportivas; *(Incluído pela Lei n. 12.395, de 2011)*

VI — jornada de trabalho desportiva normal de 44 (quarenta e quatro) horas semanais. *(Incluído pela Lei n. 12.395, de 2011)*

§ 5º O vínculo desportivo do atleta com a entidade de prática desportiva contratante constitui-se com o registro do contrato especial de trabalho desportivo na entidade de administração do desporto, tendo natureza acessória ao respectivo vínculo empregatício, dissolvendo-se, para todos os efeitos legais: *(Redação dada pela Lei n. 12.395, de 2011)*

I — com o término da vigência do contrato ou o seu distrato; *(Incluído pela Lei n. 12.395, de 2011)*

II — com o pagamento da cláusula indenizatória desportiva ou da cláusula compensatória desportiva; *(Incluído pela Lei n. 12.395, de 2011)*

III — com a rescisão decorrente do inadimplemento salarial, de responsabilidade da entidade de prática desportiva empregadora, nos termos desta Lei; *(Incluído pela Lei n. 12.395, de 2011)*

IV — com a rescisão indireta, nas demais hipóteses previstas na legislação trabalhista; e *(Incluído pela Lei n. 12.395, de 2011)*

V — com a dispensa imotivada do atleta. *(Incluído pela Lei n. 12.395, de 2011)*

§ 7º A entidade de prática desportiva poderá suspender o contrato especial de trabalho desportivo do atleta profissional, ficando dispensada do pagamento da remuneração nesse período, quando o atleta for impedido de atuar, por prazo ininterrupto superior a 90 (noventa) dias, em decorrência de ato ou evento de sua exclusiva responsabilidade, desvinculado da atividade profissional, conforme previsto no referido contrato. *(Redação dada pela Lei n. 12.395, de 2011)*

§ 8º O contrato especial de trabalho desportivo deverá conter cláusula expressa reguladora de sua prorrogação automática na ocorrência da hipótese prevista no § 7º deste artigo. *(Incluído pela Lei n. 12.395, de 2011)*

§ 9º Quando o contrato especial de trabalho desportivo for por prazo inferior a 12 (doze) meses, o atleta profissional terá direito, por ocasião da rescisão contratual por culpa da entidade de prática desportiva empregadora, a tantos doze avos da remuneração mensal quantos forem os meses da vigência do contrato, referentes a férias, abono de férias e 13o (décimo terceiro) salário. *(Incluído pela Lei n. 12.395, de 2011)*

§ 10. Não se aplicam ao contrato especial de trabalho desportivo os arts. 479 e 480 da Consolidação das Leis do Trabalho — CLT, aprovada pelo Decreto-Lei n. 5.452, de 1º de maio de 1943. *(Incluído pela Lei n. 12.395, de 2011)*

Art. 28-A. Caracteriza-se como autônomo o atleta maior de 16 (dezesseis) anos que não mantém relação empregatícia com entidade de prática desportiva, auferindo rendimentos por conta e por meio de contrato de natureza civil. *(Incluído pela Lei n. 12.395, de 2011)*

§ 1º O vínculo desportivo do atleta autônomo com a entidade de prática desportiva resulta de inscrição para participar de competição e não implica reconhecimento de relação empregatícia. *(Incluído pela Lei n. 12.395, de 2011)*

§ 2º A filiação ou a vinculação de atleta autônomo a entidade de administração ou a sua integração a delegações brasileiras partícipes de competições internacionais não caracteriza vínculo empregatício. *(Incluído pela Lei n. 12.395, de 2011)*

§ 3º O disposto neste artigo não se aplica às modalidades desportivas coletivas. *(Incluído pela Lei n. 12.395, de 2011)*

Art. 29. A entidade de prática desportiva formadora do atleta terá o direito de assinar com ele, a partir de 16 (dezesseis) anos de idade, o primeiro contrato especial de trabalho desportivo, cujo prazo não poderá ser superior a 5 (cinco) anos. *(Redação dada pela Lei n. 12.395, de 2011)*

Parágrafo único.(VETADO)

§ 2º É considerada formadora de atleta a entidade de prática desportiva que: *(Redação dada pela Lei n. 12.395, de 2011)*

I — forneça aos atletas programas de treinamento nas categorias de base e complementação educacional; e *(Incluído pela Lei n. 12.395, de 2011)*

II — satisfaça cumulativamente os seguintes requisitos: *(Incluído pela Lei n. 12.395, de 2011)*

a) estar o atleta em formação inscrito por ela na respectiva entidade regional de administração do desporto há, pelo menos, 1 (um) ano; *(Incluído pela Lei n. 12.395, de 2011)*

b) comprovar que, efetivamente, o atleta em formação está inscrito em competições oficiais; *(Incluído pela Lei n. 12.395, de 2011)*

c) garantir assistência educacional, psicológica, médica e odontológica, assim como alimentação, transporte e convivência familiar; *(Incluído pela Lei n. 12.395, de 2011)*

d) manter alojamento e instalações desportivas adequados, sobretudo em matéria de alimentação, higiene, segurança e salubridade; *(Incluído pela Lei n. 12.395, de 2011)*

e) manter corpo de profissionais especializados em formação tecnicodesportiva; *(Incluído pela Lei n. 12.395, de 2011)*

f) ajustar o tempo destinado à efetiva atividade de formação do atleta, não superior a 4 (quatro) horas por dia, aos horários do currículo escolar ou de curso profissionalizante, além de propiciar-lhe a matrícula escolar, com exigência de frequência e satisfatório aproveitamento; *(Incluído pela Lei n. 12.395, de 2011)*

g) ser a formação do atleta gratuita e a expensas da entidade de prática desportiva; *(Incluído pela Lei n. 12.395, de 2011)*

h) comprovar que participa anualmente de competições organizadas por entidade de administração do desporto em, pelo menos, 2 (duas) categorias da respectiva modalidade desportiva; e *(Incluído pela Lei n. 12.395, de 2011)*

i) garantir que o período de seleção não coincida com os horários escolares. *(Incluído pela Lei n. 12.395, de 2011)*

§ 3º A entidade nacional de administração do desporto certificará como entidade de prática desportiva formadora aquela que comprovadamente preencha os requisitos estabelecidos nesta Lei. *(Redação dada pela Lei n. 12.395, de 2011)*

§ 4º O atleta não profissional em formação, maior de quatorze e menor de vinte anos de idade, poderá receber auxílio financeiro da entidade de prática desportiva formadora, sob a forma de bolsa de aprendizagem livremente pactuada mediante contrato formal, sem que seja gerado vínculo empregatício entre as partes. *(Incluído pela Lei n. 10.672, de 2003)*

§ 5º A entidade de prática desportiva formadora fará jus a valor indenizatório se ficar impossibilitada de assinar o primeiro contrato especial de trabalho desportivo por oposição do atleta, ou quando ele se vincular, sob qualquer forma, a outra entidade de prática desportiva, sem autorização expressa da entidade de prática desportiva formadora, atendidas as seguintes condições: *(Redação dada pela Lei n. 12.395, de 2011)*

I — o atleta deverá estar regularmente registrado e não pode ter sido desligado da entidade de prática desportiva formadora; *(Incluído pela Lei n. 12.395, de 2011)*

II — a indenização será limitada ao montante correspondente a 200 (duzentas) vezes os gastos comprovadamente efetuados com a formação do atleta, especificados no contrato de que trata o § 4º deste artigo; *(Incluído pela Lei n. 12.395, de 2011)*

III — o pagamento do valor indenizatório somente poderá ser efetuado por outra entidade de prática desportiva e deverá ser efetivado diretamente à entidade de prática desportiva formadora no prazo máximo de 15 (quinze) dias, contados da data da vinculação do atleta à nova entidade de prática desportiva, para efeito de permitir novo registro em entidade de administração do desporto. *(Incluído pela Lei n. 12.395, de 2011)*

§ 6º O contrato de formação desportiva a que se refere o § 4º deste artigo deverá incluir obrigatoriamente: *(Redação dada pela Lei n. 12.395, de 2011)*

I — identificação das partes e dos seus representantes legais; *(Redação dada pela Lei n. 12.395, de 2011)*

II — duração do contrato; *(Redação dada pela Lei n. 12.395, de 2011)*

III — direitos e deveres das partes contratantes, inclusive garantia de seguro de vida e de acidentes pessoais para cobrir as atividades do atleta contratado; e *(Redação dada pela Lei n. 12.395, de 2011)*

IV — especificação dos itens de gasto para fins de cálculo da indenização com a formação desportiva. *(Redação dada pela Lei n. 12.395, de 2011)*

§ 7º A entidade de prática desportiva formadora e detentora do primeiro contrato especial de trabalho desportivo com o atleta por ela profissionalizado terá o direito de preferência para a primeira renovação deste contrato, cujo prazo não poderá ser superior a 3 (três) anos, salvo se para equiparação de proposta de terceiro. *(Redação dada pela Lei n. 12.395, de 2011)*

§ 8º Para assegurar seu direito de preferência, a entidade de prática desportiva formadora e detentora do primeiro contrato especial de trabalho desportivo deverá apresentar, até 45 (quarenta e cinco) dias antes do término do contrato em curso, proposta ao atleta, de cujo teor deverá ser cientificada a correspondente entidade regional de administração do desporto, indicando as novas condições contratuais e os salários ofertados, devendo o atleta apresentar resposta à entidade de prática desportiva formadora, de cujo teor deverá ser notificada a referida entidade de administração, no prazo de 15 (quinze) dias contados da data do recebimento da proposta, sob pena de aceitação tácita. *(Incluído pela Lei n. 12.395, de 2011)*

§ 9º Na hipótese de outra entidade de prática desportiva resolver oferecer proposta mais vantajosa a atleta vinculado à entidade de prática desportiva que o formou, deve-se observar o seguinte: *(Incluído pela Lei n. 12.395, de 2011)*

I — a entidade proponente deverá apresentar à entidade de prática desportiva formadora proposta, fazendo dela constar todas as condições remuneratórias; *(Incluído pela Lei n. 12.395, de 2011)*

II — a entidade proponente deverá dar conhecimento da proposta à correspondente entidade regional de administração; e *(Incluído pela Lei n. 12.395, de 2011)*

III — a entidade de prática desportiva formadora poderá, no prazo máximo de 15 (quinze) dias, a contar do recebimento da proposta, comunicar se exercerá o direito de preferência de que trata o § 7º, nas mesmas condições oferecidas. *(Incluído pela Lei n. 12.395, de 2011)*

§ 10. A entidade de administração do desporto deverá publicar o recebimento das propostas de que tratam os §§ 7º e 8º, nos seus meios oficiais de divulgação, no prazo de 5 (cinco) dias contados da data do recebimento. *(Incluído pela Lei n. 12.395, de 2011)*

§ 11. Caso a entidade de prática desportiva formadora oferte as mesmas condições, e, ainda assim, o atleta se oponha à renovação do primeiro contrato especial de trabalho desportivo, ela poderá exigir da nova entidade de prática desportiva contratante o valor indenizatório correspondente a, no máximo, 200 (duzentas) vezes o valor do salário mensal constante da proposta. *(Incluído pela Lei n. 12.395, de 2011)*

§ 12. A contratação do atleta em formação será feita diretamente pela entidade de prática desportiva formadora, sendo vedada a sua realização por meio de terceiros. *(Incluído pela Lei n. 12.395, de 2011)*

§ 13. A entidade de prática desportiva formadora deverá registrar o contrato de formação desportiva do atleta em formação na entidade de administração da respectiva modalidade desportiva. *(Incluído pela Lei n. 12.395, de 2011)*

Art. 29-A. Sempre que ocorrer transferência nacional, definitiva ou temporária, de atleta profissional, até 5% (cinco por cento) do valor pago pela nova entidade de prática desportiva serão obrigatoriamente distribuídos entre as entidades de práticas desportivas que contribuíram para a formação do atleta, na proporção de: *(Incluído pela Lei n. 12.395, de 2011)*

I — 1% (um por cento) para cada ano de formação do atleta, dos 14 (quatorze) aos 17 (dezessete) anos de idade, inclusive; e *(Incluído pela Lei n. 12.395, de 2011)*

II — 0,5% (meio por cento) para cada ano de formação, dos 18 (dezoito) aos 19 (dezenove) anos de idade, inclusive. *(Incluído pela Lei n. 12.395, de 2011)*

§ 1º Caberá à entidade de prática desportiva cessionária do atleta reter do valor a ser pago à entidade de prática desportiva cedente 5% (cinco por cento) do valor acordado para a transferência, distribuindo-os às entidades de prática desportiva que contribuíram para a formação do atleta. *(Incluído pela Lei n. 12.395, de 2011)*

§ 2º Como exceção à regra estabelecida no § 1o deste artigo, caso o atleta se desvincule da entidade de prática desportiva de forma unilateral, mediante pagamento da cláusula indenizatória desportiva prevista no inciso I do art. 28 desta Lei, caberá à entidade de prática desportiva que recebeu a cláusula indenizatória desportiva distribuir 5% (cinco por cento) de tal montante às entidades de prática desportiva responsáveis pela formação do atleta. *(Incluído pela Lei n. 12.395, de 2011)*

§ 3º O percentual devido às entidades de prática desportiva formadoras do atleta deverá ser calculado sempre de acordo com certidão a ser fornecida pela entidade nacional de administração do desporto, e os valores distribuídos proporcionalmente em até 30 (trinta) dias da efetiva transferência, cabendo-lhe exigir o cumprimento do que dispõe este parágrafo. *(Incluído pela Lei n. 12.395, de 2011)*

Art. 30. O contrato de trabalho do atleta profissional terá prazo determinado, com vigência nunca inferior a três meses nem superior a cinco anos. *(Redação dada pela Lei n. 9.981, de 2000)*

Parágrafo único. Não se aplica ao contrato especial de trabalho desportivo do atleta profissional o disposto nos arts. 445 e 451 da Consolidação das Leis do Trabalho — CLT, aprovada pelo Decreto-Lei no 5.452, de 1º de maio de 1943. *(Redação dada pela Lei n. 12.395, de 2011)*

Art. 31. A entidade de prática desportiva empregadora que estiver com pagamento de salário de atleta profissional em atraso, no todo ou em parte, por período igual ou superior a 3 (três) meses, terá o contrato especial de trabalho desportivo daquele atleta rescindido, ficando o atleta livre para se transferir para qualquer outra entidade de prática desportiva de mesma modalidade, nacional ou internacional, e exigir a cláusula compensatória desportiva e os haveres devidos. *(Redação dada pela Lei n. 12.395, de 2011)*

§ 1º São entendidos como salário, para efeitos do previsto no *caput*, o abono de férias, o décimo terceiro salário, as gratificações, os prêmios e demais verbas inclusas no contrato de trabalho.

§ 2º A mora contumaz será considerada também pelo não recolhimento do FGTS e das contribuições previdenciárias.

§ 4º *(Incluído e vetado pela Lei n. 10.672, de 2003)*

Art. 32. É lícito ao atleta profissional recusar competir por entidade de prática desportiva quando seus salários, no todo ou em parte, estiverem atrasados em dois ou mais meses;

Art. 34. São deveres da entidade de prática desportiva empregadora, em especial: *(Redação dada pela Lei n. 9.981, de 2000)*

I — registrar o contrato especial de trabalho desportivo do atleta profissional na entidade de administração da respectiva modalidade desportiva; *(Redação dada pela Lei n. 12.395, de 2011)*

II — proporcionar aos atletas profissionais as condições necessárias à participação nas competições desportivas, treinos e outras atividades preparatórias ou instrumentais; *(Incluído pela Lei n. 9.981, de 2000)*

III — submeter os atletas profissionais aos exames médicos e clínicos necessários à prática desportiva. *(Incluído pela Lei n. 9.981, de 2000)*

Art. 35. São deveres do atleta profissional, em especial: *(Redação dada pela Lei n. 9.981, de 2000)*

I — participar dos jogos, treinos, estágios e outras sessões preparatórias de competições com a aplicação e dedicação correspondentes às suas condições psicofísicas e técnicas; *(Incluído pela Lei n. 9.981, de 2000)*

II — preservar as condições físicas que lhes permitam participar das competições desportivas, submetendo-se aos exames médicos e tratamentos clínicos necessários à prática desportiva; *(Incluído pela Lei n. 9.981, de 2000)*

III – exercitar a atividade desportiva profissional de acordo com as regras da respectiva modalidade desportiva e as normas que regem a disciplina e a ética desportivas. *(Incluído pela Lei n. 9.981, de 2000)*

Art. 36. Revogado

Art. 37. Revogado

Art. 38. Qualquer cessão ou transferência de atleta profissional ou não-profissional depende de sua formal e expressa anuência. *(Redação dada pela Lei n. 9.981, de 2000)*

Art. 39. O atleta cedido temporariamente a outra entidade de prática desportiva que tiver os salários em atraso, no todo ou em parte, por mais de 2 (dois) meses, notificará a entidade de prática desportiva cedente para, querendo, purgar a mora, no prazo de 15 (quinze) dias, não se aplicando, nesse caso, o disposto no *caput* do art. 31 desta Lei. *(Redação dada pela Lei n. 12.395, de 2011)*

§ 1º O não pagamento ao atleta de salário e contribuições previstas em lei por parte da entidade de prática desportiva cessionária, por 2 (dois) meses, implicará a rescisão do contrato de empréstimo e a incidência da cláusula compensatória desportiva nele prevista, a ser paga ao atleta pela entidade de prática desportiva cessionária. *(Incluído pela Lei n. 12.395, de 2011)*

§ 2º Ocorrendo a rescisão mencionada no § 1º deste artigo, o atleta deverá retornar à entidade de prática desportiva cedente para cumprir o antigo contrato especial de trabalho desportivo. *(Incluído pela Lei n. 12.395, de 2011)*

Art. 40. Na cessão ou transferência de atleta profissional para entidade de prática desportiva estrangeira observar-se-ão as instruções expedidas pela entidade nacional de título.

§ 1º As condições para transferência do atleta profissional para o exterior deverão integrar obrigatoriamente os contratos de trabalho entre o atleta e a entidade de prática desportiva brasileira que o contratou. *(Renumerado do Parágrafo Único para § 1º pela Lei n. 10.672, de 2003)*

§ 2º O valor da cláusula indenizatória desportiva internacional originalmente pactuada entre o atleta e a entidade de prática desportiva cedente, independentemente do pagamento da cláusula indenizatória desportiva nacional, será devido a esta pela entidade de prática desportiva cessionária caso esta venha a concretizar transferência internacional do mesmo atleta, em prazo inferior a 3 (três) meses, caracterizando o conluio com a entidade de prática desportiva estrangeira. *(Redação dada pela Lei n. 12.395, de 2011)*

Art. 41. A participação de atletas profissionais em seleções será estabelecida na forma como acordarem a entidade de administração convocante e a entidade de prática desportiva cedente.

§ 1º A entidade convocadora indenizará a cedente dos encargos previstos no contrato de trabalho, pelo período em que durar a convocação do atleta, sem prejuízo de eventuais ajustes celebrados entre este e a entidade convocadora.

§ 2º O período de convocação estender-se-á até a reintegração do atleta à entidade que o cedeu, apto a exercer sua atividade.

Art. 42. Pertence às entidades de prática desportiva o direito de arena, consistente na prerrogativa exclusiva de negociar, autorizar ou proibir a captação, a fixação, a emissão, a transmissão, a retransmissão ou a reprodução de imagens, por qualquer meio ou processo, de espetáculo desportivo de que participem. *(Redação dada pela Lei n. 12.395, de 2011)*

§ 1º Salvo convenção coletiva de trabalho em contrário, 5% (cinco por cento) da receita proveniente da exploração de direitos desportivos audiovisuais serão repassados aos sindicatos de atletas profissionais, e estes distribuirão, em partes iguais, aos atletas profissionais participantes do espetáculo, como parcela de natureza civil. *(Redação dada pela Lei n. 12.395, de 2011)*

§ 2º O disposto neste artigo não se aplica à exibição de flagrantes de espetáculo ou evento desportivo para fins exclusivamente jornalísticos, desportivos ou educativos, respeitadas as seguintes condições: *(Redação dada pela Lei n. 12.395, de 2011)*

I — a captação das imagens para a exibição de flagrante de espetáculo ou evento desportivo dar-se-á em locais reservados, nos estádios e ginásios, para não detentores de direitos ou, caso não disponíveis, mediante o fornecimento das imagens pelo detentor de direitos locais para a respectiva mídia; *(Incluído pela Lei n. 12.395, de 2011)*

II — a duração de todas as imagens do flagrante do espetáculo ou evento desportivo exibidas não poderá exceder 3% (três por cento) do total do tempo de espetáculo ou evento; *(Incluído pela Lei n. 12.395, de 2011)*

III — é proibida a associação das imagens exibidas com base neste artigo a qualquer forma de patrocínio, propaganda ou promoção comercial. *(Incluído pela Lei n. 12.395, de 2011)*

§ 3º O espectador pagante, por qualquer meio, de espetáculo ou evento desportivo equipara-se, para todos os efeitos legais, ao consumidor, nos termos do art. 2º da Lei n. 8.078, de 11 de setembro de 1990.

Art. 43. É vedada a participação em competições desportivas profissionais de atletas não-profissionais com idade superior a vinte anos. *(Redação dada pela Lei n. 9.981, de 2000)*

Art. 44. É vedada a prática do profissionalismo, em qualquer modalidade, quando se tratar de:

I — desporto educacional, seja nos estabelecimentos escolares de 1º e 2º graus ou superiores;

II — desporto militar;

III — menores até a idade de dezesseis anos completos.

Art. 45. As entidades de prática desportiva são obrigadas a contratar seguro de vida e de acidentes pessoais, vinculado à atividade desportiva, para os atletas profissionais, com o objetivo de cobrir os riscos a que eles estão sujeitos. *(Redação dada pela Lei n. 12.395, de 2011)*

§ 1º A importância segurada deve garantir ao atleta profissional, ou ao beneficiário por ele indicado no contrato de seguro, o direito a indenização mínima correspondente ao valor anual da remuneração pactuada. *(Incluído pela Lei n. 12.395, de 2011)*

§ 2º A entidade de prática desportiva é responsável pelas despesas médico-hospitalares e de medicamentos necessários ao restabelecimento do atleta enquanto a seguradora não fizer o pagamento da indenização a que se refere o § 1º deste artigo. *(Incluído pela Lei n. 12.395, de 2011)*

Art. 46. Ao estrangeiro atleta profissional de modalidade desportiva, referido no inciso V do art. 13 da Lei n. 6.815, de 19 de agosto de 1980, poderá ser concedido visto, observadas as exigências da legislação específica, por prazo não excedente a 5 (cinco) anos e correspondente à duração fixada no respectivo contrato especial de trabalho desportivo, permitida uma única renovação. *(Redação dada pela Lei n. 12.395, de 2011)*

§ 1º É vedada a participação de atleta de nacionalidade estrangeira como integrante de equipe de competição de entidade de prática desportiva nacional nos campeonatos oficiais quando o visto de trabalho temporário recair na hipótese do inciso III do art. 13 da Lei n. 6.815, de 19 de agosto de 1980. *(Redação dada pela Lei n. 12.395, de 2011)*

§ 2º A entidade de administração do desporto será obrigada a exigir da entidade de prática desportiva o comprovante do visto de trabalho do atleta de nacionalidade estrangeira fornecido pelo Ministério do Trabalho e Emprego, sob pena de cancelamento da inscrição desportiva. *(Redação dada pela Lei n. 12.395, de 2011)*

Art. 46-A. As ligas desportivas, as entidades de administração de desporto e as de prática desportiva envolvidas em qualquer competição de atletas profissionais, independentemente da forma jurídica adotada, ficam obrigadas a: *(Incluído pela Lei n. 10.672, de 2003)*

I — elaborar suas demonstrações financeiras, separadamente por atividade econômica, de modo distinto das atividades recreativas e sociais, nos termos da lei e de acordo com os padrões e critérios estabelecidos pelo Conselho Federal de Contabilidade, e, após terem sido submetidas a auditoria independente, providenciar sua publicação, até o último dia útil do mês de abril do ano subsequente, por período não inferior a 3 (três) meses, em sítio eletrônico próprio e da respectiva entidade de administração ou liga desportiva; *(Redação dada pela Lei n. 12.395, de 2011)*

II — apresentar suas contas juntamente com os relatórios da auditoria de que trata o inciso I ao Conselho Nacional do Esporte — CNE, sempre que forem beneficiárias de recursos públicos, na forma do regulamento. *(Incluído pela Lei n. 10.672, de 2003)*

§ 1º Sem prejuízo da aplicação das penalidades previstas na legislação tributária, trabalhista, previdenciária, cambial, e das consequentes responsabilidades civil e penal, a infringência a este artigo implicará: *(Incluído pela Lei n. 10.672, de 2003)*

I — para as entidades de administração do desporto e ligas desportivas, a inelegibilidade, por dez anos, de seus dirigentes para o desempenho de cargos ou funções eletivas ou de livre nomeação, em quaisquer das entidades ou órgãos referidos no parágrafo único do art. 13 desta Lei; *(Incluído pela Lei n. 10.672, de 2003)*

II — para as entidades de prática desportiva, a inelegibilidade, por cinco anos, de seus dirigentes para cargos ou funções eletivas ou de livre nomeação em qualquer entidade ou empresa direta ou indiretamente vinculada às competições profissionais da respectiva modalidade desportiva. *(Incluído pela Lei n. 10.672, de 2003)*

§ 2º As entidades que violarem o disposto neste artigo ficam ainda sujeitas: *(Incluído pela Lei n. 10.672, de 2003)*

I — ao afastamento de seus dirigentes; e *(Incluído pela Lei n. 10.672, de 2003)*

II — à nulidade de todos os atos praticados por seus dirigentes em nome da entidade, após a prática da infração, respeitado o direito de terceiros de boa-fé. *(Redação dada pela Lei n. 12.395, de 2011)*

§ 3º Os dirigentes de que trata o § 2º serão sempre: *(Incluído pela Lei n. 10.672, de 2003)*

I — o presidente da entidade, ou aquele que lhe faça as vezes; e *(Incluído pela Lei n. 10.672, de 2003)*

II — o dirigente que praticou a infração ainda que por omissão. *(Incluído pela Lei n. 10.672, de 2003)*

§ 4º *(Incluído e vetado pela Lei n. 10.672, de 2003)*

CAPÍTULO VI
DA ORDEM DESPORTIVA

Art. 47. No âmbito de suas atribuições, os Comitês Olímpico e Paraolímpico Brasileiros e as entidades nacionais de administração do desporto têm competência para decidir, de ofício ou quando lhes forem submetidas pelos seus filiados, as questões relativas ao cumprimento das normas e regras de prática desportiva.

Art. 48. Com o objetivo de manter a ordem desportiva, o respeito aos atos emanados de seus poderes internos, poderão ser aplicadas, pelas entidades de administração do desporto e de prática desportiva, as seguintes sanções:

I — advertência;

II — censura escrita;

III — multa;

IV — suspensão;

V — desfiliação ou desvinculação.

§ 1º A aplicação das sanções previstas neste artigo não prescinde do processo administrativo no qual sejam assegurados o contraditório e a ampla defesa.

§ 2º As penalidades de que tratam os incisos IV e V deste artigo somente poderão ser aplicadas após decisão definitiva da Justiça Desportiva.

CAPÍTULO VII
DA JUSTIÇA DESPORTIVA

Art. 49. A Justiça Desportiva a que se referem os §§ 1º e 2º do art. 217 da Constituição Federal e o art. 33 da Lei n. 8.028, de 12 de abril de 1990, regula-se pelas disposições deste Capítulo.

Art. 50. A organização, o funcionamento e as atribuições da Justiça Desportiva, limitadas ao processo e julgamento das infrações disciplinares e às competições desportivas, serão definidos nos Códigos de Justiça Desportiva, facultando-se às ligas constituir seus próprios órgãos judicantes desportivos, com atuação restrita às suas competições. *(Redação dada pela Lei n. 12.395, de 2011)*

§ 1º As transgressões relativas à disciplina e às competições desportivas sujeitam o infrator a:

I — advertência;

II — eliminação;

III — exclusão de campeonato ou torneio;

IV — indenização;

V — interdição de praça de desportos;

VI — multa;

VII — perda do mando do campo;

VIII — perda de pontos;

IX — perda de renda;

X — suspensão por partida;

XI — suspensão por prazo.

§ 2º As penas disciplinares não serão aplicadas aos menores de quatorze anos.

§ 3º As penas pecuniárias não serão aplicadas a atletas não-profissionais.

§ 4º Compete às entidades de administração do desporto promover o custeio do funcionamento dos órgãos da Justiça Desportiva que funcionem junto a si. *(Incluído pela Lei n. 9.981, de 2000)*

Art. 51. O disposto nesta Lei sobre Justiça Desportiva não se aplica aos Comitês Olímpico e Paraolímpico Brasileiros.

Art. 52. Os órgãos integrantes da Justiça Desportiva são autônomos e independentes das entidades de administração do desporto de cada sistema, compondo-se do Superior Tribunal de Justiça Desportiva, funcionando junto às entidades nacionais de administração do desporto; dos Tribunais de Justiça Desportiva, funcionando junto às entidades regionais da administração do desporto, e das Comissões Disciplinares, com competência para processar e julgar as questões previstas nos Códigos de Justiça Desportiva, sempre assegurados a ampla defesa e o contraditório. *(Redação dada pela Lei n. 9.981, de 2000)*

§ 1º Sem prejuízo do disposto neste artigo, as decisões finais dos Tribunais de Justiça Desportiva são impugnáveis nos termos gerais do direito, respeitados os pressupostos processuais estabelecidos nos §§ 1º e 2º do art. 217 da Constituição Federal.

§ 2º O recurso ao Poder Judiciário não prejudicará os efeitos desportivos validamente produzidos em consequência da decisão proferida pelos Tribunais de Justiça Desportiva.

Art. 53. No Superior Tribunal de Justiça Desportiva, para julgamento envolvendo competições interestaduais ou nacionais, e nos Tribunais de Justiça Desportiva, funcionarão tantas Comissões Disciplinares quantas se fizerem necessárias, compostas cada qual de 5 (cinco) membros que não pertençam aos referidos órgãos judicantes, mas sejam por estes escolhidos. *(Redação dada pela Lei n. 12.395, de 2011)*

§ 1º (VETADO)

§ 2º A Comissão Disciplinar aplicará sanções em procedimento sumário, assegurados a ampla defesa e o contraditório.

§ 3º Das decisões da Comissão Disciplinar caberá recurso ao Tribunal de Justiça Desportiva e deste ao Superior Tribunal de Justiça Desportiva, nas hipóteses previstas nos respectivos Códigos de Justiça Desportiva. *(Redação dada pela Lei n. 9.981, de 2000)*

§ 4º O recurso ao qual se refere o parágrafo anterior será recebido e processado com efeito suspensivo quando a penalidade exceder de duas partidas consecutivas ou quinze dias.

Art. 54. O membro do Tribunal de Justiça Desportiva exerce função considerada de relevante interesse público e, sendo servidor público, terá abonadas suas faltas, computando-se como de efetivo exercício a participação nas respectivas sessões.

Art. 55. O Superior Tribunal de Justiça Desportiva e os Tribunais de Justiça Desportiva serão compostos por nove membros, sendo: *(Redação dada pela Lei n. 9.981, de 2000)*

I — dois indicados pela entidade de administração do desporto; *(Redação dada pela Lei n. 9.981, de 2000)*

II — dois indicados pelas entidades de prática desportiva que participem de competições oficiais da divisão principal; *(Redação dada pela Lei n. 9.981, de 2000)*

III — dois advogados com notório saber jurídico desportivo, indicados pela Ordem dos Advogados do Brasil; *(Redação dada pela Lei n. 9.981, de 2000)*

IV — 1 (um) representante dos árbitros, indicado pela respectiva entidade de classe; *(Redação dada pela Lei n. 12.395, de 2011)*

V — 2 (dois) representantes dos atletas, indicados pelas respectivas entidades sindicais. *(Redação dada pela Lei n. 12.395, de 2011)*

§ 1º (Revogado). *(Redação dada pela Lei n. 9.981, de 2000)*

§ 2º O mandato dos membros dos Tribunais de Justiça Desportiva terá duração máxima de quatro anos, permitida apenas uma recondução. *(Redação dada pela Lei n. 9.981, de 2000)*

§ 3º É vedado aos dirigentes desportivos das entidades de administração e das entidades de prática o exercício de cargo ou função na Justiça Desportiva, exceção feita aos membros dos conselhos deliberativos das entidades de prática desportiva. *(Redação dada pela Lei n. 9.981, de 2000)*

§ 4º Os membros dos Tribunais de Justiça Desportiva poderão ser bacharéis em Direito ou pessoas de notório saber jurídico, e de conduta ilibada. *(Redação dada pela Lei n. 9.981, de 2000)*

§ 5º (VETADO). *(Incluído pela Lei n. 12.395, de 2011)*

CAPÍTULO VIII
DOS RECURSOS PARA O DESPORTO

Art. 56. Os recursos necessários ao fomento das práticas desportivas formais e não-formais a que se refere o art. 217 da Constituição Federal serão assegurados em programas de trabalho específicos constantes dos orçamentos da União, dos Estados, do Distrito Federal e dos Municípios, além dos provenientes de:

I — fundos desportivos;

II — receitas oriundas de concursos de prognósticos;

III — doações, patrocínios e legados;

IV — prêmios de concursos de prognósticos da Loteria Esportiva Federal não reclamados nos prazos regulamentares;

V — incentivos fiscais previstos em lei;

VI — dois por cento da arrecadação bruta dos concursos de prognósticos e loterias federais e similares cuja realização estiver sujeita a autorização federal, deduzindo-se este valor do montante destinado aos prêmios. *(Incluído pela Lai n. 10.264, de 2001)*

VII — outras fontes. *(Renumerado pela Lai n. 10.264, de 2001)*

VIII — 1/6 (um sexto) dos recursos destinados ao Ministério dos Esportes a que se refere o inciso II do art. 6o desta Lei, calculado após deduzida a fração prevista no § 2º do referido artigo. *(Incluído pela Lei n. 12.395, de 2011)*

§ 1º Do total de recursos financeiros resultantes do percentual de que trata o inciso VI do *caput* 85% (oitenta e cinco por cento) serão destinados ao Comitê Olímpico Brasileiro — COB e 15% (quinze por cento) ao Comitê Paraolímpico Brasileiro — CPB, devendo ser observado, em ambos os casos, o conjunto de normas aplicáveis à celebração de convênios pela União. *(Redação dada pela Lei n. 12.395, de 2011)*

§ 2º Dos totais dos recursos correspondentes ao Comitê Olímpico Brasileiro — COB, ao Comitê Paraolímpico Brasileiro — CPB e à Confederação Brasileira de Clubes — CBC: *(Redação dada pela Lei n. 12.395, de 2011)*

I — 10% (dez por cento) serão destinados ao desporto escolar, em programação definida conjuntamente com a Confederação Brasileira do Desporto Escolar — CBDE;

II — 5% (cinco por cento) serão destinados ao desporto universitário, em programação definida conjuntamente com a Confederação Brasileira do Desporto Universitário — CBDU.

§ 3º Os recursos a que se refere o inciso VI serão exclusiva e integralmente aplicados em programas e projetos de fomento, desenvolvimento e manutenção do desporto, de formação de recursos humanos, de preparação técnica, manutenção e locomoção de atletas, bem como sua participação em eventos desportivos. *(Redação dada pela Lei n. 12.395, de 2011)*

§ 4º Os recursos de que trata o § 3º serão disponibizados aos beneficiários no prazo de 10 (dez) dias úteis a contar da data de ocorrência de cada sorteio, conforme disposto em regulamento. *(Redação dada pela Lei n. 12.395, de 2011)*

§ 5º Dos programas e projetos referidos no § 3º será dada ciência ao Ministério da Educação e ao Ministério do Esporte. *(Redação dada pela Lei n. 12.395, de 2011)*

§ 6º Cabe ao Tribunal de Contas da União fiscalizar a aplicação dos recursos repassados ao Comitê Olímpico Brasileiro — COB, ao Comitê Paraolímpico Brasileiro — CPB e à Confederação Brasileira de Clubes — CBC em decorrência desta Lei. *(Redação dada pela Lei n. 12.395, de 2011)*

§ 7º O Ministério do Esporte deverá acompanhar os programas e projetos referidos no § 3º deste artigo e apresentar anualmente relatório da aplicação dos recursos, que deverá ser aprovado pelo Conselho Nacional do Esporte, sob pena de a entidade beneficiada não receber os recursos no ano subsequente. *(Incluído pela Lei n. 12.395, de 2011)*

§ 8º O relatório a que se refere o § 7o deste artigo será publicado no sítio do Ministério do Esporte na internet, do qual constarão: *(Incluído pela Lei n. 12.395, de 2011)*

I — os programas e projetos desenvolvidos por entidade beneficiada; *(Incluído pela Lei n. 12.395, de 2011)*

II — os valores gastos; *(Incluído pela Lei n. 12.395, de 2011)*

III — os critérios de escolha de cada beneficiário e sua respectiva prestação de contas. *(Incluído pela Lei n. 12.395, de 2011)*

§ 9º Os recursos citados no § 1º serão geridos diretamente pelo Comitê Olímpico Brasileiro — COB e pelo Comitê Paraolímpico Brasileiro — CPB, ou de forma descentralizada em conjunto com as entidades nacionais de administração ou de prática do desporto. *(Incluído pela Lei n. 12.395, de 2011)*

§ 10. Os recursos financeiros de que trata o inciso VIII serão repassados à Confederação Brasileira de Clubes — CBC e destinados única e exclusivamente para a formação de atletas olímpicos e paraolímpicos, devendo ser observado o conjunto de normas aplicáveis à celebração de convênios pela União. *(Incluído pela Lei n. 12.395, de 2011)*

Art. 56-A. É condição para o recebimento dos recursos públicos federais que as entidades nominadas nos incisos I, II e III do parágrafo único do art. 13 desta Lei celebrem contrato de desempenho com o Ministério do Esporte, na forma do regulamento. *(Incluído pela Lei n. 12.395, de 2011)*

§ 1º Entende-se por contrato de desempenho o instrumento firmado entre o Ministério do Esporte e as entidades de que trata o *caput*, com vistas no fomento público e na execução de atividades relacionadas ao Plano Nacional do Desporto, mediante cumprimento de metas de desempenho. *(Incluído pela Lei n. 12.395, de 2011)*

§ 2º São cláusulas essenciais do contrato de desempenho: *(Incluído pela Lei n. 12.395, de 2011)*

I — a do objeto, que conterá a especificação do programa de trabalho proposto pela entidade; *(Incluído pela Lei n. 12.395, de 2011)*

II — a de estipulação das metas e dos resultados a serem atingidos e dos respectivos prazos de execução ou cronograma; *(Incluído pela Lei n. 12.395, de 2011)*

III — a de previsão expressa dos critérios objetivos de avaliação de desempenho a serem utilizados, mediante indicadores de resultado; *(Incluído pela Lei n. 12.395, de 2011)*

IV — a que estabelece as obrigações da entidade, entre as quais a de apresentar ao Ministério do Esporte, ao término de cada exercício, relatório sobre a execução do seu objeto, contendo comparativo específico das metas propostas com os resultados alcançados, acompanhado de prestação de contas dos gastos e receitas efetivamente realizados; *(Incluído pela Lei n. 12.395, de 2011)*

V — a que estabelece a obrigatoriedade de apresentação de regulamento próprio contendo os procedimentos que adotará para a contratação de obras e serviços, bem como para compras com emprego de recursos provenientes do poder público, observados os princípios estabelecidos no inciso I do art. 56-B desta Lei; *(Incluído pela Lei n. 12.395, de 2011)*

VI — a de publicação no Diário Oficial da União de seu extrato e de demonstrativo da sua execução física e financeira, conforme modelo simplificado estabelecido no regulamento desta Lei, contendo os dados principais da documentação obrigatória referida no inciso V, sob pena de não liberação dos recursos nele previstos. *(Incluído pela Lei n. 12.395, de 2011)*

§ 3º A celebração do contrato de desempenho condiciona-se à aprovação do Ministério do Esporte quanto ao alinhamento e à compatibilidade entre o programa de trabalho apresentado pela entidade e o Plano Nacional do Desporto. *(Incluído pela Lei n. 12.395, de 2011)*

§ 4º O contrato de desempenho será acompanhado de plano estratégico de aplicação de recursos, considerando o ciclo olímpico ou paraolímpico de 4 (quatro) anos, em que deverão constar a estratégia de base, as diretrizes, os objetivos, os indicadores e as metas a serem atingidas. *(Incluído pela Lei n. 12.395, de 2011)*

§ 5º Para efeito desta Lei, ciclo olímpico e paraolímpico é o período de 4 (quatro) anos compreendido entre a realização de 2 (dois) Jogos Olímpicos ou 2 (dois) Jogos Paraolímpicos, de verão ou de inverno, ou o que restar até a realização dos próximos Jogos Olímpicos ou Jogos Paraolímpicos. *(Incluído pela Lei n. 12.395, de 2011)*

§ 6º A verificação do cumprimento dos termos do contrato de desempenho será de responsabilidade do Ministério do Esporte. *(Incluído pela Lei n. 12.395, de 2011)*

§ 7º O Ministério do Esporte poderá designar comissão técnica de acompanhamento e avaliação do cumprimento dos termos do contrato de desempenho, que emitirá parecer sobre os resultados alcançados, em subsídio aos processos de fiscalização e prestação de contas dos resultados do contrato sob sua responsabilidade perante os órgãos de controle interno e externo do Poder Executivo. *(Incluído pela Lei n. 12.395, de 2011)*

§ 8º O descumprimento injustificado das cláusulas do contrato de desempenho é condição para a sua rescisão por parte do Ministério do Esporte, sem prejuízo das medidas administrativas cabíveis. *(Incluído pela Lei n. 12.395, de 2011)*

§ 9º Cópias autênticas integrais dos contratos de desempenho celebrados entre o Ministério do Esporte e as entidades nominadas nos incisos I, II e III do parágrafo único do art. 13 desta Lei, serão disponibilizadas na página eletrônica oficial daquele Ministério. *(Incluído pela Lei n. 12.395, de 2011)*

Art. 56-B. Sem prejuízo de outras normas aplicáveis a repasse de recursos para a assinatura do contrato de desempenho será exigido das entidades beneficiadas que sejam regidas por estatutos cujas normas disponham expressamente sobre: *(Incluído pela Lei n. 12.395, de 2011)*

I — observância dos princípios da legalidade, impessoalidade, moralidade, publicidade, economicidade e da eficiência; *(Incluído pela Lei n. 12.395, de 2011)*

II — adoção de práticas de gestão administrativa, necessárias e suficientes a coibir a obtenção, de forma individual ou coletiva, de benefícios ou vantagens pessoais, em decorrência da participação no respectivo processo decisório; *(Incluído pela Lei n. 12.395, de 2011)*

III — constituição de conselho fiscal ou órgão equivalente, dotado de competência para opinar sobre os relatórios de desempenho financeiro e contábil e sobre as operações patrimoniais realizadas, emitindo pareceres para os organismos superiores da entidade; *(Incluído pela Lei n. 12.395, de 2011)*

IV — prestação de contas a serem observadas pela entidade, que determinarão, no mínimo: *(Incluído pela Lei n. 12.395, de 2011)*

a) a observância dos princípios fundamentais de contabilidade e das normas brasileiras de contabilidade; *(Incluído pela Lei n. 12.395, de 2011)*

b) que se dê publicidade por qualquer meio eficaz, no encerramento do exercício fiscal, ao relatório de atividades e das demonstrações financeiras da entidade, incluindo-se as certidões negativas de débitos com o Instituto Nacional do Seguro Social — INSS e com o Fundo de Garantia do Tempo de Serviço — FGTS, colocando-os à disposição para exame de qualquer cidadão. *(Incluído pela Lei n. 12.395, de 2011)*

Art. 56-C. As entidades interessadas em firmar o contrato de desempenho deverão formular requerimento escrito ao Ministério do Esporte, instruído com cópias autenticadas dos seguintes documentos: *(Incluído pela Lei n. 12.395, de 2011)*

I — estatuto registrado em cartório; *(Incluído pela Lei n. 12.395, de 2011)*

II — ata de eleição de sua atual diretoria; *(Incluído pela Lei n. 12.395, de 2011)*

III — balanço patrimonial e demonstração do resultado do exercício; *(Incluído pela Lei n. 12.395, de 2011)*

IV — inscrição no Cadastro Geral de Contribuintes; e *(Incluído pela Lei n. 12.395, de 2011)*

V — comprovação da regularidade jurídica e fiscal. *(Incluído pela Lei n. 12.395, de 2011)*

Art. 57. Constituirão recursos para a assistência social e educacional aos atletas profissionais, aos ex-atletas e aos atletas em formação os recolhidos: *(Redação dada pela Lei n. 12.395, de 2011)*

I — diretamente para a federação das associações de atletas profissionais — FAAP, equivalentes a: *(Redação dada pela Lei n. 12.395, de 2011)*

a) 0,5% (cinco décimos por cento) do valor correspondente à parcela ou parcelas que compõem o salário mensal, nos termos do contrato do atleta profissional pertencente ao Sistema Brasileiro do Desporto, a serem pagos mensalmente pela entidade de prática desportiva contratante; e *(Incluído pela Lei n. 12.395, de 2011)*

b) 0,8% (oito décimos por cento) do valor correspondente às transferências nacionais e internacionais, a serem pagos pela entidade de prática desportiva cedente; e *(Incluído pela Lei n. 12.395, de 2011)*

II — diretamente para a Federação Nacional dos Atletas Profissionais de Futebol — FENAPAF, equivalentes a 0,2% (dois décimos por cento) do valor correspondente às transferências nacionais e internacionais de atletas da modalidade de futebol, a serem pagos no ato do recebimento pela entidade de prática desportiva cedente; *(Redação dada pela Lei n. 12.395, de 2011)*

§ 1º A entidade responsável pelo registro de transferências de atleta profissional de entidade de prática desportiva para outra deverá exigir, sob pena de sua não efetivação, além dos documentos necessários, o comprovante do recolhimento dos valores fixados neste artigo. *(Incluído pela Lei n. 12.395, de 2011)*

§ 2º Os recursos de que trata este artigo serão integralmente aplicados em conformidade com programa de assistência social e educacional, previamente aprovado pelas entidades de que tratam os incisos I e II deste artigo, nos termos dos seus estatutos. *(Incluído pela Lei n. 12.395, de 2011)*

Art. 58. (VETADO)

CAPÍTULO IX
DO BINGO

CAPÍTULO X
DISPOSIÇÕES GERAIS

Art. 82. Os dirigentes, unidades ou órgãos de entidades de administração do desporto, inscritas ou não no registro de comércio, não exercem função delegada pelo Poder Público, nem são consideradas autoridades públicas para os efeitos desta Lei.

Art. 82-A. As entidades de prática desportiva de participação ou de rendimento, profissional ou não profissional, promoverão obrigatoriamente exames periódicos para avaliar a saúde dos atletas, nos termos da regulamentação. *(Incluído pela Lei n. 12.346, de 2010)* (Vigência)

Art. 83. As entidades desportivas internacionais com sede permanente ou temporária no País receberão dos poderes públicos o mesmo tratamento dispensado às entidades nacionais de administração do desporto.

Art. 84. Será considerado como efetivo exercício, para todos os efeitos legais, o período em que o atleta servidor público civil ou militar, da Administração Pública direta, indireta, autárquica ou fundacional, estiver convocado para integrar representação nacional em treinamento ou competição desportiva no País ou no exterior. *(Redação dada pela Lei n. 9.981, de 2000)*

§ 1º O período de convocação será definido pela entidade nacional de administração da respectiva modalidade desportiva, cabendo a esta ou aos Comitês Olímpico ou Paraolímpico Brasileiros fazer a devida comunicação e solicitar ao Ministério do Esporte a competente liberação do afastamento do atleta, árbitro e assistente, cabendo ao referido Ministério comunicar a ocorrência ao órgão de origem do servidor ou militar. *(Redação dada pela Lei n. 12.395, de 2011)*

§ 2º O disposto neste artigo aplica-se, também, aos profissionais especializados e dirigentes, quando indispensáveis à composição da delegação.

Art. 84-A. Todos os jogos das seleções brasileiras de futebol, em competições oficiais, deverão ser exibidos, pelo menos, em uma rede nacional de televisão aberta, com transmissão ao vivo, inclusive para as cidades brasileiras nas quais os mesmos estejam sendo realizados. *(Incluído pela Lei n. 9.981, de 2000)*

Parágrafo único. As empresas de televisão de comum acordo, ou por rodízio, ou por arbitramento, resolverão como cumprir o disposto neste artigo, caso nenhuma delas se interesse pela transmissão. O órgão competente fará o arbitramento. *(Incluído pela Lei n. 9.981, de 2000)*

Art. 85. Os sistemas de ensino da União, dos Estados, do Distrito Federal e dos Municípios, bem como as instituições de ensino superior, definirão normas específicas para verificação do rendimento e o controle de frequência dos estudantes que integrarem representação desportiva nacional, de forma a harmonizar a atividade desportiva com os interesses relacionados ao aproveitamento e à promoção escolar.

Art. 86. É instituído o Dia do Desporto, a ser comemorado no dia 23 de junho, Dia Mundial do Desporto Olímpico.

Art. 87. A denominação e os símbolos de entidade de administração do desporto ou prática desportiva, bem como o nome ou apelido desportivo do atleta profissional, são de propriedade exclusiva dos mesmos, contando com a proteção legal, válida para todo o território nacional, por tempo indeterminado, sem necessidade de registro ou averbação no órgão competente.

Parágrafo único. A garantia legal outorgada às entidades e aos atletas referidos neste artigo permite-lhes o uso comercial de sua denominação, símbolos, nomes e apelidos.

Art. 87-A. O direito ao uso da imagem do atleta pode ser por ele cedido ou explorado, mediante ajuste contratual de natureza civil e com fixação de direitos, deveres e condições inconfundíveis com o contrato especial de trabalho desportivo. *(Incluído pela Lei n. 12.395, de 2011)*

Art. 88. Os árbitros e auxiliares de arbitragem poderão constituir entidades nacionais, estaduais e do Distrito Federal, por modalidade desportiva ou grupo de modalidades, objetivando o recrutamento, a formação e a prestação de serviços às entidades de administração do desporto. *(Redação dada pela Lei n. 12.395, de 2011)*

Parágrafo único. Independentemente da constituição de sociedade ou entidades, os árbitros e seus auxiliares não terão qualquer vínculo empregatício com as entidades desportivas diretivas onde atuarem, e sua remuneração como autônomos exonera tais entidades de quaisquer outras responsabilidades trabalhistas, securitárias e previdenciárias.

Art. 89. Em campeonatos ou torneios regulares com mais de uma divisão, as entidades de administração do desporto determinarão em seus regulamentos o princípio do acesso e do descenso, observado sempre o critério técnico.

Art. 89-A. As entidades responsáveis pela organização de competições desportivas profissionais deverão disponibilizar equipes para atendimento de emergências entre árbitros e atletas, nos termos da regulamentação. (Incluído pela Lei n. 12.346, de 2010) (Vigência)

Art. 90. É vedado aos administradores e membros de conselho fiscal de entidade de prática desportiva o exercício de cargo ou função em entidade de administração do desporto.

Art. 90-A. *(Incluído e vetado pela Lei n. 10.672, de 2003)*

Art. 90-B. *(Incluído e vetado pela Lei n. 10.672, de 2003)*

Art. 90-C. As partes interessadas poderão valer-se da arbitragem para dirimir litígios relativos a direitos patrimoniais disponíveis, vedada a apreciação de matéria referente à disciplina e à competição desportiva. *(Incluído pela Lei n. 12.395, de 2011)*

Parágrafo único. A arbitragem deverá estar prevista em acordo ou convenção coletiva de trabalho e só poderá ser instituída após a concordância expressa de ambas as partes, mediante cláusula compromissória ou compromisso arbitral. *(Incluído pela Lei n. 12.395, de 2011)*

Art. 90-D. Os atletas profissionais poderão ser representados em juízo por suas entidades sindicais em ações relativas aos contratos especiais de trabalho desportivo mantidos com as entidades de prática desportiva. *(Incluído pela Lei n. 12.395, de 2011)*

Art. 90-E. O disposto no § 4º do art. 28 quando houver vínculo empregatício aplica-se aos integrantes da comissão técnica e da área de saúde. *(Incluído pela Lei n. 12.395, de 2011)*

Art. 90-F. Os profissionais credenciados pelas Associações de Cronistas Esportivos quando em serviço têm acesso a praças, estádios e ginásios desportivos em todo o território nacional, obrigando-se a ocupar locais a eles reservados pelas respectivas entidades de administração do desporto. *(Incluído pela Lei n. 12.395, de 2011)*

CAPÍTULO XI
DISPOSIÇÕES TRANSITÓRIAS

Art. 91. Até a edição dos Códigos da Justiça dos Desportos Profissionais e Não-Profissionais continuam em vigor os atuais Códigos, com as alterações constantes desta Lei.

Art. 92. Os atuais atletas profissionais de futebol, de qualquer idade, que, na data de entrada em vigor desta Lei, estiverem com passe livre, permanecerão nesta situação, e a rescisão de seus contratos de trabalho dar-se-á nos termos dos arts. 479 e 480 da C.L.T.

Art. 93. O disposto no art. 28, § 2º, desta Lei somente produzirá efeitos jurídicos a partir de 26 de março de 2001, respeitados os direitos adquiridos decorrentes dos contratos de trabalho e vínculos desportivos de atletas profissionais pactuados com base na legislação anterior. *(Redação dada pela Lei n. 9.981, de 2000)*

Parágrafo único. (VETADO) (Incluído e vetado pela Lei n. 9.981, de 2000)

Art. 94. O disposto n.s arts. 27, 27-A, 28, 29, 29-A, 30, 39, 43, 45 e n. § 1º do art. 41 desta Lei será obrigatório exclusivamente para atletas e entidades de prática profissional da modalidade de futebol. *(Redação dada pela Lei n. 12.395, de 2011)*

Parágrafo único. É facultado às demais modalidades desportivas adotar os preceitos constantes dos dispositivos referidos no *caput* deste artigo. *(Incluído pela Lei n. 9.981, de 2000)*

Art. 94-A. O Poder Executivo regulamentará o disposto nesta Lei, inclusive a distribuição dos recursos, gradação das multas e os procedimentos de sua aplicação. *(Incluído pela Lei n. 9.981, de 2000)*

Art. 95. Esta Lei entra em vigor na data de sua publicação.

Art. 96. São revogados, a partir da vigência do disposto no § 2º do art. 28 desta Lei, os incisos II e V e os §§ 1º e 3º do art. 3º, os arts. 4º, 6º, 11 e 13, o § 2º do art. 15, o parágrafo único do art. 16 e os arts. 23 e 26 da Lei n. 6.354, de 2 de setembro de 1976; são revogadas, a partir da data de publicação desta Lei, as Leis ns. 8.672, de 6 de julho de 1993, e 8.946, de 5 de dezembro de 1994.

Brasília, 24 de março de 1998; 177º da Independência e 110º da República.

DECRETO N. 7.984, DE 8 DE ABRIL DE 2013

Regulamenta a Lei n. 9.615, de 24 de março de 1998, que institui normas gerais sobre desporto.

A PRESIDENTA DA REPÚBLICA, no uso da atribuição que lhe confere o art. 84, *caput*, inciso IV, da Constituição, e tendo em vista o disposto na Lei n. 9.615, de 24 de março de 1998,

DECRETA:

Art. 1º Este Decreto regulamenta a Lei n. 9.615, de 24 de março de 1998, que institui normas gerais sobre desporto.

CAPÍTULO I
DISPOSIÇÕES PRELIMINARES

Art. 2º O desporto brasileiro abrange práticas formais e não formais e tem como base os princípios dispostos no art. 2º da Lei n. 9.615, de 1998.

§ 1º A prática desportiva formal é regulada por normas nacionais e internacionais e pelas regras de prática desportiva de cada modalidade, aceitas pelas respectivas entidades nacionais de administração do desporto.

§ 2º A prática desportiva não-formal é caracterizada pela liberdade lúdica de seus praticantes.

Art. 3º O desporto pode ser reconhecido nas seguintes manifestações:

I — desporto educacional ou esporte-educação, praticado na educação básica e superior e em formas assistemáticas de educação, evitando-se a seletividade, a competitividade excessiva de seus praticantes, com a finalidade de alcançar o desenvolvimento integral do indivíduo e a sua formação para o exercício da cidadania e a prática do lazer;

II — desporto de participação, praticado de modo voluntário, caracterizado pela liberdade lúdica, com a finalidade de contribuir para a integração dos praticantes na plenitude da vida social, a promoção da saúde e da educação, e a preservação do meio ambiente; e

III — desporto de rendimento, praticado segundo as disposições da Lei n. 9.615, de 1998, e das regras de prática desportiva, nacionais e internacionais, com a finalidade de obter resultados de superação ou de performance relacionados aos esportes e de integrar pessoas e comunidades do País e de outras nações.

§ 1º O desporto educacional pode constituir-se em:

I — esporte educacional, ou esporte formação, com atividades em estabelecimentos escolares e não escolares, referenciado em princípios socioeducativos como inclusão, participação, cooperação, promoção à saúde, co-educação e responsabilidade; e

II — esporte escolar, praticado pelos estudantes com talento esportivo no ambiente escolar, visando à formação cidadã, referenciado nos princípios do desenvolvimento esportivo e do desenvolvimento do espírito esportivo, podendo contribuir para ampliar as potencialidades para a prática do esporte de rendimento e promoção da saúde.

§ 2º O esporte escolar pode ser praticado em competições, eventos, programas de formação, treinamento, complementação educacional, integração cívica e cidadã, realizados por:

I — Confederação Brasileira de Desporto Escolar — CBDE, Confederação Brasileira de Desporto Universitário — CBDU, ou entidades vinculadas, e instituições públicas ou privadas que desenvolvem programas educacionais; e

II — instituições de educação de qualquer nível.

Art. 4º O desporto de rendimento pode ser organizado e praticado:

I — de modo profissional, caracterizado pela remuneração pactuada em contrato especial de trabalho desportivo entre o atleta e a entidade de prática desportiva empregadora; e

II — de modo não profissional, identificado pela liberdade de prática e pela inexistência de contrato especial de trabalho desportivo, sendo permitido o recebimento de incentivos materiais e de patrocínio.

Parágrafo único. Consideram-se incentivos materiais, na forma disposta no inciso II do *caput*, entre outros:

I — benefícios ou auxílios financeiros concedidos a atletas na forma de bolsa de aprendizagem, prevista no § 4º do art. 29 da Lei n. 9.615, de 1998;

II — Bolsa-Atleta, prevista na Lei n. 10.891, de 9 de julho de 2004;

III — bolsa paga a atleta por meio de recursos dos incentivos previstos na Lei n. 11.438, de 29 de dezembro de 2006, ressalvado o disposto em seu art. 2º, § 2º; e

IV — benefícios ou auxílios financeiros similares previstos em normas editadas pelos demais entes federativos.

CAPÍTULO II
DOS SISTEMAS DO DESPORTO

Seção I
Do Sistema Brasileiro do Desporto

Art. 5º O Sistema Brasileiro do Desporto compreende:

I — o Ministério do Esporte;

II — o Conselho Nacional do Esporte — CNE; e

III — o Sistema Nacional do Desporto e os sistemas de desporto dos Estados, do Distrito Federal e dos Municípios, organizados de forma autônoma e em regime de colaboração, integrados por vínculos de natureza técnica específicos de cada modalidade desportiva.

§ 1º O Sistema Brasileiro do Desporto tem por objetivo garantir a prática desportiva regular e melhorar o seu padrão de qualidade.

§ 2º Poderão ser incluídas no Sistema Brasileiro de Desporto as pessoas jurídicas que desenvolvam práticas não formais, promovam a cultura e as ciências do desporto e formem e aprimorem especialistas, consultado o Conselho Nacional do Esporte.

Seção II
Do Sistema Nacional do Desporto

Art. 6º O Sistema Nacional do Desporto tem por finalidade promover e aprimorar as práticas desportivas de rendimento, e é composto pelas entidades indicadas no parágrafo único do art. 13 da Lei n. 9.615, de 1998.

Parágrafo único. O Comitê Olímpico Brasileiro — COB, o Comitê Paralímpico Brasileiro — CPB, a Confederação Brasileira de Clubes — CBC e as entidades nacionais de administração do desporto a eles filiadas ou vinculadas constituem subsistema específico do Sistema Nacional do Desporto.

Seção III
Dos Sistemas de Desporto dos Estados, do Distrito Federal e dos Municípios

Art. 7º Os sistemas de desporto constituídos pelos Estados e pelo Distrito Federal observarão o disposto na Lei n. 9.615, de 1998, e neste Decreto.

Parágrafo único. A constituição de sistemas próprios de desporto pelos Municípios é facultativa e deve observar o disposto na Lei n. 9.615, de 1998, neste Decreto e, no que couber, na legislação estadual.

Art. 8º A relação entre o Sistema Brasileiro do Desporto e os sistemas de desporto dos Estados, do Distrito Federal e dos Municípios observará o princípio da descentralização, com organização e funcionamento harmônicos de sistemas desportivos diferenciados e autônomos de cada ente federativo.

CAPÍTULO III
DO CONSELHO NACIONAL DO ESPORTE

Art. 9º O Conselho Nacional do Esporte — CNE é órgão colegiado de deliberação, normatização e assessoramento, diretamente vinculado ao Ministro de Estado do Esporte e parte integrante do Sistema Brasileiro de Desporto.

Parágrafo único. O CNE tem por objetivo buscar o desenvolvimento de programas que promovam a massificação planejada da atividade física para toda a população e a melhoria do padrão de organização, gestão, qualidade e transparência do desporto nacional.

Art. 10. O CNE será composto por vinte e dois membros indicados pelo Ministro de Estado do Esporte, que o presidirá.

§ 1º Na escolha dos membros do CNE deverão ser observados os critérios de representatividade dos componentes do Sistema Brasileiro do Desporto e de capacidade de formulação de políticas públicas na área do esporte.

§ 2º São membros natos do CNE o Ministro de Estado do Esporte, o Secretário-Executivo e os Secretários Nacionais do Ministério do Esporte.

§ 3º Caberá ao Ministro de Estado do Esporte expedir ato normativo próprio para especificar a composição do CNE.

§ 4º À exceção dos membros natos, os membros do CNE e seus suplentes serão designados para um mandato de dois anos, permitida uma recondução consecutiva.

§ 5º O Presidente do CNE poderá convidar outras entidades de prática desportiva a participarem do colegiado, sem direito a voto.

§ 6º A atividade de membro do CNE é considerada prestação de serviço público relevante, não remunerada.

§ 7º O Ministro de Estado do Esporte poderá adotar providências que dependam de deliberação do CNE, que serão posteriormente submetidas à homologação pelo colegiado.

Art. 11. Compete ao CNE:

I — zelar pela aplicação dos princípios constantes da Lei n. 9.615, de 1998;

II — oferecer subsídios técnicos à elaboração do Plano Nacional do Desporto e contribuir para a implementação de suas diretrizes e estratégias;

III — estabelecer diretrizes, apreciar e aprovar os programas de inclusão social através do esporte;

IV — propor diretrizes para a integração entre o esporte e outros setores socioeconômicos;

V — emitir pareceres e recomendações sobre questões desportivas nacionais;

VI — aprovar os Códigos de Justiça Desportiva e suas alterações, com as peculiaridades de cada modalidade;

VII — expedir diretrizes para o controle de substâncias e métodos proibidos na prática desportiva;

VIII — propor mecanismos para prevenção de atividades que visem fraudar resultados de competições desportivas;

IX — propor ações para incentivar boas práticas de gestão corporativa, de equilíbrio financeiro, de competitividade desportiva e de transparência na administração do desporto nacional;

X — apoiar projetos que democratizem o acesso da população à atividade física e às práticas desportivas;

XI — propor seu regimento interno, para aprovação do Ministro de Estado do Esporte; e

XII — exercer outras atribuições previstas na legislação.

§ 1º O Ministério do Esporte prestará apoio técnico e administrativo ao CNE.

§ 2º Para o atendimento ao disposto no inciso VII do *caput*, o CNE aprovará o Código Brasileiro de Justiça Desportiva para o Desporto de Rendimento — CBJD e o Código Brasileiro de Justiça Desportiva para o Desporto Educacional — CBJDE.

CAPÍTULO IV
DAS LIGAS DESPORTIVAS

Art. 12. As ligas desportivas nacionais e regionais de que trata o art. 20 da Lei n. 9.615, de 1998, são pessoas jurídicas de direito privado, com ou sem fins lucrativos, dotadas de autonomia de organização e funcionamento, com competências definidas em estatutos.

Parágrafo único. As ligas desportivas constituídas na forma da lei integram o Sistema Nacional do Desporto.

Art. 13. As ligas constituídas com finalidade de organizar, promover ou regulamentar competições nacionais ou regionais, envolvendo atletas profissionais, equiparam-se, nos termos do § 6º do art. 20 da Lei n. 9.615, de 1998, às entidades de administração do desporto, devendo em seus estatutos observar as mesmas exigências a estas previstas.

§ 1º Os estatutos das ligas, independente da circunstância de equiparação às entidades de administração do desporto, deverão prever a inelegibilidade de seus dirigentes para o desempenho de cargos ou funções eletivas de livre nomeação, conforme o art. 23, *caput*, inciso II, da Lei n. 9.615, de 1998.

§ 2º As ligas, as entidades a elas filiadas ou vinculadas, independente da equiparação às entidades de administração do desporto, e os atletas que participam das competições por elas organizadas subordinam-se às regras de proteção à saúde e à segurança dos praticantes, inclusive as estabelecidas pelos organismos intergovernamentais e entidades internacionais de administração do desporto.

Art. 14. São requisitos mínimos para a admissão e a permanência de entidade de prática desportiva como filiada à liga desportiva:

I — fornecer cópia atualizada de seus estatutos com certidão do Cartório de Registro Civil das Pessoas Jurídicas;

II — apresentar ata da eleição dos dirigentes e dos integrantes da Diretoria ou do Conselho de Administração, comunicando imediatamente à liga qualquer alteração promovida nas suas instâncias diretivas;

III — comunicar imediatamente à liga quaisquer modificações estatutárias ou sociais;

IV — fornecer à liga as informações por ela solicitadas, conforme prazo estabelecido;

V — depositar, se exigido pela liga, aval ou fiança bancária no prazo e na forma estabelecidos, para assegurar o cumprimento das resoluções e dos acordos econômicos da liga;

VI — permitir auditorias externas determinadas pela liga, realizadas por pessoas físicas ou jurídicas;

VII — remeter para ciência da liga cópias dos contratos com repercussão econômico-desportiva no relacionamento com a liga, informando os direitos cedidos, transferidos ou dados em garantia; e

VIII — manter seu estatuto atualizado, na forma registrada em Cartório, disponível para conhecimento público em sítio eletrônico, atualizado.

CAPÍTULO V
DO PLANO NACIONAL DO DESPORTO

Art. 15. Cumpre ao Ministério do Esporte propor à Presidência da República o Plano Nacional do Desporto — PND, decenal, ouvido o CNE e observado o disposto no art. 217 da Constituição.

Art. 16. O PND deverá:

I — conter análise da situação nacional do desenvolvimento do desporto;

II — definir diretrizes para sua aplicação;

III — consolidar programas e ações relacionados às diretrizes e indicar as prioridades, metas e requisitos para sua execução;

IV – explicitar as responsabilidades dos órgãos e entidades da União e os mecanismos de integração e coordenação com os integrantes do Sistema Brasileiro do Desporto; e

V – definir mecanismos de monitoramento e de avaliação.

Parágrafo único. A elaboração do PND contará com a participação de outros ministérios em suas respectivas áreas de competência.

CAPÍTULO VI
DOS RECURSOS DO DESPORTO

Seção I
Das Condições Gerais para Repasses de Recursos Públicos

Art. 17. Os recursos do Ministério do Esporte serão aplicados conforme o Plano Nacional do Desporto – PND, observado o disposto na Lei n. 9.615, de 1998, neste Decreto e em outras normas aplicáveis à espécie

Parágrafo único. Enquanto não instituído o PND, o Ministério do Esporte destinará os recursos conforme as leis orçamentárias vigentes.

Art. 18. As transferências voluntárias da União aos entes federativos serão precedidas da análise quanto ao cumprimento, por estes, do disposto na Lei n. 9.615, de 1998.

Art. 19. Somente serão beneficiadas com recursos oriundos de isenções e benefícios fiscais e repasses de outros recursos da administração federal direta e indireta, nos termos do inciso II do *caput* do art. 217 da Constituição, as entidades do Sistema Nacional do Desporto que preencherem os requisitos estabelecidos nos art. 18, 22, 23 e 24 da Lei n. 9.615, de 1998, e neste Decreto.

Parágrafo único. A verificação do cumprimento das exigências contidas nos incisos I a V do *caput* do art. 18 da Lei n. 9.615, de 1998, será de responsabilidade do Ministério do Esporte, que analisará a documentação fornecida pela entidade.

Art. 20. A aplicação dos recursos financeiros de que tratam o art. 9º e o inciso VI do *caput* do art. 56 da Lei n. 9.615, de 1998, destinados ao Comitê Olímpico Brasileiro – COB e ao Comitê Paralímpico Brasileiro – CPB, sujeita-se aos princípios gerais da administração pública mencionados no *caput* do art. 37 da Constituição.

§ 1º A observância dos princípios gerais da administração pública estende-se à aplicação, pela Confederação Brasileira de Clubes – CBC, dos recursos previstos no art. 56, *caput*, inciso VIII, da Lei n. 9.615, de 1998.

§ 2º Os recursos citados no *caput* e § 1º serão repassados diretamente pela Caixa Econômica Federal ao COB, ao CPB e à CBC.

§ 3º Os recursos poderão ser geridos diretamente ou de forma descentralizada, total ou parcialmente, por meio de ajustes com outras entidades, que deverão apresentar plano de trabalho e observar os princípios gerais da administração pública.

§ 4º A descentralização prevista no § 3º não poderá beneficiar entidades em situação irregular perante a União, os Estados, o Distrito Federal e os Municípios.

§ 5º A comprovação de regularidade no âmbito federal será feita mediante apresentação pela entidade de certidão negativa ou certidão positiva com efeito de negativa de débitos relativos aos tributos administrados pela Secretaria da Receita Federal do Brasil e à dívida ativa da União, certificado de regularidade do Fundo de Garantia do Tempo de Serviço — FGTS e de regularidade em face do Cadastro Informativo de Créditos não Quitados do Setor Público Federal — CADIN; e

§ 6º A comprovação da situação de regularidade referida no §5º, será exigida periodicamente, em intervalos que serão estabelecidos por ato do Ministro de Estado do Esporte, sem prejuízo da observância das normas legais e regulamentares aplicáveis

Art. 21. Os recursos a que se referem o *caput* e o § 1º do art. 20 serão aplicados em programas e projetos de:

I — fomento, desenvolvimento e manutenção do desporto;

II — formação de recursos humanos;

III — preparação técnica, manutenção e locomoção de atletas; e

IV — participação em eventos esportivos.

Parágrafo único. Para efeito do disposto neste Decreto, considera-se:

I — fomento, desenvolvimento e manutenção do desporto — promoção das práticas desportivas a que se refere o art. 217 da Constituição;

II — formação de recursos humanos — capacitação, instrução, educação, treinamento e habilitação na área do desporto, por cursos, palestras, congressos, seminários, exposições e outras formas de difusão de conhecimento, além de pesquisas e desenvolvimento de técnicas e práticas técnico-científicas ligadas ao esporte olímpico e paralímpico, em manifestações desportivas previstas no art. 3º da Lei n. 9.615, de 1998;

III — preparação técnica, manutenção e locomoção de atletas — preparo, sustentação e transporte de atletas, além de:

a) aquisição e locação de equipamentos desportivos para atletas, técnicos e outros profissionais;

b) serviços de profissionais de saúde para atletas, técnicos e outros profissionais;

c) alimentação e nutrição para atletas, técnicos e outros profissionais;

d) moradia e hospedagem para atletas, técnicos e outros profissionais, e

e) custos com serviços administrativos referentes às atividades de preparação técnica, manutenção e locomoção de atletas; e

IV — participação de atletas em eventos esportivos — efetivação do deslocamento, da alimentação e da acomodação de atletas, técnicos, pessoal de apoio e dirigentes, inclusive gastos com premiações.

Art. 22. Ato do Ministro de Estado do Esporte definirá limite de utilização dos recursos a que se referem o *caput* e o § 1º do art. 20 para realização de despesas administrativas necessárias ao cumprimento das metas pactuadas pelas entidades.

Parágrafo único. Os instrumentos de repasse de recursos para as entidades ou para as descentralizações deverão observar o limite referido no *caput*.

Seção II
Do Acompanhamento da Aplicação dos Recursos Repassados ao COB, CPB E À CBC

Art. 23. Serão publicados no Diário Oficial da União no prazo máximo de cento e vinte dias, pelo COB, pelo CPB e pela CBC, contado da data de publicação deste Decreto, atos disciplinando:

I — procedimentos para a descentralização dos recursos e a respectiva prestação de contas; e

II — critérios e limites para despesas administrativas necessárias ao cumprimento do objeto pactuado a serem realizadas com recursos descentralizados pelas entidades beneficiadas e daqueles referentes a passagens, hospedagem, transporte e alimentação dos dirigentes e funcionários das entidades mencionadas no *caput* e das conveniadas, observado o disposto no art. 22.

Art. 24. Os atos sobre procedimentos de que trata o inciso I do art. 23 deverão estabelecer que as despesas realizadas com recursos oriundos da Lei n. 9.615 de 1998, estejam de acordo com plano de trabalho previamente aprovado, que deverá conter, no mínimo:

I — razões que justifiquem o repasse dos recursos;

II — descrição detalhada do objeto a ser executado, com especificação completa do bem a ser produzido ou adquirido e, no caso de obras, instalações ou serviços, o projeto básico, com elementos necessários e suficientes para caracterizar, de modo preciso, a obra, instalação ou serviço objeto do convênio, sua viabilidade técnica, custo, fases ou etapas, e prazos de execução;

III — descrição das metas a serem atingidas, qualitativas e quantitativas;

IV — etapas ou fases da execução do objeto, com previsões de início e de fim;

V — plano de aplicação dos recursos a serem desembolsados pelo COB, pelo CPB e pela CBC, para cada atividade, projeto ou evento;

VI — cronograma de desembolso; e

VII — declaração expressa do proponente, sob as penas do art. 299 do Código Penal, de que não se encontra em mora e nem em débito junto a qualquer órgão ou entidade da administração pública federal.

§ 1º Os atos de que trata o *caput* deverão definir, expressa e obrigatoriamente, cláusulas que constarão dos instrumentos de formalização de repasse dos recursos, estabelecendo:

I — objeto e seus elementos característicos, com descrição detalhada, objetiva e precisa do que se pretende realizar ou obter, em consonância com o plano de trabalho;

II — obrigação de cada um dos partícipes;

III — vigência, fixada de acordo com o prazo previsto para a execução do objeto e em função das metas estabelecidas;

IV — prerrogativa, por parte do COB, do CPB e da CBC, de exercer o controle e a fiscalização sobre a execução do objeto;

V — prerrogativa, por parte do COB, do CPB e da CBC, de assumir ou transferir a responsabilidade pela gestão dos recursos para outra entidade, no caso de paralisação ou de fato relevante superveniente, de modo a evitar a descontinuidade das ações;

VI — sistemática de liberação de recursos, conforme cronograma de desembolso constante do plano de trabalho, com previsão de aguardar a ordem de início;

VII — obrigatoriedade, por parte das entidades beneficiadas com os recursos descentralizados pelo COB, pelo CPB e pela CBC, de observar o regulamento de compras e contratações de que trata o art. 28;

VIII — apresentação de relatórios de execução físico-financeira e de prestação de contas dos recursos recebidos, no prazo máximo de sessenta dias, contado da data do término da vigência prevista no plano de trabalho;

IX — definição, na data do término da vigência prevista no plano de trabalho, do direito de propriedade dos bens remanescentes adquiridos, produzidos, transformados ou construídos;

X — faculdade aos partícipes para denunciar ou rescindir, a qualquer tempo, os ajustes celebrados, com responsabilidade pelas obrigações decorrentes do período em que vigoraram os instrumentos, e reconhecimento dos benefícios adquiridos, quando for o caso;

XI — obrigatoriedade de restituição, ao final do prazo de vigência dos ajustes, de eventual saldo de recursos para as contas bancárias específicas do COB, do CPB e da CBC, inclusive rendimentos de aplicações financeiras;

XII — obrigatoriedade de restituição ao COB, ao CPB e à CBC dos valores transferidos, atualizados monetariamente e acrescidos de juros legais desde a data do recebimento, na forma da legislação aplicável aos débitos com a Fazenda Nacional, nos seguintes casos:

a) quando não for executado o objeto pactuado;

b) quando não forem apresentadas, nos prazos exigidos, as prestações de contas; ou

c) quando os recursos forem utilizados em finalidade diversa da estabelecida no plano de trabalho;

XIII — obrigatoriedade de recolher à conta do COB, do CPB e da CBC os rendimentos de aplicações financeiras referentes ao período entre a liberação do recurso e a sua utilização, quando não comprovar o seu emprego na execução do objeto; e

XIV — obrigatoriedade de movimentar os valores em conta bancária específica vinculada ao rajuste.

§ 2º Os atos de que trata o *caput* deverão consignar a vedação de inclusão, tolerância ou admissão, nos ajustes, sob pena de nulidade e responsabilidade dos envolvidos, de cláusulas ou condições que prevejam ou permitam:

I — despesas a título de taxa de administração, de gerência ou similar;

II — pagamento, a qualquer título, a servidor ou empregado público;

III — utilização dos recursos em finalidade diversa da estabelecida no respectivo instrumento, ainda que em caráter de emergência;

IV — realização de despesas em data anterior ou posterior à vigência do ajuste;

V — atribuição de vigência ou de efeitos financeiros retroativos;

VI — realização de despesas com multa, juros ou correção monetária, inclusive referente a pagamentos ou recolhimentos fora dos prazos;

VII — transferência de recursos para associações de servidores ou quaisquer entidades congêneres;

VIII — realização de despesas com publicidade, salvo as de caráter educativo ou de orientação social, e nas quais não constem nomes, símbolos ou imagens que caracterizem promoção pessoal de autoridades ou servidores públicos;

IX — descentralização de recursos para entidades cujo objeto social não se relacione com as características do plano estratégico de aplicação de recursos; e

X — descentralização de recursos para entidades que não disponham de condições técnicas para executar o objeto ajustado

Art. 25. Para o acompanhamento da aplicação dos recursos nos programas e projetos referidos no § 3º do art. 56 da Lei n. 9.615, de 1998, o COB, o CPB e a CBC disponibilizarão ao Tribunal de Contas da União, ao Ministério do Esporte e ao Ministério da Educação, por meio físico e eletrônico, quadro-resumo da receita e da utilização dos recursos, subdivididos por exercício financeiro, discriminando:

I — valores mensais arrecadados;

II — aplicações diretas, com a discriminação dos recursos aplicados por projetos e programas contemplados; e

III — valores despendidos pelo COB, pelo CPB e pelas entidades beneficiadas com os recursos descentralizados, por grupos de despesa, consolidados conforme disciplinado em ato do Ministro de Estado do Esporte.

Art. 26. O COB, o CPB e a CBC deverão encaminhar ao Ministério do Esporte cópia da documentação remetida em atendimento às normas do Tribunal de Contas da União, em relação a aplicação dos recursos a eles repassados.

Art. 27. Nas hipóteses em que haja opção pela gestão descentralizada dos recursos recebidos, a entidade beneficiada prestará contas e o concedente responderá de forma subsidiária pelas omissões, irregularidades e utilização dos recursos por parte da entidade beneficiada, competindo a esta a obrigação de prestar contas.

Art. 28. O COB, o CPB e a CBC disponibilizarão, em seus sítios eletrônicos o regulamento próprio de compras e contratações, para fins de aplicação direta e indireta dos recursos para obras, serviços, inclusive de publicidade, compras, alienações e locações, conforme o disposto no art. 56-A, § 2º, inciso V, da Lei n. 9.615, de 1998.

Parágrafo único. O regulamento a que se refere o *caput* deverá atender aos princípios da legalidade, impessoalidade, moralidade, publicidade, eficiência, igualdade, e do julgamento objetivo e dos que lhes são correlatos, tendo por finalidade apara seleção da proposta mais vantajosa.

Art. 29. Dos totais dos recursos correspondentes ao COB, ao CPB e à CBC:

I — dez por cento serão destinados ao desporto escolar, em programação definida conjuntamente com a Confederação Brasileira do Desporto Escolar — CBDE; e

II — cinco por cento serão destinados ao desporto universitário, em programação definida conjuntamente com a Confederação Brasileira do Desporto Universitário — CBDU.

§ 1º Para os fins deste Decreto, considera-se desporto escolar aquele praticado por estudantes regularmente matriculados nos ensinos fundamental ou médio, e desporto universitário aquele praticado por estudantes regularmente matriculados em cursos de educação superior.

§ 2º Consideram-se despesas com desporto escolar e desporto universitário aquelas decorrentes das ações de que trata o parágrafo único do art. 21.

§ 3º O COB, o CPB e a CBC poderão gerir, diretamente e em conjunto com a CBDE ou a CBDU, ou de forma descentralizada, por meio de ajuste, os percentuais de que tratam os incisos I e II do *caput*.

§ 4º Do total dos valores destinados ao desporto escolar e ao desporto universitário ao menos cinquenta por cento serão efetivamente empregados nas principais competições nacionais realizadas diretamente pela CBDE e pela CBDU, respectivamente.

§ 5º Não se aplica ao CPB o disposto no § 4º.

§ 6º As competições nacionais paraolímpicas de desporto escolar e de desporto universitário poderão ser promovidas conjuntamente em um único evento, caso impossível a realização em separado.

Art. 30. A CBC observará a aplicação em atividades paradesportivas de quantidade mínima de quinze por cento dos recursos repassados nos termos do § 1º do art. 20.

Seção III

Do Contrato de Desempenho

Art. 31. É condição para o recebimento dos recursos públicos federais que o COB, o CPB e as entidades nacionais de administração do desporto celebrem contrato de desempenho com o Ministério do Esporte.

§ 1º Contrato de desempenho é o instrumento firmado entre o Ministério do Esporte e as entidades de que trata o *caput*, para o fomento público e a execução de atividades relacionadas ao Plano Nacional do Desporto, mediante o cumprimento de metas e de resultados fixados no correspondente contrato.

§ 2º O contrato de desempenho terá as seguintes cláusulas essenciais:.

I — a do objeto, que conterá a especificação do programa de trabalho proposto pela entidade;

II — a de estipulação das metas e dos resultados a serem atingidos prazos de execução ou cronograma;

III — a de critérios objetivos de avaliação de desempenho, com indicadores de resultado;

IV — a que estabelece as obrigações da entidade, entre as quais:

a) apresentar ao Ministério do Esporte, ao término de cada exercício, relatório sobre a execução do objeto, contendo comparativo específico das metas propostas com os resultados alcançados, e prestação de contas dos gastos e receitas; e

b) elaborar regulamento próprio para a contratação de obras, serviços e compras com recursos públicos, observados os princípios da legalidade, impessoalidade, moralidade, publicidade, economicidade e eficiência; e

V — a de obrigatoriedade de publicação, pelo Ministério do Esporte, no Diário Oficial da União, de seu extrato e de demonstrativo da sua execução física e financeira, conforme modelo simplificado contendo os dados principais da documentação obrigatória referida no inciso IV do *caput*, sob pena de não liberação dos recursos.

§ 3º A celebração do contrato de desempenho condiciona-se à aprovação pelo Ministério do Esporte:

I — de programa de trabalho, apresentado pela entidade na forma definida em ato do Ministro de Estado do Esporte, quanto à compatibilidade com o PND; e

II — de plano estratégico de aplicação de recursos, apresentado pela entidade considerando o ciclo olímpico ou paraolímpico de quatro anos, em que deverão constar a estratégia de base, as diretrizes, os objetivos, os indicadores e as metas.

§ 4º O plano estratégico de aplicação de recursos referido no § 3º, suas revisões e avaliações integrarão o contrato de desempenho.

§ 5º O ciclo olímpico e paraolímpico é o período de quatro anos compreendido entre a realização de dois Jogos Olímpicos ou dois Jogos Paraolímpicos, de verão ou de inverno, ou o que restar até a realização dos próximos Jogos Olímpicos ou Jogos Paraolímpicos.

§ 6º A verificação do cumprimento do contrato de desempenho será de responsabilidade do Ministério do Esporte, conforme indicadores mínimos para considerar satisfatória a sua execução, previstos no próprio instrumento contratual.

§ 7º O Ministério do Esporte poderá designar comissão técnica temática de acompanhamento e avaliação do cumprimento do contrato de desempenho e do plano estratégico de aplicação de recursos, que emitirá parecer sobre os resultados alcançados, em subsídio aos processos de fiscalização e prestação de contas sob sua responsabilidade perante os órgãos de controle interno e externo do Poder Executivo.

§ 8º O descumprimento injustificado de cláusulas do contrato de desempenho ou a inadmissão, pelo Ministério do Esporte, da justificativa apresentada pela entidade que o descumpriu constituem causas para rescisão, sem prejuízo de outras medidas administrativas.

§ 9º O contrato de desempenho especificará cláusulas cujo descumprimento acarretará rescisão do ajuste, de forma isolada ou não, estabelecidos critérios objetivos que permitam a aferição quanto ao cumprimento.

§ 10. O conteúdo integral dos contratos de desempenho será disponibilizado no sitio eletrônico do Ministério do Esporte, sem prejuízo de que a entidade os disponibilize em seu sitio eletrônico.

§ 11. É facultado a entidades não referidas no *caput* propor ao Ministério do Esporte firmar o contrato de desempenho.

Art. 32. Para a celebração do contrato de desempenho será exigido das entidades que sejam regidas por estatutos que disponham expressamente sobre:

I — observância dos princípios da legalidade, impessoalidade, moralidade, publicidade, economicidade e eficiência;

II — adoção de práticas de gestão administrativa necessárias e suficientes a coibir a obtenção, de forma individual ou coletiva, de benefícios ou vantagens pessoais em decorrência da participação no processo decisório;

III — constituição de conselho fiscal ou órgão equivalente, dotado de competência para opinar sobre os relatórios de desempenho financeiro e contábil e sobre as operações patrimoniais realizadas, emitindo pareceres para os órgãos superiores da entidade;

IV — funcionamento autônomo e regular dos órgãos de Justiça Desportiva referentes à respectiva modalidade, inclusive quanto a não existência de aplicação de sanções disciplinares através de mecanismos estranhos a esses órgãos, ressalvado o disposto no art. 51 da Lei n. 9.615, de 1998;

V — prestação de contas, com a observância, no mínimo:

a) dos princípios fundamentais de contabilidade, de acordo com os critérios estabelecidos pelo Conselho Federal de Contabilidade;

b) da publicidade, no encerramento do exercício fiscal, do relatório de atividades e das demonstrações financeiras da entidade, incluindo-se as certidões negativas de débitos com o Instituto Nacional do Seguro Social — INSS e com o FGTS, além da Certidão Negativa de Débitos Trabalhistas — CNDT, à disposição para exame de qualquer cidadão.

Parágrafo único. O Ministério do Esporte verificará, previamente, o regular funcionamento da entidade e a compatibilidade do seu estatuto com o disposto neste Decreto.

Art. 33. O requerimento para celebração de contrato de desempenho observará modelo disponibilizado no sitio eletrônico do Ministério do Esporte e será instruído com cópias autenticadas dos seguintes documentos das entidades:

I — estatuto atualizado, com a certidão do Cartório de Registro Civil das Pessoas Jurídicas;

II — ata da eleição dos dirigentes, integrantes da Diretoria ou do Conselho de Administração;

III — balanço patrimonial e demonstração do resultado do exercício;

IV — comprovante de inscrição no Cadastro Geral de Contribuintes — CGC/Cadastro Nacional da Pessoa Jurídica — CNPJ; e

V — comprovantes da regularidade jurídica e fiscal perante a Receita Federal do Brasil e o FGTS, além da CNDT.

Parágrafo único. O Ministério do Esporte deverá verificar a regularidade dos documentos citados no *caput*.

Art. 34. O Ministério do Esporte, no prazo de trinta dias contado do recebimento do requerimento, se manifestará sobre a celebração do contrato de desempenho.

§ 1º A decisão será publicada em sítio eletrônico, no prazo máximo de dez dias.

§ 2º No caso de indeferimento, o Ministério do Esporte notificará a entidade proponente das razões da negativa.

§ 3º A entidade com requerimento indeferido poderá reapresentá-lo a qualquer tempo, desde que suprida a causa da negativa.

Art. 35. A alteração nos estatutos que implique descumprimento de exigência elencada no art. 32, ou fato que implique mudança nas condições estabelecidas no ato da contratação, darão causa à rescisão do contrato de desempenho por parte do Ministério do Esporte, salvo se, sob consulta, aceitar a alteração.

§ 1º O contratante deverá comunicar ao Ministério do Esporte a respeito da alteraçao de que trata o *caput* no prazo de dez dias, contado da data em que registrada em cartório ou da ocorrência do fato que houver implicado mudança das condições.

§ 2º O Ministério do Esporte deverá decidir a respeito da rescisão do contrato no prazo de trinta dias, contado da data em que recebida a comunicação de que trata o § 1º, período em que repasses de recursos referentes ao contrato de desempenho ficarão suspensos.

Seção IV
Da Destinação dos Recursos aos Entes Federados

Art. 36. Um terço dos recursos previstos no inciso II do *caput* do art. 6º da Lei n. 9.615, de 1998, será repassado às Secretarias de Esporte dos Estados e do Distrito Federal ou, se inexistentes, a órgãos ou entidades com atribuições semelhantes.

§ 1º Os recursos previstos no *caput* serão repassados proporcionalmente ao montante das apostas efetuadas em cada unidade da Federação e pelo menos cinquenta por cento do montante recebido será destinado a projetos apresentados pelos Municípios ou, na falta de projetos, em ações governamentais em benefício dos Municípios.

§ 2º Os recursos do repasse serão aplicados em atividades finalísticas do esporte, com prioridade para jogos escolares de esportes olímpicos e paraolímpicos, admitida também sua aplicação em outras áreas do desporto educacional e no e apoio ao desporto para pessoas com deficiência, observado o disposto no PND.

§ 3º Os jogos escolares mencionados no § 2º visarão à preparação e à classificação de atletas para competição nacional de desporto educacional.

§ 4º A destinação aos Municípios de que trata o § 1º será regulamentada por cada Estado, observando:

I — a distribuição dos recursos entre as diversas regiões de cada Estado;

II — a adequação dos projetos apresentados ao PND e, caso houver, ao Plano Estadual do Desporto; e

III — a publicação de edital ou outro meio que proporcione a ciência de todas as administrações municipais quanto ao prazo para apresentação de projetos.

Art. 37. Além das atividades voltadas ao desporto de participação, são consideradas atividades finalísticas do esporte, para fins do disposto no art. 36, § 2º:

I — subvenção direta ao estudante que atue em competições voltadas ao esporte escolar, assim como à comissão técnica responsável por sua preparação;

II — custeio de transporte e de hospedagem de atletas, árbitros e comissão técnica de equipes de esporte escolar para atividades e eventos de treinamento e de competições nacionais e internacionais;

III — aquisição de equipamentos e uniformes para treinamento e competição de esporte escolar;

IV — custeio de profissionais, equipamentos, suplementos e medicamentos utilizados na recuperação e prevenção de lesões de atletas de esporte escolar; e

V — construção, ampliação, manutenção e recuperação de instalações esportivas destinadas ao desporto educacional e de participação.

§ 1º A comissão técnica de equipes desportivas inclui treinador, assistentes técnicos, preparadores físicos, profissionais de saúde e quaisquer outros membros cuja atuação contribua diretamente na preparação, aperfeiçoamento, manutenção e recuperação técnica e física dos atletas de esporte escolar.

§ 2º As despesas observarão critérios de economicidade e as necessidades de conforto indispensáveis à manutenção de boas condições físicas dos atletas do desporto educacional ou de maior eficiência na logística de treinamento e de competição.

§ 3º Não será permitida a destinação de recursos para obrigações do ente federado referentes a pessoal e encargos sociais, ou qualquer despesa com a folha de pagamento.

CAPÍTULO VII
DA ORDEM DESPORTIVA

Art. 38. A aplicação de qualquer penalidade prevista nos incisos IV ou V do *caput* do art. 48 da Lei n. 9.615, de 1998, exige decisão definitiva da Justiça Desportiva, limitada às questões que envolvam infrações disciplinares e competições desportivas, em observância ao disposto no § 1º do art. 217 da Constituição.

Art. 39. Na aplicação das penalidades por violação da ordem desportiva, previstas no art. 48 da Lei n. 9.615, de 1998, além da garantia do contraditório e ampla defesa, devem ser observados os princípios da proporcionalidade e da razoabilidade.

CAPÍTULO VIII
DA JUSTIÇA DESPORTIVA

Art. 40. A Justiça Desportiva regula-se pela Lei n. 9.615, de 1998, por este Decreto e pelo disposto no CBJD ou CBJDE, respectivamente observados os seguintes princípios: I — ampla defesa;

II — celeridade;

III — contraditório;

IV — economia processual;

V — impessoalidade;

VI — independência;

VII — legalidade;

VIII — moralidade;

IX — motivação;

X — oficialidade;

XI — oralidade;

XII — proporcionalidade;

XIII — publicidade;

XIV — razoabilidade;

XV — devido processo legal;

XVI — tipicidade desportiva;

XVII — prevalência, continuidade e estabilidade das competições; e

XVIII — espírito desportivo

Art. 41. Os órgãos integrantes da Justiça Desportiva, autônomos e independentes das entidades de administração do desporto de cada sistema, são os Superiores Tribunais de Justiça Desportiva — STJD, perante as entidades nacionais de administração do desporto; os Tribunais de Justiça Desportiva — TJD, perante as entidades regionais da administração do desporto, e as Comissões Disciplinares, com competência para processar e julgar questões previstas nos Códigos de Justiça Desportiva, assegurados a ampla defesa e o contraditório.

§ 1º Os tribunais plenos dos STJD e dos TJD serão compostos por nove membros:

I — dois indicados pela entidade de administração do desporto;

II — dois indicados pelas entidades de prática desportiva que participem de competições oficiais da divisão principal, por decisão em reunião convocada pela entidade de administração do desporto para esse fim;

III — dois advogados com notório saber jurídico desportivo, indicados pela Ordem dos Advogados do Brasil;

IV — um representante dos árbitros, indicado pela entidade de classe;

V — dois representantes dos atletas, indicados pelas entidades sindicais.

§ 2º Para os fins dispostos nos incisos IV e V do § 1º na hipótese de inexistência de entidade regional, caberá à entidade nacional a indicação.

CAPÍTULO IX
DA PRÁTICA DESPORTIVA PROFISSIONAL

Seção I
Da Atividade Profissional

Art. 42. É facultado às entidades desportivas profissionais, inclusive às de prática de futebol profissional, constituírem-se como sociedade empresária, segundo um dos tipos regulados pelos arts. 1.039 a 1.092 da Lei n. 10.406, de 10 de janeiro de 2002 — Código Civil.

Seção II
Da Competição Profissional

Art. 43. Considera-se competição profissional aquela promovida para obter renda e disputada por atletas profissionais cuja remuneração decorra de contrato especial de trabalho desportivo.

Parágrafo único. Entende-se como renda a receita auferida pelas entidades previstas no § 10 do art. 27 da Lei n. 9.615, de 1998, na organização e realização de competição desportiva com a venda de ingressos, patrocínio e negociação dos direitos audiovisuais do evento desportivo, entre outros.

Seção III
Do Atleta Profissional

Art. 44. A atividade do atleta profissional é caracterizada por remuneração pactuada em contrato especial de trabalho desportivo, firmado com entidade de prática desportiva, na forma da Lei n. 9.615, de 1998, e, de forma complementar e no que for compatível, pelas das normas gerais da legislação trabalhista e da seguridade social.

§ 1º O contrato especial de trabalho desportivo fixará as condições e os valores para as hipóteses de aplicação da cláusula indenizatória desportiva ou da cláusula compensatória desportiva, previstas no art. 28 da Lei n. 9.615, de 1998.

§ 2º O vínculo desportivo do atleta com a entidade de prática desportiva previsto no § 5º do art. 28 da Lei n. 9.615, de 1998, não se confunde com o vínculo empregatício e não é condição para a caracterização da atividade de atleta profissional.

Seção IV
Do Direito de Imagem do Atleta

Art. 45. O direito ao uso da imagem do atleta, disposto no art. 87-A da Lei n. 9.615, de 1998, pode ser por ele cedido ou explorado, por ajuste contratual de natureza civil e com fixação de direitos, deveres e condições inconfundíveis com o contrato especial de trabalho desportivo.

§ 1º O ajuste de natureza civil referente ao uso da imagem do atleta não substitui o vínculo trabalhista entre ele e a entidade de prática desportiva e não depende de registro em entidade de administração do desporto.

§ 2º Serão nulos de pleno direito os atos praticados através de contrato civil de cessão da imagem com o objetivo de desvirtuar, impedir ou fraudar as garantias e direitos trabalhistas do atleta.

Seção V
Direito de Arena

Art. 46. Para fins do disposto no § 1º do art. 42 da Lei n. 9.615, de 1998, a respeito do direito de arena, o percentual de cinco por cento devido aos atletas profissionais será repassado pela emissora detentora dos direitos de transmissão diretamente às entidades sindicais de âmbito nacional da modalidade, regularmente constituídas.

Parágrafo único. O repasse pela entidade sindical aos atletas profissionais participantes do espetáculo deverá ocorrer no prazo de sessenta dias.

Seção VI
Do Atleta Autônomo

Art. 47. Caracteriza-se como autônomo o atleta maior de dezesseis anos sem relação empregatícia com entidade de prática desportiva que se dedica à prática desportiva de modalidade individual, com objetivo econômico e por meio de contrato de natureza civil.

§ 1º A atividade econômica do atleta autônomo é caracterizada quando há:

I — remuneração decorrente de contrato de natureza civil firmado entre o atleta e a entidade de prática desportiva;

II — premiação recebida pela participação em competição desportiva; ou

III — incentivo financeiro proveniente de divulgação de marcas ou produtos do patrocinador.

§ 2º O atleta autônomo enquadra-se como contribuinte individual no Regime Geral de Previdência Social — RGPS.

Seção VII
Do Contrato de Formação Desportiva

Art. 48. O atleta não profissional em formação, maior de quatorze e menor de vinte anos de idade, poderá receber auxílio financeiro da entidade de prática desportiva formadora, sob a forma de bolsa de aprendizagem livremente pactuada por contrato de formação desportiva, a que se refere o § 4º do art. 29 da Lei n. 9.615, de 1998, sem vínculo empregatício entre as partes.

Art. 49. Caracteriza-se como entidade de prática desportiva formadora, certificada pela entidade nacional de administração da modalidade, aquela que assegure gratuitamente ao atleta em formação, sem prejuízo das demais exigências dispostas na Lei n. 9.615, de 1998, o direito a:

I — programas de treinamento nas categorias de base e formação educacional exigível e adequada, enquadrando-o na equipe da categoria correspondente a sua idade;

II — alojamento em instalações desportivas apropriadas à sua capacitação técnica na modalidade, quanto a alimentação, higiene, segurança e saúde;

III — conhecimentos teóricos e práticos de educação física, condicionamento e motricidade, por meio de um corpo de profissionais habilitados e especializados, norteados por programa de formação técnico-desportiva, compatível com o desenvolvimento físico, moral e psicológico do atleta;

IV — matrícula escolar e presença às aulas da educação básica ou de formação técnica em que estiver matriculado, ajustando o tempo destinado à efetiva atividade de formação do atleta, não superior a quatro horas diárias, aos horários estabelecidos pela instituição educacional, e exigindo do atleta satisfatório aproveitamento escolar;

V — assistência educacional e integral à saúde;

VI — alimentação com acompanhamento de nutricionista, assistência de fisioterapeuta e demais profissionais qualificados na formação física e motora, além da convivência familiar adequada;

VII — pagamento da bolsa de aprendizagem até o décimo dia útil do mês subsequente ao vencido;

VIII — apólice de seguro de vida e de acidentes pessoais para cobrir as atividades de formação desportiva, durante toda a vigência do contrato, incluindo como beneficiários da apólice de seguro os indicados pelo atleta em formação;

IX — período de descanso de trinta dias consecutivos e ininterruptos, com a garantia de recebimento dos incentivos previstos na Lei coincidente com as férias escolares regulares;

X — registro do atleta em formação na entidade de administração do desporto e inscrição do atleta em formação nas competições oficiais de sua faixa etária promovidas pela entidade; e

XI — transporte.

Art. 50. O contrato de formação desportiva deve conter os elementos mínimos previstos no § 6º do art. 29 da Lei n. 9.615, de 1998, e visa propiciar ao atleta:

I — capacitação técnico-educacional específica para sua modalidade desportiva;

II — conhecimentos teóricos e práticos de atividade física, condicionamento e motricidade;

III — conhecimentos específicos de regras, legislação, fundamentos e comportamento do atleta de sua modalidade;

IV — conhecimentos sobre civismo, ética, comportamento e demais informações necessárias à futura formação de atleta desportivo profissional; e

V — preparação para firmar o primeiro contrato especial de trabalho desportivo, norteado pelo programa de formação técnico-profissional, compatível com o desenvolvimento físico e psicológico.

Art. 51. O contrato de formação desportiva poderá conter as seguintes obrigações do atleta:

I — observar as cláusulas do contrato de formação desportiva;

II — cumprir o programa de treinamento e o horário de capacitação determinados pela entidade formadora;

III — assistir às aulas teóricas e práticas programadas pela entidade formadora, com satisfatório aproveitamento;

IV — apresentar-se nas competições desportivas preparatórias e oficiais, nas condições, horários e locais estabelecidos pela entidade de prática desportiva contratante;

V — permanecer, sempre que necessário, em regime de concentração, observado o limite semanal de três dias consecutivos;

VI — assistir às aulas da instituição educacional em que matriculado e apresentar frequência e aproveitamento satisfatórios; e

VII — respeitar as normas internas da entidade formadora.

Art. 52. Caberá à entidade de administração do desporto responsável pela certificação de entidade de prática desportiva formadora:

I — fixar as normas e requisitos para a outorga da certificação;

II — estabelecer tipologias e prazos de validade da certificação;

III — uniformizar um modelo de contrato de formação desportiva; e

IV — padronizar as bases de cálculo dos custos diretos ou indiretos das entidades formadoras.

Parágrafo único. Atendidos os requisitos, a entidade de administração do desporto não negará a certificação da entidade de prática desportiva formadora, assim como do registro do contrato de formação desportiva.

CAPÍTULO X
ASSISTÊNCIA SOCIAL E EDUCACIONAL A ATLETAS PROFISSIONAIS, EX-ATLETAS E ATLETAS EM FORMAÇÃO

Art. 53. Assistência social e educacional será prestada pela Federação das Associações de Atletas Profissionais — FAAP, ou pela Federação Nacional dos Atletas Profissionais de Futebol — FENAPAF, na forma do art. 57 da Lei n. 9.615, de 1998, com a concessão dos seguintes benefícios:

I — aos atletas profissionais: assistência financeira, para os casos de atletas desempregados ou que tenham deixado de receber regularmente seus salários por um período igual ou superior a quatro meses;

II — aos ex-atletas:

a) assistência financeira mensal ao incapacitado para o trabalho, desde que a restrição decorra de lesões ou atividades ocorridas quando ainda era atleta; e

b) assistência financeira mensal em caso de comprovada ausência de fonte de renda que garanta a sobrevivência ao ex-atleta; e

III — aos atletas em formação, aos atletas profissionais e aos ex-atletas: custeio total ou parcial dos gastos com educação formal.

§ 1º A FAAP e a FENAPAF deverão elaborar demonstrações financeiras dos recursos cuja fonte seja a prevista no art. 57 da Lei n. 9.615, de 1998, referentes a cada exercício fiscal, de acordo com padrões e critérios estabelecidos pelo Conselho Federal de Contabilidade, e, após submetidas à auditoria independente, publicarão as demonstrações em seu sítio eletrônico, até o último dia útil do mês de abril do ano subsequente.

§ 2º Qualquer pessoa poderá requerer, por escrito, a prestação de contas referente aos valores recebidos e empregados na assistência social e educacional aos atletas profissionais, aos ex-atletas e aos atletas em formação, cujos documentos serão disponibilizados no prazo de dez dias úteis.

Art. 54. As contribuições devidas à FAAP e à FENAPAF, na forma do art. 57 da Lei n. 9.615, de 1998, se não recolhidas nos prazos fixados, sujeitam-se à cobrança administrativa e judicial, com atualização dos valores devidos até a data do efetivo recolhimento.

Art. 55. As entidades de prática desportiva e de administração do desporto responsáveis pela arrecadação, pelo recolhimento dos valores referidos no art. 57 da Lei n. 9.615, de 1998, e pelo registro dos contratos desportivos deverão prestar à FAAP e à FENAPAF todas as informações financeiras, cadastrais e de registro necessárias à verificação, controle e fiscalização das contribuições devidas.

Art. 56. A entidade responsável pelo registro do contrato de trabalho do atleta profissional e pelo registro de transferência de atleta profissional a outra entidade desportiva deverá exigir, quando de sua efetivação, o comprovante do recolhimento das contribuições fixadas no art. 57 da Lei n. 9.615, de 1998.

Parágrafo único. As entidades nacionais de administração do desporto deverão informar à FAAP e à FENAPAF a relação dos atletas e das entidades de prática desportiva que não atenderem ao disposto no *caput*.

CAPÍTULO XI
DISPOSIÇÕES FINAIS E TRANSITÓRIAS

Art. 57. Ato conjunto dos Ministros de Estado do Esporte, da Defesa e do Planejamento, Orçamento e Gestão estabelecerá normas e prazos para efetivar a liberação de servidores públicos que atuam como atletas, árbitros, assistentes, profissionais especializados e dirigentes integrantes de representação nacional convocados para treinamento ou para competição desportiva no País ou no exterior.

Art. 58. O Ministério da Defesa deverá ser previamente consultado nas questões de desporto militar ou programas governamentais cujas atividades esportivas incluam a participação das Forças Armadas.

Art. 59. Para os efeitos do art. 84-A da Lei n. 9.615, de 1998, a obrigatoriedade de transmissão de jogo envolve partida disputada em competição oficial por ambas seleções principais brasileiras de futebol, masculina e feminina, da categoria principal.

Art. 60. No prazo de cento e oitenta dias da data da entrada em vigor deste Decreto, o Conselho Nacional do Esporte — CNE aprovará o Código Brasileiro de Justiça Desportiva para o Desporto Educacional — CBJDE, ouvidas a CBDE e a CBDU.

Art. 61. O atleta não profissional que perceba incentivos materiais na forma de bolsa, conforme disposto no art. 4º, parágrafo único, não será considerado contribuinte obrigatório do RGPS.

Art. 62. A participação de árbitros e auxiliares de arbitragem em competições, partidas, provas ou equivalente, de qualquer modalidade desportiva, obedecerá às regras e aos regulamentos da entidade de administração, a qual, no exercício de sua autonomia, fará inclusão ou exclusão de nomes nas relações regionais, nacionais ou internacionais.

Art. 63. A exclusividade prevista no art. 15, § 2º, da Lei n. 9.615, de 1998, implica proibição à imitação e à reprodução, no todo, em parte ou com acréscimo, de signos graficamente distintivos, bandeiras, lemas, emblemas e hinos utilizados pelo Comitê Olímpico Internacional — COI, pelo Comitê Paralímpico Internacional — IPC, pelo COB e pelo CPB.

§ 1º As proibições referidas no *caput* abrangem abreviações e variações e ainda aquelas igualmente relacionadas que, porventura, venham a ser criadas dentro dos mesmos objetivos.

§ 2º Em relação ao COI e ao IPC, a exclusividade de que trata o *caput* deverá observar o disposto no inciso I do parágrafo único do art. 6º e no art. 16 da Lei n. 12.035, de 1º de outubro de 2009.

§ 3º Excetuam-se do disposto neste artigo os usos formalmente autorizados pelo COB, CPB, COI ou IPC.

Art. 64. Ao COB e ao CPB aplicam-se as disposições constantes do inciso I do *caput* do art. 23 da Lei n. 9.615, de 1998, acerca da instituição do Tribunal de Justiça Desportiva, quando estiverem atuando na administração de modalidade desportiva em substituição a entidade nacional de administração do desporto.

Art. 65. Para fins do disposto no § 1º do art. 9º da Lei n. 9.615, de 1998, entende-se por Jogos Olímpicos os jogos de verão e os jogos de inverno, organizados pelo COI ou pelo IPC.

Art. 66. As normas e os procedimentos complementares necessários à execução deste Decreto serão definidos em ato do Ministro de Estado do Esporte.

Art. 67. Este Decreto entra em vigor trinta dias após a data de sua publicação.

Art. 68. Revogam-se:

I — o Decreto n. 3.659, de 14 de novembro de 2000;

II — o Decreto n. 3.944, de 28 de setembro de 2001;

III — o Decreto n. 4.201, de 18 de abril de 2002;

IV — o Decreto n. 5.139, de 12 de julho de 2004; e

V — o Decreto n. 6.297, de 11 de dezembro de 2007.

Brasília, 8 de abril de 2013; 192º da Independência e 125º da República.

ARTIGOS DA CLT QUE NÃO SE APLICAM AO JOGADOR DE FUTEBOL

Art. 136 Art. 139	Férias — estipulação	São devidas as férias, porém estas não são definidas a critério do empregador
Art. 445 Art. 451	Prazo de vigência do contrato de trabalho	Art. 30, parágrafo único da Lei n. 9.615/98
Art. 453	Soma dos períodos descontínuos	Incompatibilidade
Art. 461	Equiparação salarial	Incompatibilidade
Art. 479 Art. 480	Indenização	Art. 28, § 10 da Lei n. 9.615/98
Art. 487	Aviso-prévio	Obrigatoriedade de um contrato por prazo determinado

13

BIBLIOGRAFIA

AFFORNALLI, Maria Cecília Naréssi Munhoz. *Direito à própria imagem*. 1. ed., 5ª reimpressão. Curitiba: Juruá, 2008.

ALVARENGA, Tasso de Vasconcellos. *O trabalho na justiça*. 1. ed. Rio de Janeiro : Editora Nacional de Direito, 1956.

AMADO. João Leal. *Contrato de Trabalho. À luz do novo código do trabalho*. 1. ed. Coimbra (Portugal): Coimbra Editora, 2009.

AMADO. João Leal. Coordenador. *Direito do desporto profissional*. Contributos de um curso de pós-graduação. 1. ed. Coimbra (Portugal): Almedina, 2011.

BALMACEDA, José R. *El contrato de trabajo deportivo*. Análisis de la Ley 20.160. La crisis del sistema de renovación unilateral. 1. ed. Buenos Aires: Cathedra Jurídica, 2008.

BARBOSA, Rui. *Escritos e discursos seletos*. 1. ed. Rio de Janeiro: José Aguilar, 1960.

BARROS, Alice Monteiro de. *As relações de trabalho no espetáculo*. 1. ed. São Paulo: LTr, 2003.

________. *Contratos e regulamentações especiais de trabalho*. 3ª edição, São Paulo : LTr, 2008.

BASTOS, Celso Ribeiro. *Curso de direito constitucional*. São Paulo: Saraiva, 1998.

BASTOS, Guilherme Augusto Caputo (Coord.). *Atualidades sobre direito esportivo no Brasil e no mundo*. 1. ed. Dourados: Seriema, 2009.

________. *Atualidades sobre direito esportivo no Brasil e no mundo*. Tomo II. 1. ed. Brasília, 2010.

________. *Atualidades sobre direito esportivo no Brasil e no mundo*. Tomo III. 1. ed. Brasília, 2011.

BELMONTE, Alexandre Agra; MELLO, Luiz Philippe Vieira de; BASTOS, Guilherme Augusto Caputo (org.). *Direito do trabalho desportivo*. Os aspectos jurídicos da Lei Pelé frente às Alterações da Lei n. 12.395/2011. 1. ed. São Paulo: LTr, 2013.

BELMONTE, Alexandre Agra. Aspectos jurídico-trabalhistas da relação de trabalho do atleta profissional. In: MACHADO, Rubens Approbato; LANFREDI, Luis Geraldo Sant'Anna; TOLEDO, Otávio Augusto de Almeida; SAGRES, Ronaldo Crespilho; NASCIMENTO, Wagner (Orgs.). *Curso de direito desportivo sistêmico*. 1. ed. São Paulo: Quartier Latin, 2010. V. II.

________. Direito desportivo, justiça desportiva e principais aspectos jurídico-trabalhistas da relação de trabalho do atleta profissional. In: *Revista do TRT* da 1ª Região. Rio de Janeiro. V. 21, n. 47 – jan./jun. 2010.

BENGOECHEA, Juan Antonio Sagardoy; OSTOLAZA. Jose Maria Guerrero. *El contrato de trabajo del deportista profesional.* 1. ed. Madri (Espanha) : Editorial Civitas, 1991.

CANOTILHO, J. J. Gomes. *Direito constitucional e teoria da Constituição.* 7. ed., 7ª reimpressão. Coimbra: Edições Almedina.

CARRION, Valentim. *Comentários à Consolidação das Leis do Trabalho.* 32. ed. São Paulo: Saraiva, 2007; 2009.

CARVALHO, J. Antero. *Direito do trabalho interpretado.* Comentários à margem da Jurisprudência. 1. ed. Rio de Janeiro : Editorial Sul Americana S/A, 1951.

CARVALHOSA, Sofia Barros. Algumas considerações sobre a decisão proferida pelo Tribunal da Relação de Lisboa no âmbito do acórdão de 18 de dezembro de 2007, e que envolve o direito de imagem do praticante desportivo. In: *Revista Jurídica do Desporto*, ano VI, n. 17, jan./abr. 2009, Portugal: Coimbra Editora, 2009.

CASTRO, Ruy. *Estrela solitária.* Um brasileiro chamado Garrincha. 1. ed. 16ª reimpressão. Rio de Janeiro: Companhia das Letras, 2012.

CHAVES, Antônio. *Direito de arena.* 1. ed. São Paulo: Julex Livros, 1988.

CHOHFI, Thiago. *Subordinação nas relações de trabalho.* 1. ed. São Paulo: LTr, 2009.

COELHO, Fábio Ulhoa. *Curso de direito comercial.* São Paulo: Saraiva, 2005. V. 1.

COSTA, Armando Casimiro; FERRARI, Irany; MARTINS, Melchíades Rodrigues. *Consolidação das Leis do Trabalho* (Compilação de). 37. ed. São Paulo: LTr, 2010.

DELGADO, Mauricio Godinho. *Curso de direito do trabalho.* 3. ed. São Paulo: LTr, 2004.

DIAS, José de Aguiar. *Da responsabilidade civil.* 5. ed. Rio de Janeiro: Forense, 1973. V. I.

DOUGAN, Andy. *Futebol & guerra* — resistência, triunfo e tragédia do Dínamo na Kiev ocupada pelos nazistas. 1. ed. Rio de Janeiro: Jorge Zahar, 2004.

EZABELLA, Felipe Legrazie. *O direito desportivo e a imagem do atleta.* 1. ed. São Paulo: IOB Thompson, 2006.

FERREIRA, Aurélio Buarque de Holanda. *Novo Dicionário Aurélio da Língua Portuguesa.* 3. Ed. Curitiba: Positivo, 2004.

FILHO, Álvaro Melo. *Direito desportivo.* Aspectos teóricos e práticos. 1. ed. São Paulo: IOB Thompson, 2006.

________. *Nova Lei Pelé:* avanços e impactos. 1. ed. Rio de Janeiro: Maquinaria, 2011.

FILHO, Fábio Menezes de Sá. *Contrato de trabalho desportivo.* 1. ed. São Paulo: LTr, 2010.

FILHO, Mario. *O negro no futebol brasileiro.* 4. Ed. Rio de Janeiro: Mauad, 2003.

GAGLIANO, Pablo Stolze; PAMPLONA FILHO, Rodolfo. *Novo curso de direito civil* — parte geral. 1. ed. São Paulo: Saraiva, 2002. V. I.

GALEANO, Eduardo. *Futebol ao sol e à sombra*. Porto Alegre: Coleção L&PM Pocket, 2010. V. 383.

GEHLING, Ricardo Tavares. Atleta profissional – natureza Jurídica do contrato – duração do trabalho e acréscimos remuneratórios. *Revista LTr* – 75-09/1093 – set./2012.

LEMOS, Bruno Espiñeira. *Direitos fundamentais*. 1. ed. Brasília: Fortium, 2007.

MACHADO, Rubens Approbato; LANFREDI, Luis Geraldo Sant'Anna; TOLEDO, Otávio Augusto de Almeida; SAGRES, Ronaldo Crespilho; NASCIMENTO, Wagner (orgs.). *Curso de direito desportivo sistêmico*. 1. ed. São Paulo: Quartier Latin, 2010. V. II.

MAGANO, Octávio Bueno. *Manual de direito do trabalho*. São Paulo : LTr, 1980. V. I.

________. *Manual de direito do trabalho*. São Paulo: LTr, 1980. V. II.

MAJADA, Arturo. *Naturaleza jurídica del contrato deportivo*. Barcelona (Espanha): Bosch Casa Editorial, 1948.

MARTINS, Sérgio Pinto. *Direitos trabalhistas do atleta profissional de futebol*. 1. ed. São Paulo: Atlas, 2011.

MÁXIMO, João; CASTRO, Marcos de. *Gigantes do futebol brasileiro*. 1. ed. Rio de Janeiro: Civilização Brasileira, 2011.

MIRANDA, Martinho Neves. *O direito no desporto*. 2. ed. Rio de Janeiro: Lúmen Júris, 2011.

NEVES, Marcus Eduardo. *Nunca houve um homem como Heleno*. 1. ed. Rio de Janeiro: Ediouro, 2006.

OLIVEIRA, Jean Marcel Mariano. *O contrato de trabalho do atleta profissional de futebol*. 1. ed. São Paulo: LTr, 2009.

OLIVEIRA, Piraci Ubiratan. *Autonomia das associações desportivas e o clube empresa*. 1. ed. São Paulo: Iglu, 2012.

PEDUZZI, Maria Cristina Yrigoyen. *O princípio da dignidade da pessoa humana na perspectiva do direito como integridade*. 1. ed. São Paulo: LTr, 2009.

PEREIRA, Caio Mário da Silva. *Instituições de direito civil*. 22. ed. Rio de Janeiro: Forense, 2007. V. 1.

REIMANN, Marcos Francisco. *Cidadania e contratos atípicos de trabalho*. 1. ed. Porto Alegre: Sérgio Antônio Fabris Editor, 2002.

REIS, Paulo Sérgio Marques dos; FILHO, Paulo Rubens Souza Maximo. Contrato de trabalho atleta profissional de futebol – cláusula de renovação automática – possibilidade. In: BASTOS, Guilherme Augusto Caputo (Org.). *Atualidades sobre direito esportivo no Brasil e no mundo* – Tomo II. 1. ed. 2010.

REZENDE, José Ricardo. *Código brasileiro de justiça desportiva anotado e legislação antidoping*. 1. ed. São Paulo: All Print, 2010.

________. *Nova legislação de direito desportivo*. 1. ed. São Paulo: All Print, 2010.

RUSSOMANO, Gilda Maciel Corrêa Meyer. *Direitos humanos*. 2. ed. Curitiba: Juruá, 2001.

SILVA, De Plácido e. *Vocabulário jurídico*. 28. ed., 2ª tiragem. Rio de Janeiro: Forense, 2010.

SILVA, Márcia Santos da. *Interesse público e regulação estatal do futebol no Brasil*. 1. ed. Curitiba: Juruá, 2012.

SOARES, Jorge Miguel Acosta. *Direito de imagem e direito de arena no contrato de trabalho do atleta profissional*. São Paulo: LTr, 2008.

SPINELLI, Rodrigo. *A cláusula penal nos contratos dos atletas profissionais de futebol*. 1. ed. São Paulo: LTr, 2011.

SÜSSEKIND, Arnaldo Lopes. *Direito constitucional do trabalho*. 3. ed. São Paulo: LTr, 2003.

TEMER, Michel. *Elementos de direito constitucional*. 23. ed. São Paulo: Malheiros, 2010.

VIEIRA, Jair Lot. *Código brasileiro de justiça desportiva:* Resolução n. 1, do Conselho Nacional do Esporte. 2. ed. Bauru-SP: Edipro, 2010.

TST – Comissão de Documentação. *A história da justiça do trabalho no Brasil:* multiplicidade de olhares. 1. ed. Brasília-DF: TST, 2011.

ZAINAGHI, Domingos Sávio. *Nova legislação desportiva*. Aspectos trabalhistas. 2. ed. São Paulo: LTr, 2004.

________. *Os atletas profissionais de futebol no direito do trabalho*. São Paulo: LTr, 1998.

Sítios da *internet*:

Tribunal Superior do Trabalho — <www.tst.jus.br>

Superior Tribunal de Justiça — <www.stj.jus.br>

Presidência da República — <www.presidencia.gov.br/legislacao/>

Câmara Federal — <www.camara.gov.br>

Globo Esporte — <www.globoesporte.globo.com>